Rainer Horbelt / Sonja Spindler

Tante Linas Nachkriegsküche

Geschichten, Rezepte, Dokumente

Eichborn Verlag

Wir danken allen, die uns bei diesem Buch geholfen haben, besonders den Mitarbeitern des Archivs der Stadt Gelsenkirchen, dem Stadtarchiv Bochum, dem Hauptstaatsarchiv Düsseldorf, dem Museum der Stadt Rüsselsheim, den Will Meisel Verlagen, Hanns D. Ahrens, Reiner Laarmann und Kay Lorentz.

CIP-Kurztitelaufnahme der Deutschen Bibliothek

Tante Linas Nachkriegsküche : Erlebnisse, Dokumente, Rezepte / Rainer Horbelt ; Sonja Spindler. — Frankfurt am Main : Eichborn, 1985.
ISBN 3-8218-1037-8
NE: Horbelt, Rainer [Hrsg.]

 · Cover: Dö, Monika & Partner · Lithos: Ruhrklischee · Gesamtherstellung: Fuldaer Verlagsanstalt GmbH ISBN 3-8218-1037-8 · Verlagsverzeichnis schickt gern: Eichborn Verlag, D-6000 Frankfurt 70.

Inhaltsverzeichnis

Ich weiß es noch genau. Ich weiß noch, wie Tante Lina mit ihrem Stockschirm auf die Theke ihrer Stammkneipe geschlagen hat, wie die Gläser auf den Filzen gesprungen sind, wie sie laut und deutlich »Lüge, alles Lüge!« gesagt hat und wie die Biertischstrategen in der Ecke unter jedem ihrer Schläge zusammengezuckt sind.
Das war im Jahre des Heils 1975, als man sich an das Ende des Zweiten Weltkrieges und damit auch an die Zeit danach erinnerte wie an ein Jubiläum.
»Was wollt ihr gemacht haben?« So hat Tante Lina zum Stammtisch hinübergerufen, wo die »Vertreter der älteren Generation« einigen Abiturienten klarzumachen versuchten, wie schwer sie es nach dem Kriege gehabt hatten und daß alles anders gekommen wäre, wenn ... und eigentlich hätte man den Krieg ja gewinnen können, ein rein logistisches Problem und so weiter.
»Ihr wollt Deutschland wiederaufgebaut haben? Daß ich nicht lache!« Und Tante Lina hat sich einem grauhaarigen Oberstudiendirektor zugewandt: »Hast du vergessen, daß du dir die Hose vollgeschissen hast vor Angst, als die Engländer dich abholten, weil du ein so schlimmer Nazi warst? Selbst den Pfarrer hast du um einen Persilschein angebettelt! Hast du das vergessen?«
Und zu der einzigen Frau am Tisch: »Bist du nicht eine von jenen ›deutschen Müttern‹ gewesen, die ihre Söhne mit Begeisterung dem Führer ›geopfert‹ und in den Tod haben rennen lassen? Was hast du denn gegen die deutsche Wiederbewaffnung getan?«
Und zu einem Dicken mit Glatze: »Und du, Toni? Hast du nicht nach dem Krieg prima Schwarzmarktgeschäfte gemacht? Hast deine Schuhe im Keller gehortet, bis die Währungsreform kam, während die Leute hier mit Pappsohlen über die Straße laufen mußten? Ihr wollt Deutschland wiederaufgebaut haben unter ›so schwierigen‹ Umständen? Euch ist es nicht schlecht gegangen! E u c h nicht!«
Ich weiß es noch, als wäre es gestern gewesen, wie Tante Lina an einem Totensonntag den auf dem Hauptfriedhof versammelten ehemaligen SS-Männern ihre Nazi-Orden von der Brust gerissen hat: »Wie viele Menschen habt ihr dafür ermordet?«
Was hätte sie wohl zu den Reden gesagt, die anläßlich des 8. Mai 1985 gehalten worden sind? Da man sich nicht einmal über eine Sprachregelung für diesen Tag einigen konnte?

Was war dieser 8. Mai 1945 gewesen? Tag des Zusammenbruchs? Was brach da zusammen? Eine Katastrophe? Für wen? Tag der deutschen Kapitulation oder Tag der Befreiung vom Hitlerfaschismus? Wie wenige wurden da befreit? Oder eine »Stunde Null«?

»Wie wenig 1945 eine ›Stunde Null‹ gewesen ist, das beweist schon der hysterische Antikommunismus, der in den ›Neubeginn‹ hinübergerettet wurde«, sagte Heinrich Albertz einmal, und Tante Lina hätte es wohl ähnlich gesehen.

Tante Lina ist tot. Sie starb an einem nebligen Novembermorgen vor vier Jahren. Als wir nach ihrem Tod begannen, ihren Nachlaß zu sichten, fiel mir aus einer alten Holzschatulle ein dickes, sauber gebundenes Rechenheft entgegen: ein eigentümliches Sammelsurium von ausgeschnittenen und eingeklebten Zeitungsartikeln und Kochrezepten, handschriftlichen Notizen, von Tagebucheintragungen, alten Fotos und vielem mehr. Alles Dokumente aus dem Zweiten Weltkrieg. Das war Tante Linas Vermächtnis.

Auf den Umschlag hatte Tante Lina in ihrer steilen Sütterlinschrift meinen Namen geschrieben und: »Mach ein Buch daraus!«

Wir haben ein Buch daraus gemacht. Wir haben aus Archiven Tante Linas Dokumente und Rezepte ergänzt. Wir haben bei Familienmitgliedern und Bekannten ihre Erlebnisse recherchiert. Wir haben »Tante Linas Kriegskochbuch« geschrieben.

Und die vielen Reaktionen, die auf unser Buch erfolgten, die Briefe, die Telefonanrufe, die Gespräche, die möglich wurden, haben gezeigt, daß mehr daraus geworden ist als nur ein Kochbuch. Daß wir gleichzeitig mit Tante Linas Erlebnissen, mit Rezepten und Dokumenten zur Ernährungslage ein Stück Geschichte der Generation von Frauen erzählt haben, die zwei Kriege miterleben mußten. Ein Stück Geschichte, das der Fortsetzung bedarf, will man würdigen, was diese Frauen eigentlich geleistet haben. Denn es waren vor allem Frauen, die den Alltag des Krieges und der Nachkriegszeit zu bestehen hatten, dessen immer wiederkehrende Mühsal, dessen Absurdität.

Von ihren Freundschaften und ihrer Angst, von Momenten des Glücks und Tagen voller Verzweiflung, von Hoffnungen und Enttäuschungen wollen wir auch erzählen in diesem Buch.

Wir wollen davon erzählen, wie sie in den schlimmen Jahren zwischen Kriegsende und der Währungsreform überleben konnten, wie sie sich

mit Brennmaterial, Kleidern und Lebensmitteln versorgt, was und wie sie gekocht, was sie gegessen haben in dieser Zeit. Wir wollen von ihren Alltagssorgen erzählen.
Es sind keine spektakulären Ereignisse, über die wir berichten werden, Ereignisse, die etwa Eingang in unsere Geschichtsbücher gefunden haben. Es sind Menschen-Geschichten, Geschichten von »kleinen Leuten«, Geschichten, von denen wir glauben, daß sie in ihrer Summe Geschichte ausmachen, Geschichte, die auch immer Küchengeschichte ist. Und wir wollen zeigen, wie die »große« Politik unmittelbar eingewirkt hat auf das Alltagsleben dieser Menschen. Auch wenn wir wissen, daß dies Stückwerk bleiben muß, episodenhaft.
Wir wollen dabei dem Lebensweg einer Frau folgen, die den Krieg im Ruhrgebiet, in Gelsenkirchen, überstanden hat, eben unserer Tante Lina. Vielleicht kann dabei ein wenig von dieser Nachkriegszeit wieder lebendig werden für die, die sie selbst haben miterleben müssen, und auch für die, die sie nur aus Erzählungen ihrer Eltern und Großeltern kennen, eine Zeit, von der wir hoffen, daß sie niemals wiederkehrt.
In »Tante Linas Kriegskochbuch« haben wir unsere Tante durch die furchtbare Zeit des Krieges begleitet, haben berichtet, wie sie sich für den Krieg auf ihre Weise rüstete, als alle noch an den Frieden glaubten, wie sie Tabak anbaute, schwarz schlachtete und selbst Schnaps herstellte, wie sie Widerstand leistete dem, was sie zu unterdrücken suchte, wie sie feierte und trauerte, wie sie Menschenleben rettete.
Wir haben von ihrer Verwandtschaft berichtet, die auch die meine ist. Von ihrem Bruder Bruno, meinem Großvater, einem strammen Nazi, der als Oberbaurat und Luftschutzberater bei der Gelsenkirchener Stadtverwaltung für den Bunkerbau zuständig war. Von seiner Frau, der stillen Mimi. Von Ottomar, meinem Vater, der, da von der »Vorsehung« mit Gardemaß ausgestattet, Mitglied bei der Elite der Elitetruppen war, der »SS-Leibstandarte Adolf Hitler«, einer Truppe, die noch vor kurzem in Nesselwang ein »Kameradschaftstreffen« abhalten konnte: Kameraden, die bis heute von sich behaupten dürfen, sie wären »nur« Soldaten gewesen und hätten »in hervorragender Weise dafür gesorgt, daß die Russen nicht bis an den Rhein haben vordringen können«. Obwohl es jeder, der sich mit der Geschichte dieser verbrecherischen Truppe auch nur ein wenig beschäftigt, besser weiß. Und von Brunhilde, Ottomars Schwester, die mit dem Gauleiter Reichsstatt-

halter Dr. Meyer aus dem Lipper Land eng befreundet war. Eine Familie, zu der sich Tante Lina nur wenig hingezogen fühlte, Menschen, zu denen sie nur Kontakt suchte, wenn es sich gar nicht umgehen ließ.

Tante Lina bewohnte in Gelsenkirchen ein Zweifamilienhaus, das sie geerbt hatte und von dessen Mieteinnahmen sie einen Teil ihres Lebensunterhaltes bestreiten mußte. In der Parterre-Wohnung lebte sie selbst, die Mansarde bewohnte der Bergmann Johann Kuszmierz, den Tante Lina 1944 pro forma geheiratet hatte, als bekanntgeworden war, daß die Nazis ihren (und Kuszmierz') Freund Walter Kaminski ermordet hatten. Gleich nach Kriegsende ließ sich Tante Lina wieder von ihm scheiden, aus prinzipiellen Gründen, mit Kuszmierz lebte sie weiterhin zusammen.

Der erste Stock war an die Familie Kabitz-Varenholt vermietet. Martha Varenholt und ihren Kindern war 1943 mitgeteilt worden, daß ihr Mann »gefallen« sei, und sie hatte wieder geheiratet, den Kabitz, einen von Kuszmierz' Kollegen.

Und dann war da noch Uwe, ein Waisenkind, das Tante Lina während des Krieges bei sich aufgenommen hatte.

Bis auf einige wenige Reisen war Tante Lina während des Krieges im Ruhrgebiet geblieben. Und wir wollen da beginnen, wo wir sie verlassen haben: in Gelsenkirchen im Frühjahr 1945.

Der Winter, das Frühjahr 1945 — das waren die zum Inferno gesteigerten Bombenangriffe auf die Städte an der Ruhr, das war der Ruhrkessel, in dem ein letztes Aufgebot von Flaksoldaten und Volkssturmmännern, insgesamt 130000 Soldaten aller Waffengattungen, die »Waffenschmiede des Reiches« gegen die alliierten Truppen verteidigen sollten.

Auch in Gelsenkirchen wurde gekämpft, wurde geschossen, wurde gestorben.

Es war an einem Apriltag, als es dann seltsam still wurde in der Stadt. Tante Lina verließ den Keller ihres Hauses, in dem sie mit den übrigen Hausbewohnern während der Kämpfe Zuflucht gesucht hatte, und ging nach draußen auf die Straße. Sie hatte sich nicht getäuscht. Es wurde nicht mehr geschossen. Nur noch von Ferne war das Grollen des Geschützdonners zu hören. Ihr Haus war heil geblieben.

Es waren kaum Menschen auf den Straßen. Von einem Lautsprecherwagen wurden der Bevölkerung erste Anweisungen des alliierten Oberkommandos bekanntgegeben, wurde Plünderern die Todesstrafe angedroht.

Da wußte Tante Lina, daß der Krieg vorbei war, daß Frieden sein würde und daß das Ende der Herrschaft der Nazi-Verbrecher gekommen war. Ich habe sie später einmal gefragt, was sie empfunden habe in diesem ersten Augenblick der Freiheit. Sie hat lange gezögert mit ihrer Antwort. »Eigentlich nichts«, hat sie dann gesagt, »vielleicht so etwas wie Leere, wie Erleichterung. Aber glücklich war ich wohl nicht. Nach all dem, was geschehen war, konnte man wohl Glück nicht mehr empfinden...«

Ich kann nicht sagen, welche Hoffnungen Tante Lina an das Kriegsende knüpfte. Sicher — mit dem Untergang der Hitler-Diktatur konnten nicht von einem Tag auf den anderen auch alle Nazis verschwunden sein, die vielen Millionen, die noch 1945 an den Endsieg geglaubt hatten. Das wird sie gewußt haben. Man konnte nicht alle Nazis von ihren Posten entfernen, ganze Landstriche hätten dann keine Beamten, keine Lehrer, keine Ärzte mehr gehabt. Aber wie schnell dann doch so viele ihr aus braunen Tagen wohlbekannte Gesichter wiederauftauchten, wie Menschen, die nur ihr Parteiabzeichen gewechselt hatten, die eigentlich hinter Schloß und Riegel gehört hätten, wieder ihr Unwesen treiben konnten, das muß etwas in Tante Lina zerbrochen haben. Das muß sie hart und unversöhnlich denen gegenüber gemacht haben, die sich nun auf einmal für schuldlos hielten an dem, was zwölf Jahre lang geschehen konnte.

Es soll sie mit Genugtuung erfüllt haben, als sie hörte, daß die Briten meinen Vater verhaftet und interniert hatten. Und als meine Mutter mit mir im Kinderwagen ins Ruhrgebiet kam, soll sie ihr (nicht mir) sehr distanziert begegnet sein. Und sie soll vor Wut getobt haben, als sie erfuhr, daß ihr Bruder Bruno, einst SA-Untergruppenführer, unbestraft in Pension gehen und unbehelligt Häuser wieder aufbauen durfte, die er zuvor mitgeholfen hatte zu zerstören. Ja, nach allem, was wir in Erfahrung bringen konnten, muß sich Tante Lina verändert haben damals. Sie wurde sogar intolerant Meinungen gegenüber, die sie für gefährlich hielt. Als die erste Fronleichnamsprozession nach dem Kriege auch an ihrem Haus vorbei durch die Stadt ziehen sollte, stürzte sie wie eine Furie ins Freie, riß die gelb-weißen Kirchenfahnen aus dem Boden, mit denen die Straße geschmückt war, und schrie: »Vor meinem Haus wird nicht mehr geflaggt, für nichts und von niemandem!« Und als die Pro-

zession vorbeizog, soll sie lachend am Straßenrand gestanden und mit dem Finger auf die vielen Antichristen gezeigt haben, die da zu Gott flehten um Hilfe, die noch Jahre zuvor ihre Religion verleugnet und »gottgläubig« in ihren Ausweis hatten setzen lassen.
Aber die Normalität des Alltags, die Sorgen, die Probleme, der Trotz zum Weiterleben, der sie erfüllte, das alles mag ihr doch schließlich über vieles hinweggeholfen haben, was sie an Enttäuschungen zu tragen hatte.
Kurz nach Kriegsende bekam Tante Lina Einquartierungen in ihr Haus, das der Krieg ja unzerstört gelassen hatte. In Holzschuhen, ihre Habseligkeiten auf einem Handwagen, standen eines Tages die beiden Schwestern Hellwig mit ihren Kindern vor der Tür. Zu Fuß waren sie den weiten Weg von Ostpreußen ins Ruhrgebiet gekommen in der Hoffnung, in Gelsenkirchen Verwandte zu treffen, doch die waren bei den letzten schweren Bombenangriffen gestorben. Der Tante Lina zeigten sie eine Einweisung vom Wohnungsamt vor, aber der behördlichen Verfügung hätte es gar nicht bedurft. Wie sie da so abgerissen und traurig in der Sonne standen, hätte Tante Lina ohnedies ihre Wohnung mit ihnen geteilt.
Einen anderen Gast holte sich Tante Lina selbst ins Haus. Den hatte sie bei einem ihrer Streifzüge durch die Stadt entdeckt. Ein feiner Herr in dunkelblauem Anzug, schutzlos einem Gewitterregen ausgesetzt, vor der zerstörten Gelsenkirchener Stadthalle, die bis zum September 1944 als Theater gedient hatte. Klar, daß Tante Lina den unter ihren Schirm nahm, auch symbolisch. Klar, daß der ihr gestand, Schauspieler zu sein von Beruf und Berufung, und daß er gehofft hatte, nach einer ihm genügend lang erscheinenden Zeit als Soldat (»drei Monate«) in Gelsenkirchen wieder Theater spielen zu können (»Und nun das!«). Klar, daß er keine Wohnung besaß (»Da ist die ganze Straße nur noch Schutt und Asche!«) und Tante Lina ihn bei sich aufnahm, wohl, weil sie glaubte, den Deutschen und damit auch den Gelsenkirchenern könnte nach langer Entbehrung Kultur wieder guttun. Kuszmierz mußte seine Mansarde mit ihm teilen (»Gestatten Sie, daß ich mich vorstelle, Fabrizius ist mein Name«).
Ende 1945, Anfang 1946 muß es gewesen sein, da bekam Tante Lina einen Hausräumungsbefeh!. Ihr Haus würde, so hieß es, für die Einquartierung von Soldaten der Besatzungstruppen benötigt. Sie und ihre Mie-

ter hätten das Haus umgehend unter Zurücklassung des Mobiliars zu verlassen. Doch dazu kam es nicht.
Als ein britischer Offizier das Haus inspizieren wollte, wurde er von Tante Lina in die Küche gebeten. Zwei Stunden lang sollen sich die beiden dort unterhalten haben. Was da besprochen wurde, wird ewig das Geheimnis von Tante Lina und Hillary, so hieß der Offizier, bleiben. Erfolgreich jedoch ist dieses Gespräch in jedem Falle verlaufen, denn Tante Lina und ihre zahlreichen Mieter durften wohnen bleiben, ja sie bekamen sogar noch »Zuwachs«: Hillary bezog ein Zimmer im ersten Stock, das von der Wohnung Kabitz-Varenholt abgetrennt wurde. Und er war, von den zahlreichen Damenbesuchen einmal abgesehen, die er trotz Kontaktsperregesetzen und Verordnungen empfing, ein angenehmer Hausbewohner.
Damit ist erzählt, was vorweg erzählt werden mußte. Erwähnen wollen wir noch, daß die in diesem Buch aufgeführten Rezepte von uns ausprobiert wurden und somit »nachgekocht« werden können. Wenn nicht anders angegeben, sind sie in ihren Mengenangaben auf vier Personen berechnet.
Natürlich wurden viele Gerichte, vieles von dem, was wir in »Tante Linas Kriegskochbuch« beschrieben haben, auch in der Nachkriegszeit gegessen. Das haben wir hier nicht wiederholt.
Angemerkt sei auch noch, daß wir um der besseren Lesbarkeit willen auf Anmerkungen und eine Bibliographie verzichtet haben. Für dieses Buch wurden einige tausend Quellen verarbeitet. Diese alle anzuführen, würde den Rahmen von »Tante Linas Nachkriegsküche« bei weitem überschreiten.
Aber nun genug der Vorreden. Lassen Sie uns gemeinsam den Versuch unternehmen, uns einige Jahrzehnte zurückzuversetzen, uns zu erinnern.

1945

AN DAS DEUTSCHE VOLK:

Ich, General Dwight D. Eisenhower, Oberster Befehlshaber der Alliierten Streitkräfte, gebe hiermit Folgendes bekannt:
Die Alliierten Streitkräfte, die unter meinem Oberbefehl stehen, haben jetzt deutschen Boden betreten. Wir kommen als ein siegreiches Heer; jedoch nicht als Unterdrücker. In dem deutschen Gebiet, das von Streitkräften unter meinem Oberbefehl besetzt ist, werden wir den Nationalsozialismus und den deutschen Militarismus vernichten, die Herrschaft der Nationalsozialistischen Deutschen Arbeiterpartei beseitigen, die NSDAP auflösen sowie die grausamen, harten und ungerechten Rechtssätze und Einrichtungen, die von der NSDAP geschaffen worden sind, aufheben. Den deutschen Militarismus, der so oft den Frieden der Welt gestört hat, werden wir endgültig beseitigen. Führer der Wehrmacht und der NSDAP, Mitglieder der Geheimen Staats-Polizei und andere Personen, die verdächtigt sind, Verbrechen und Grausamkeiten begangen zu haben, werden gerichtlich angeklagt und, falls für schuldig befunden, ihrer gerechten Bestrafung zugeführt.

Am 8. Mai 1945 war nach der Kapitulation der deutschen Wehrmacht und mit Einstellung aller Kampfhandlungen der Zweite Weltkrieg zu Ende, zumindest in Europa.
In Asien ging der Wahnsinn noch bis zum 2. September, dem Tag der Unterzeichnung der japanischen Kapitulationsurkunde, weiter und erreichte mit dem Abwurf der Atombomben auf die japanischen Städte Hiroshima und Nagasaki durch die US-Amerikaner einen schrecklichen Höhepunkt.
Unzählige Menschen waren zu Krüppeln geworden, waren heimatlos, lebten in Kriegsgefangenen- und Internierungslagern. Riesige Flüchtlingsströme zogen durch Europa und Asien. Und später einmal werden die Statistiker feststellen, daß der Zweite Weltkrieg mehr als 55 Millionen Menschen das Leben gekostet hatte, daß in den Konzentrationslagern der Nazis mehr als sechs Millionen jüdische und mindestens eine halbe Million nichtjüdische Häftlinge ermordet worden waren. Zahlen, die kaum begreifbar sind. Zahlen, hinter denen sich unsagbares menschliches Elend verbirgt, Schrecknisse, Angst... Daten, die mehr sind als die kalendarische Einordnung geschichtlicher Ereignisse.
Wie schon in »Tante Linas Kriegskochbuch« wollen wir da, wo es notwendig wird, an solche Daten erinnern, geschichtliche Fakten ins Gedächtnis zurückrufen, soweit sie die Umstände verdeutlichen, unter denen die Menschen nach diesem 8. Mai 1945, in der Zeit nach Ende des Zweiten Weltkrieges, in Deutschland leben mußten.
Seien wir dabei immer der Ursachen eingedenk und der geschichtlichen Konsequenzen: Ohne den Krieg hätte es keine Nachkriegszeit geben müssen, nicht Hunger, nicht Wohnungsnot, keine Füchtlinge, keine Vertreibung, keine Umsiedlung, keine deutsche Teilung... Und ohne den Faschismus hätte es nicht notwendigerweise einen Krieg gegeben, den grausamsten, den furchtbarsten Krieg der Menschengeschichte, wären nicht unzählbar viele Menschen ermordet worden.
Noch über den 8. Mai 1945 hinaus blieb die von dem Selbstmörder Hitler eingesetzte deutsche Regierung unter dem Großadmiral Karl Dönitz im Amt. Bis zum 23. Mai 1945.
Am 5. Juni 1945 unterzeichneten Eisenhower, Schukow, Montgomery und Lattre de Tassigny im Namen der Siegermächte eine Proklamation zur Übernahme der Regierungsgewalt in Deutschland. Deutschland wird, wie auf der Konferenz von Jalta beschlossen, in vier Zonen, Ber-

lin in vier Sektoren aufgeteilt. Ein alliierter Kontrollrat wird als oberste Leitungsinstanz eingesetzt.
Auf der Konferenz von Potsdam, die vom 17. Juli bis 2. August 1945 dauerte, wurden die Einzelheiten der politischen Zukunft Deutschlands festgelegt. Der Brite Attlee, der US-Amerikaner Truman und Josef Stalin signierten ein Abkommen, das die Entmilitarisierung und Entnazifizierung Deutschlands vorsieht und die von Deutschland zu leistenden Reparationszahlungen regelt. Die Westgrenzen der Sowjetunion und Polens wurden festgeschrieben, wenn auch mit der Einschränkung, »daß die endgültige Festlegung der Westgrenze Polens bis zu der Friedenskonferenz zurückgestellt werden soll«.
Daß freilich diese Oder-Neiße-Grenze von den Konferenzteilnehmern doch als »endgültig« angesehen wurde, belegt der Punkt XIII. des Abkommens: »Die drei Regierungen... erkennen an, daß die Überführung der deutschen Bevölkerung oder Bestandteile derselben, die in Polen, Tschechoslowakei und Ungarn zurückgeblieben sind, nach Deutschland durchgeführt werden muß...«
Und davon waren auch die Deutschen betroffen, die noch jenseits der Oder-Neiße-Linie lebten.
Erklärtes Ziel der Siegermächte:
»Es ist nicht die Absicht der Alliierten, das deutsche Volk zu vernichten oder zu versklaven. Die Alliierten wollen dem deutschen Volk die Möglichkeit geben, sich vorzubereiten, sein Leben auf einer demokratischen und friedlichen Grundlage von neuem wieder aufzubauen.«
Zu diesem Zweck erließ der Kontrollrat der Alliierten zahlreiche Gesetze und Verordnungen, die eine »Umerziehung« der Deutschen bewirken sollten: die »Aufhebung von Nazigesetzen«, »Grundsätze für die Umgestaltung der Rechtspflege«, ein »Kriegsverbrechergesetz« und vieles mehr. Auch um Letztgenanntes in die Tat umzusetzen, begann im November 1945 in Nürnberg vor einem Internationalen Militärgerichtshof der Prozeß gegen die ersten 24 deutschen Hauptkriegsverbrecher. Ein Tribunal, das allen Deutschen ihre Schuld an den Geschehnissen der Vergangenheit vor Augen führen sollte.
Noch vor Kriegsende wurde in den von der deutschen Wehrmacht geräumten Gebieten von Lautsprecherwagen aus, die durch die Straßen der Städte fuhren, von den Alliierten eine Ausgangssperre über die deutsche Bevölkerung verhängt. Diese Maßnahme wurde nach dem 8.

Militärregierung

Ausgangsbeschränkung

1. Die Stunden der Ausgangsbeschränkung sind laut untenstehender Bekanntmachung.

2. Während der Ausgangsbeschränkungsstunden:

a) ist es allen Personen verboten, außerhalb ihrer Häuser zu sein. Ausgenommen sind nur Personen, die im Besitz eines gültigen Erlaubnisscheines der Militärregierung sind.

b) sind Angehörige der Alliierten Streitkräfte ermächtigt, auf jedermann zu schießen, der sich außerhalb seines Hauses befindet und Versuche macht, sich zu verbergen oder der Vernehmung zu entziehen.

3. Wer dieser Bekanntmachung zuwiderhandelt, wird verhaftet und militärgerichtlich verfolgt.

Im Auftrage der Militärregierung.

Ausgangsbeschränkungsstunden

Periode		von	bis
1. Juli	bis 14. Juli	22,15	04,45
15. Juli	bis 28. Juli	21,00	03,45
29. Juli	bis 11. August	20,45	04,15
12. August	bis 25. August	20,30	04,30
26. August	bis 7. September	20,00	05,00

Mai auf ganz Deutschland ausgedehnt. Ein Sirenenton, der sogenannten »Curfew-Alarm«, verkündete Anfang und Ende der Ausgangsbeschränkung. Wer sich während der Ausgangssperre erwischen ließ, wurde zu Geld- oder Gefängnisstrafen verurteilt.

Die Städte, in denen die Ausgangsbeschränkungen galten, waren zerbombt. Auf den Straßen lagen meterhoch die Trümmer. Die Gas-, Wasser- und Stromversorgung war an vielen Stellen zusammengebrochen. Die Kanalisationsnetze waren zerstört. Es gab keine Müllabfuhr, keine Post, kaum Telefonverbindungen. Das gesamte Verkehrs- und Transportsystem war lahmgelegt, Eisenbahnstrecken, Brücken, Schiffahrtswege, Straßen waren weitgehend nicht benutzbar. In den Wohnungen, in denen Leben noch möglich war, hausten vier- oder fünfmal soviel Menschen wie vor dem Krieg. Viele von den Nazis nach Deutschland verschleppte Zwangsarbeiter zogen auf ihrem Weg in die Heimat

plündernd durch das Land. Und in ganz Deutschland wich die Erleichterung über das Ende des Krieges bald der Sorge, wie die Sieger mit den Deutschen verfahren würden. Natürlich hatte die Nazi-Propaganda begierig die Pläne des US-Finanzministers Morgenthau aufgegriffen und verbreitet, nach denen Deutschland zerstückelt und in ein Agrarland verwandelt werden sollte. Pläne, die besonders das Ruhrgebiet betrafen, dieses sollte »internationalisiert«, Bergwerke stillgelegt werden. Und das war noch in den Köpfen. Es kursierten auch Gerüchte, denen zufolge die Westalliierten gemeinsam mit den Deutschen in einer Fortsetzung des Krieges gegen die Sowjetunion ziehen würden.
Nur langsam »normalisiert« sich das Leben in Deutschland wieder. Die ersten Zeitungen erscheinen, lizensiert von den Militärbehörden. Im Ruhrgebiet sind es die »Ruhrzeitung« und die »Neue Westfälische Zeitung«. Die Menschen müssen ihre Mitteilungen nicht mehr auf Mauerreste schreiben, müssen nicht mehr Wandzeitungen benutzen.
Die Banken öffnen ihre Schalter wieder. Kinos nehmen ihren Betrieb auf, gezeigt werden ältere deutsche Unterhaltungsfilme, verlogen in ihrer Tendenz, voller Banalitäten, lediglich einer vordergründigen Zerstreuung dienend.
Ab 1. Juli 1945 ist in der britischen Besatzungszone ein räumlich eingeschränkter Postverkehr wieder möglich. Vorerst Bedingung: »nur Postkarten für den Zivilverkehr«.
Vom Gelsenkirchener Hauptbahnhof verkehren erste Züge nach Essen, Duisburg und Hamm. Ab dem 10. September gibt es auch wieder D-Züge von Hamm aus nach Braunschweig. Ihre Benutzung ist an Zulassungskarten gebunden, wenn die Fahrstrecke mehr als 100 km beträgt. Im November wird der Eisenbahnverkehr bereits wieder eingeschränkt. »Kohlenmangel und der Vorrang des Transportwesens lebenswichtiger Güter haben diese Beschränkungen notwendig gemacht«, heißt es. Gemeint ist die Beförderung von Reparationskohle für Großbritannien zu den Nordseehäfen.
In Gelsenkirchen nehmen auch die Straßenbahnen den Verkehr wieder auf. Zunächst sind es nur zwei Linien. Die zerstörten Kanalbrücken und der dadurch notwendige Fährbetrieb schaffen Probleme im innerstädtischen Verkehr zwischen Gelsenkirchen und Buer.
Wer ein Auto fahren will, bedarf dazu einer Genehmigung und muß ein Fahrtenbuch führen. Ab 1. November 1945 ist aufgrund der Treib-

stoffknappheit das Fahren von Pkw zwischen Samstagabend und Montagmorgen verboten. Das Sonntagsfahrverbot ist also keine »Erfindung« unserer Tage.
Nicht nur für die Herausgabe von Zeitungen, Zeitschriften, Büchern, Plakaten und Flugblättern war eine Genehmigung der Militärregierung erforderlich, auch die Veranstaltung von Schauspielen, Konzerten, Opern, Filmvorführungen, ja selbst bildende Künstler unterlagen der Lizenzpflicht. Trotz dieser Auflagen — die Büchereien werden wieder geöffnet, in Gelsenkirchen am 20. August —, es wird auch wieder Theater gespielt, in Gelsenkirchen in einem Saal an der Bochumer Straße. »Die Seelen der Menschen waren so zerstört, daß sie wieder zuhören konnten«, erinnert sich der Schauspieler Will Quadflieg. Und man hätte meinen können, die Leute wären begierig nachzuholen, was ihnen in der Zeit der Diktatur verwehrt war. Weit gefehlt. In Gelsenkirchen werden Stücke wie das »Johannisfeuer« von Sudermann zur Aufführung gebracht, »Charleys Tante« oder »Ingeborg« von Curt Goetz.
Mehr zur kulturellen »Erneuerung Deutschlands« haben sicher die verschiedenen Rundfunkanstalten beigetragen, die im Herbst ihren Sendebetrieb unter deutscher Verantwortung wiederaufnehmen.
Am 10. Juni 1945 verkünden die Alliierten die Arbeitspflicht für alle Deutschen. Dies wird 1946 durch einen weiteren Befehl in Einzelheiten neu geregelt. Beschäftigungsnachweise müssen geführt werden.
Nur wer »ununterbrochen und ordnungsgemäß« arbeitet, erhält Lebensmittelkarten. Wer der Arbeit fernbleibt, wird bestraft. So verurteilt das Einfache Militärgericht in Gelsenkirchen 1945 einen »Müßiggänger« wegen »unentschuldigten Arbeitsversäumnisses« zu 28 Tagen Gefängnis.
Am 11. August 1945 verkündet der britische Feldmarschall Montgomery in einem Aufruf an die Bevölkerung der Besatzungszone:
»Deutschlands Wiederaufbau in seiner ersten Phase ist im Gange. Ich werde jetzt zur zweiten Phase der alliierten Politik übergehen. In dieser Phase werde ich Euch die Freiheiten geben, die Ihr braucht, um zu Eurer eigenen Lebensart zurückzugelangen... Nach und nach werde ich die zur Zeit gültigen Beschränkungen der Pressefreiheit mildern. Die Alliierten beabsichtigen, die Bildung freier Gewerkschaften in Deutschland zu fördern. Ferner... die Bildung demokratischer politischer Parteien..., die die Grundlage einer geordneten und friedlichen deutschen

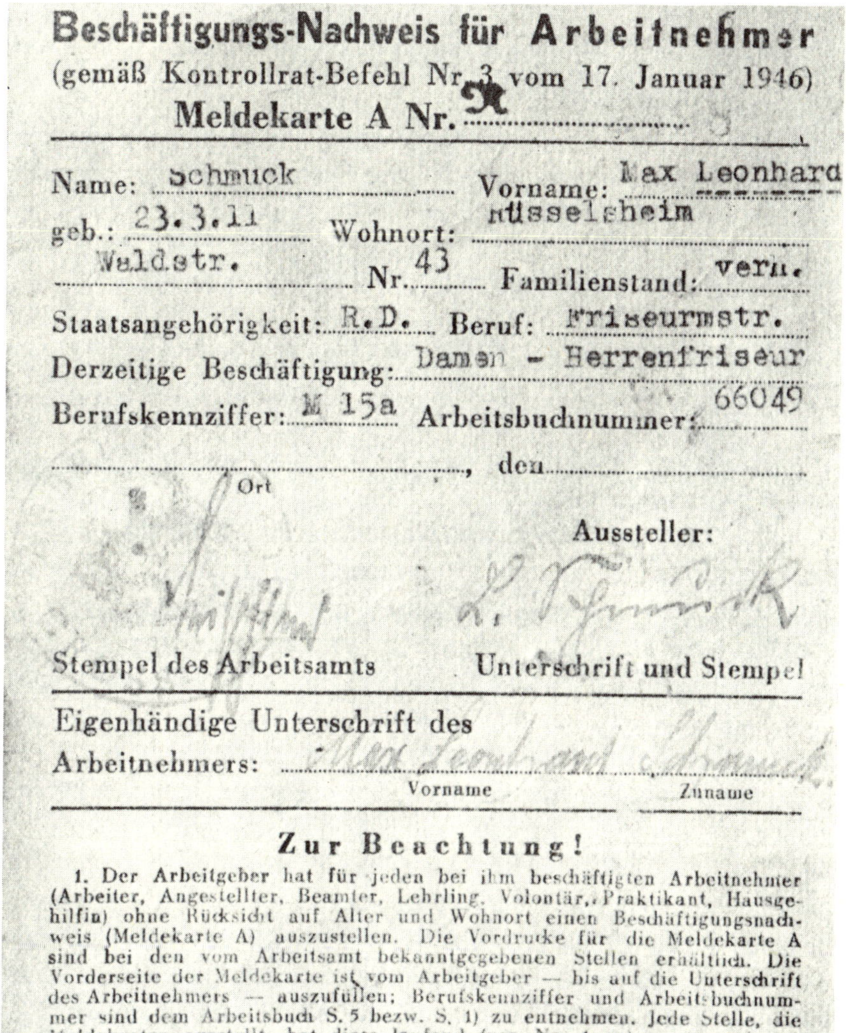

Beschäftigungs-Nachweis für Arbeitnehmer
(gemäß Kontrollrat-Befehl Nr. 3 vom 17. Januar 1946)
Meldekarte A Nr. ....

Name: Schmuck Vorname: Max Leonhard
geb.: 23.3.11 Wohnort: Rüsselsheim
Waldstr. Nr. 43 Familienstand: verh.
Staatsangehörigkeit: R.D. Beruf: Friseurmstr.
Derzeitige Beschäftigung: Damen - Herrenfriseur
Berufskennziffer: M 15a Arbeitsbuchnummer: 66049

.................................., den ....
Ort

Aussteller:

Stempel des Arbeitsamts Unterschrift und Stempel

Eigenhändige Unterschrift des Arbeitnehmers: ....
Vorname Zuname

Zur Beachtung!

1. Der Arbeitgeber hat für jeden bei ihm beschäftigten Arbeitnehmer (Arbeiter, Angestellter, Beamter, Lehrling, Volontär, Praktikant, Hausgehilfin) ohne Rücksicht auf Alter und Wohnort einen Beschäftigungsnachweis (Meldekarte A) auszustellen. Die Vordrucke für die Meldekarte A sind bei den vom Arbeitsamt bekanntgegebenen Stellen erhältlich. Die Vorderseite der Meldekarte ist vom Arbeitgeber — bis auf die Unterschrift des Arbeitnehmers — auszufüllen; Berufskennziffer und Arbeitsbuchnummer sind dem Arbeitsbuch S. 5 bezw. S. 1) zu entnehmen. Jede Stelle, die Meldekarten ausstellt, hat diese laufend (von Nr. 1 an) zu numerieren. Die Meldekarte ist erst gültig, wenn sie auf der Vorderseite von dem für den Wohnort des Arbeitnehmers zuständigen Arbeitsamt abgestempelt ist.

Gesellschaft bilden. Wir werden in Deutschland die lokale Selbstverwaltung auf demokratischer Grundlage wieder aufbauen... Ihr könnt öffentliche Versammlungen und öffentliche Debatten abhalten... Ich habe die Bestimmungen des Fraternisierungsverbotes gemildert. Britische Soldaten dürfen jetzt mit den Deutschen auf der Straße und in der Öffentlichkeit sprechen; dadurch werden wir mit ihnen Kontakt halten können und ihre Probleme leichter verstehen.«

Am 25. September 1945 wird also das »Umgangsverbot« aufgehoben. Allerdings — »Angehörigen der britischen Streitkräfte wird es nicht gestattet, Deutsche zu heiraten«.
Mit der Verordnung Nr. 12 der Militärregierung wird vom 15. September 1945 ab die Bildung politischer Parteien gestattet. KPD, SPD, Zentrum und CDU waren bereits im Juni 1945 neu- oder wiedergegründet worden. Schwere Strafen stehen auf »dem Versuch, das Nazi-Regime oder eine ähnliche Regierungsform wiederherzustellen; dem Versuch, die Autorität der Militärregierung zu untergraben; der Verherrlichung oder Vorbereitung des Krieges; benachteiligende Unterschiede gegen eine Person oder eine Gruppe wegen ihrer Rasse, Farbe, Staatsangehörigkeit oder ihres Glaubensbekenntnisses«.
Die Bildung von Gewerkschaften — auch sie sind bereits gegründet und arbeiten — wird gestattet.
Als »Erziehung zur Demokratie« werden von der Militärregierung Gemeindevertretungen ernannt. In Gelsenkirchen tritt am 19. Oktober ein Bürgerrat zu seiner ersten Sitzung zusammen, seine Mitglieder, je sechs Parteivertreter von KPD, SPD und Christlicher Vereinigung und sechs Vertreter von Wirtschaft und freien Berufen, waren vom eingesetzten Oberbürgermeister Zimmermann dem Stadtkommandanten Lindesay zur Ernennung vorgeschlagen worden.
Was ist sonst noch in einer Stadt wie Gelsenkirchen Bemerkenswertes geschehen in diesen ersten Monaten nach dem Kriegsende?
Die Bevölkerung wird zur Rückgabe von Grubenlampen aufgefordert, die die Zechen »anläßlich der Strom- und Lichtunterbrechungen infolge von Kriegseinwirkungen« den Bürgern leihweise zur Verfügung gestellt hatten. Ich muß zu Tante Linas Schande gestehen, daß sie dieser Aufforderung nicht nachkam, zumal Gas und Elektrizität mit dem Gesetz Nr. 7 des alliierten Kontrollrates vom 30. November 1945 rationiert werden.
Im August 1945 wird eine Holzsammelaktion angeordnet. Da Kohle für den kommenden Winter nicht »in ausreichendem Maße gefördert werden« kann, soll Holz aus »Trümmern und Anlagen« der Bevölkerung ohne Bezahlung als Hausbrand zur Verfügung gestellt werden.
An die Gelsenkirchener Haushaltungen werden zur Hausbrandversorgung je zwei Zentner Abfallkohle abgegeben, das ist Schlammkohle, sogenannte »Feinkohle« oder Koksgrus.

Preisgekrönte Behelfsheim-Entwürfe

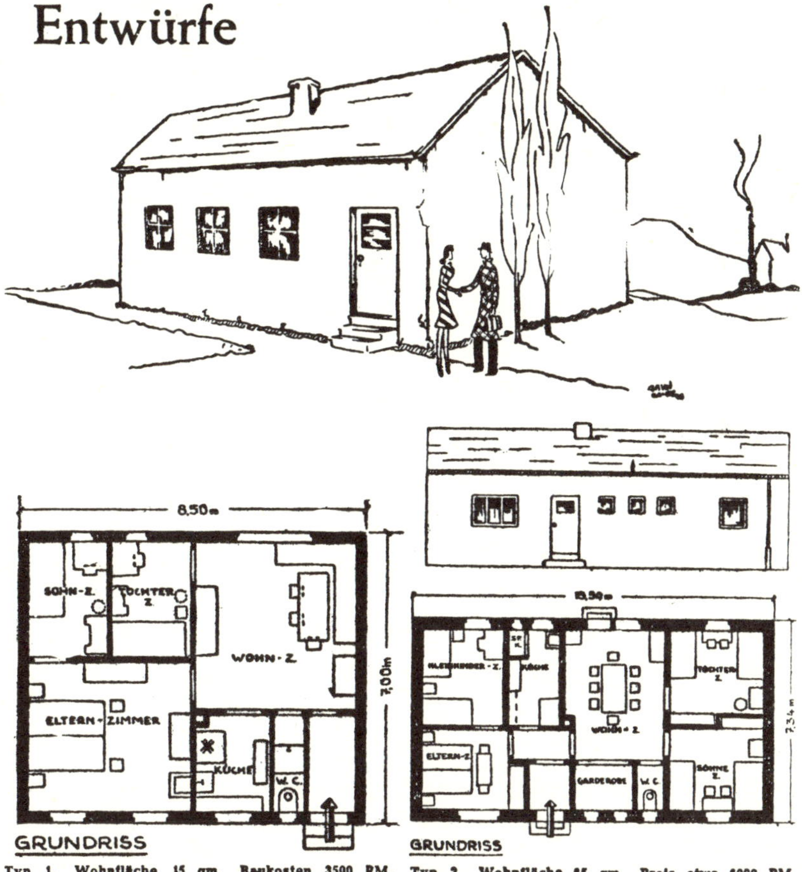

Typ 1. Wohnfläche 15 qm. Baukosten 3500 RM. Wohnraum 15,76 qm, Kochnische 4,11 qm, Elternschlafzimmer 14,10 qm 2 Kinderschlafzimmer je 5,50 qm, bzw. ein Kinderzimmer von doppelter Größe.

Typ 2. Wohnfläche 65 qm. Preis etwa 6000 RM. Wohnküche 16,88 qm, Kochnische 5,52 qm, Elternzimmer 11,55 qm, drei Schlafzimmer je 10,35 qm, außerdem in beiden Typen W. C., Garderobe usw.

Für den Bedarf der Kriegsgefangenen und der zwangsverschleppten Fremdarbeiter, die 1945 im Ruhrgebiet noch als DPs (Displaced Persons) in Ausländerlagern leben, werden im Mai und im Oktober Kleidersammlungen durchgeführt. Die Gelsenkirchener Bevölkerung muß neben einigen tausend vollständigen Männer-, Frauen- und Kinderkleidern 18152 Decken, 3135 Bettücher, 1183 Kopfkissen, 2351 Kopfkissenbezüge und 7068 Handtücher aufbringen.

Zum Gedenken der Toten beider Weltkriege werden am Sonntag, dem 11. November 1945, »zwei Minuten des Schweigens festgesetzt«. Der

Verkehr muß ruhen. »Personen, die sich auf der Straße aufhalten, müssen stehenbleiben. Männer haben ihre Kopfbedeckung abzunehmen.« Für ganz Deutschland wird eine einheitliche Uhrzeit eingeführt, die sogenannte »A-Zeit«, eine Stunde vor Greenwich-Normalzeit. 1946 wird eine Sommerzeit, später gar eine »doppelte« Sommerzeit gelten. Der Buß- und Betttag 1945 ist auf Anordnung der Militärs kein Feiertag. Ab 1. Dezember 1945 gilt ein Trageverbot für deutsche Uniformen und militärische Kopfbedeckungen. »Es sei denn, daß sie durch Umfärben... nicht mehr Ähnlichkeit mit einer früheren deutschen Uniform« haben. Am 18. Dezember findet eine Parade des 6. Bataillons der britischen Camerionians durch Gelsenkirchen statt: »Beim Vorbeitragen der Fahne hat das männliche Zivilpublikum den Hut abzunehmen.«

Behebung der Wohnungsnot

I. Durchführungsverordnung zu Ziffer 10 der Verordnung zur Behebung der Wohnungsnot in der Stadt Gelsenkirchen vom 15. 6. 45

Zur Durchführung der Verordnung vom 15. 6. 1945 betr. Behebung der Wohnungsnot in der Stadt Gelsenkirchen fordere ich alle, die im Bezirk der Stadt Gelsenkirchen ein Gebäude besitzen oder innehaben, das bisher Wohnzwecken diente und nicht totalgeschädigt ist, hiermit auf, bis zum 5. Juli 1945, für jedes Gebäude getrennt,

a) die Namen der Mieter,

b) den Beruf,

c) die Art des Mietverhältnisses,

d) den Zustand der Wohnung,

e) die Zahl der bewohnten Räume,

f) die Anzahl der Familienmitglieder über und unter 12 Jahren,

g) die Anzahl der anwesenden Personen über und unter 12 Jahren

anzugeben sowie mitzuteilen, ob der Mieter Inhaber oder Besitzer einer Doppelwohnung oder eines Behelfsheimes ist.

Formulare zur Eintragung dieser Angaben stehen bei den Polizeirevieren zur Verfügung und sind bis zum 5. 7. 1945 ausgefüllt dort wieder abzugeben.

Sollte der Hausbesitzer außerhalb Gelsenkirchens wohnen und ein in Gelsenkirchen wohnender Verwalter nicht vorhanden sein, so hat der im Hause im untersten Stockwerk wohnende Mieter die Meldungen zu erstatten.

Gelsenkirchen, den 27. Juni 1945.

Der k. Oberbürgermeister: Z i m m e r m a n n.

aus: Mitteilungsblatt der Stadt Gelsenkirchen, Nr. 3, v. 6. Juli 1945

Nachdem der Krieg vorbei war, hofften viele Menschen im Ruhrgebiet, nun würde sich vor allem auch die Lebensmittellage verbessern. Sie sollten sich täuschen. Die Not in Deutschland würde die Bevölkerung noch mehr in Mitleidenschaft ziehen als in der Kriegszeit.

Der Mangel an Lebensmitteln wurde größer, weil es nicht mehr möglich war, die »Hilfsquellen« der von Deutschen besetzten Gebiete heranzuziehen. Die Sowjetunion, die Niederlande, Jugoslawien und andere Länder waren ausgeplündert worden, die dort »gewonnenen« Lebensmittel waren ins Gebiet des Deutschen Reiches transportiert worden. Weil Millionen Menschen in der Sowjetunion, in Belgien, in Frankreich hungerten und viele an Unterernährung starben, hatte das deutsche Volk während des Zweiten Weltkrieges — sieht man einmal von den letzten Kriegsjahren ab — ausreichend zu essen, wenn auch bisweilen Versorgungsengpässe auftraten.

In der 75. Lebensmittelzuteilungsperiode, die vom 30. April bis zum 27. Mai 1945 dauerte, gab es für den »Normalverbraucher« 475 Gramm Fleisch und Fett, 6800 Gramm Brot und 10 Kilogramm Kartoffeln. Und von da an wird die Versorgung mit Nahrungsmitteln immer schlechter. Es gibt kaum Schlachtvieh, es gibt zuwenig Kartoffeln. Diese Situation war vorauszusehen. Bereits im Juni 1945 heißt es in einer »Anweisung zur deutschen Ernährungslage« der britischen Besatzungsbehörde:

»Folgende Tatsachen sind von größter Bedeutung für die Bevölkerung der britischen Besatzungszone:

1. Die Nahrungsmittelreserve ist sehr gering.
2. Alles anbaufähige Land, und wenn es auch nur ein Schrebergarten ist, muß bestellt werden.
3. Vor allem sind diejenigen Gemüsearten anzubauen, die für den Winter aufbewahrt werden können, wie z. B. Kartoffeln, Steckrüben und Bohnen.
4. Wenn diese Arbeit nicht mit größter Energie angepackt wird, droht eine Hungersnot...«

Auf der Konferenz von Potsdam hatten die Alliierten für die Lebensmittelbewirtschaftung in Deutschland folgende Richtlinie beschlossen: »Der... Lebensstandard in Deutschland darf nicht höher sein als der Durchschnitt aller europäischen Länder ausschließlich Großbritannien und der Sowjetunion, aber einschließlich der süd- und osteuropäischen Länder.«

Die Deutschen sollen für ihre »und die aller Umgesiedelten Ernährung« selbst verantwortlich sein. »Das Militär muß das Verfahren des deutschen Versorgungssystems überwachen und sich einmischen..., wenn es aus Schutzgründen notwendig ist... Die Ausländer müssen die doppelte Menge an Nahrungsmitteln erhalten, die die deutsche Zivilbevölkerung erhält, aber niemals weniger als 2000 Kalorien pro Person und pro Tag...«
Das System der deutschen Ernährungsverwaltung und Lebensmittelbewirtschaftung, das sich in der »Zeit des Krieges bewährt« hatte, wurde von den Alliierten im großen und ganzen übernommen.
In den Tageszeitungen und den amtlichen Bekanntmachungen erscheinen jede Woche Tabellen mit den »aufgerufenen« Lebensmittelkartenabschnitten. Und es ist eine Wissenschaft, diese zu entschlüsseln. Es werden neue Lebensmittelkarten gedruckt, oder die Hakenkreuz-Em-

Lebensmittel-Zuteilung

für die Woche vom 26. November bis 2. Dezember (3. Woche der 82. Zuteilungsperiode).

Das Landesernährungsamt Unna ruft außer den mit Mengenwert und Warenart versehenen Abschnitten noch folgende mit Nummern versehenen Abschnitte der 3. Woche auf:

Gruppen	Brot	Fleisch	Margarine	Nährmittel	Vollmilch	
	je 500 g	50 g	62,5 g	125 g		
E	3 E	9 E	12 E	15 E	—	—
Jgd	3+4 Jgd	9 Jgd	12 Jgd	15 Jgd	—	—
Klk	—	9 Klk	12 K k	15 Klk	1/2 Liter täglich	—
Klstk	—	—	12 Klstk	15 Klstk		—
TSV/Bu/E	3 E	9 E	—	15 E	—	—
TSV/Bu/Jgd	3+4 Jgd	9 Jgd	—	15 Jgd	—	—
TSV/Bu/Klk	—	9 Klk	—	15 Klk	—	—
TSV/Bu/Klstk	—	—	—	15 Klstk	—	—
TSV/Schl/E	3 E	—	—	15 E	—	—
TSV/Schl/Jgd	3+4 Jgd	—	—	15 Jgd	—	—
TSV/Schl/Klk	—	—	—	15 Klk	1/2 Liter täglich	—
TSV/Schl/Klstk	—	—	—	15 Klstk		—
VSV/K b. 6 Jahre	—	—	—	—	—	—
Werdende und Stillende Mütter	—	—	12 M	15 M	1/2 Liter täglich	—

aus: Bekanntmachungen der Stadt Gelsenkirchen Nr. 29 v. 24. 11. 1945

bleme auf den alten Marken werden auch nur überdruckt. Insofern bleibt also alles beim alten, nur die Rationen werden immer kleiner.
Im Winter 1945 sinken die Zuteilungen auf täglich 1000 Kalorien: knitschiges Brot, angefrorene Kartoffeln, gepanschte Milch...
Und es gibt zahlreiche Ratschläge, wie man mit der Mangelsituation fertig werden kann, Ratschläge, die aus Kriegszeiten schon »sattsam« bekannt waren: Kartoffeln sollten »sachgemäß« eingekellert und vor dem Verderb geschützt werden. Man sollte Gemüse »restlos verwerten« und die Küchenabfälle als Viehfutter zur Verfügung stellen. Man sollte Eicheln sammeln und Preiselbeeren, Sojabohnen anbauen, die Kochkiste zur Nahrungszubereitung benutzen.
Wie man mit den »rationierten« Rationen zurechtkommt, verraten Wochenspeisepläne, die in den Tageszeitungen abgedruckt werden.
Und man macht allerlei Versprechungen. Gegen Kohlenlieferungen sollen Fische ins Ruhrgebiet kommen. Westfalens Oberpräsident verspricht im Oktober 1945 gleichbleibende Rationen für den bevorstehenden Winter: »Keiner soll im Winter hungern!« Er kann sein Versprechen nicht halten. Im Oktober 1945 erkennt auch der britische Feldmarschall Montgomery, daß es so nicht weitergehen kann:
»Mein vorläufiges Ziel ist eine Zuteilung an die deutsche Bevölkerung von 1500 Kalorien pro Tag, aber selbst diese Menge kann wegen Verteilungsschwierigkeiten nicht überall ausgegeben werden. Die Lage wird noch dadurch verschlimmert, daß die diesjährige Ernte ungewöhnlich schlecht ist. Es gibt nur eine Lösung: Lebensmittel nach Deutschland einzuführen.«
112500 Tonnen Weizen sollen nach Deutschland geliefert werden. Die sollen vor allem Bergleuten zugute kommen, die eh schon höhere Rationen erhalten. »Es ist eine Selbstverständlichkeit, daß den Lebensmittelzulagen des schwer arbeitenden Bergmannes vor allem der Vorrang gebührt.« Besser ging es auch der Landbevölkerung, den Bauern, zu denen die Städter in Scharen anreisten, um im Tauschhandel gegen Schmuck oder Teppiche ein paar Eier oder Speck zu ergattern.
Aus dem, was man eingetauscht, gehamstert hatte, was man für viel Geld auf dem Schwarzen Markt gekauft hatte, wofür man stundenlang angestanden hatte, daraus wurde dann etwas gekocht. Und es gab Kochbücher, die Rezepte für diese Notzeiten propagierten. Das waren übrigens die ersten Bücher der Nachkriegszeit.

1945
Heft 1
Wiederaufbau
der deutschen Ernährung
Gute Soßen
und
Brotaufstriche
mit wenig Fett
Institut für Ernährung und Verpflegungs-
Wissenschaft
Berlin-Dahlem

SOSSEN, TUNKEN, BEIGÜSSE

Das erste Kochbuch, das nach dem Kriegsende in Deutschland erscheinen durfte, war ein dünnes Heftchen. Es wurde vom Institut für Ernährung und Verpflegungswissenschaft in Berlin-Dahlem als Heft 1 einer Reihe zum »Wiederaufbau der deutschen Ernährung« herausgegeben, lizensiert von den alliierten Militärbehörden, und trug den Titel »Gute Soßen und Brotaufstriche mit wenig Fett«.

Was auffiel, war neben dem Ereignis, daß da überhaupt etwas in einem deutschen Verlag erscheinen durfte, die Schrift. Die kleine Broschüre war nicht mehr in einer sogenannten »deutschen« Schrift gesetzt und gedruckt, sondern in einer Antiqua-Schrift.

Da war also offensichtlich ein Wandel vollzogen worden, deutlich sichtbar. Und beim Essen? Was sollte sich da wandeln? Es wurde auch nach Kriegsende gehungert. Und es waren jetzt vor allem die, die Not und Elend verursacht hatten, die hungern mußten.

Konnte ein Kochbuch die Not lindern? Wohl kaum. Aber es sollte wohl doch geholfen werden, die Not ertragbar zu machen.

In dem Vorwort des kleinen Kochbuches schrieb der Institutsdirektor: »... Jetzt, in Zeiten einer besonderen Ernährungsnot, hat die Soße eine noch viel größere Bedeutung als bisher. Sie muß über manchen Mangel bei Tisch hinweghelfen... Die zahlreichen Rezepte dieses Büchleins zeigen..., wie sich selbst mit den beschränktesten Mitteln wirklich schmackhafte Soßen in mannigfaltiger Abwechslung bereiten lassen... Kartoffeln und Brot sind gegenwärtig die Grundlagen unserer Ernährung...«

Kartoffeln und Brot. Brotaufstriche und Soßen. Die Soße sollte helfen, die Eintönigkeit deutscher Speisezettel zu durchbrechen. Sollte mit geringen Mitteln unterschiedliche Geschmacksbedürfnisse befriedigen. Statt Fleisch eine Fleischsoße oder eine Soße, die zumindest nach Fleisch schmeckte. In Übergangszeiten oder im Winter, in Zeiten, da es nicht ausreichend Gemüse zu kaufen geben würde, sollte die Gemüsesoße »in Aktion treten« und »Ersatz schaffen mit konzentriertem Geschmack«.

Wir haben einige Soßenrezepte zusammengetragen, um einen Eindruck dieser Geschmackvarianten zu vermitteln.

Sauerampfersoße

Zutaten: Zwei Tassen Sauerampferblätter, eine Zwiebel, ein Eßlöffel Öl, ein Eßlöffel Mehl, 1/4 l Gemüsebrühe, Salz.

Die Zwiebel wird klein, die Sauerampferblätter streifig geschnitten. Fett erhitzen. Zwiebel darin leicht anlaufen lassen, Sauerampfer dazugeben, mit Brühe auffüllen und zugedeckt etwa 20 Minuten kochen lassen.

Das Mehl ohne Fett bräunen.

Zwiebeln und Sauerampfer durch ein Sieb passieren. Zu dem gebräunten Mehl geben. Brühe wieder daran gießen. Mit Salz abschmecken. Noch einmal zehn Minuten kochen lassen.

Löwenzahn-Soße

Zutaten: Eine Handvoll Löwenzahnblätter, eine Tasse Milch, ein Eßlöffel Mehl, Salz, etwas Fett.

Mehl in etwas Fett anrösten. Mit Milch sämig kochen. Junge Löwenzahnblätter waschen und sehr fein hacken.

Zugeben. Salzen. Ziehen lassen.

Soßen aus Spitzwegerich oder Vogelmiere werden nach dem gleichen Verfahren hergestellt.

Grüne Soße

Zutaten: 20 g gemahlene Gerstengrütze, zwei Tassen Spinatblätter, eine kleine Salzgurke, 1/2 l Gemüsebrühe, 5 g Hefe, Salz, ein Eßlöffel gehackte Petersilie.

Die Gerstengrütze wird in der Brühe weich gekocht. Wer will, kann sie in Wasser vorquellen lassen.

Die klein gehackte Gurke, den fein geschnittenen Spinat und die Petersilie unterrühren. Salzen. Kurz aufkochen, dann fünf Minuten quellen lassen.

Die Hefe in ein wenig Brühe auflösen. Zugeben. Umrühren.

Lauchsoße

Zutaten: Zwei kleine Stangen Porree, 1/4 l Wasser, ein Eßlöffel Öl, ein Eßlöffel Mehl, Salz, ein Teelöffel Senf, ein Eßlöffel Essig.

Den Lauch putzen, waschen und in dünne Ringe schneiden. In heißem Öl anbräunen. Mehl darüber stäuben und auch etwas bräunen. Mit Wasser ablöschen.

Zehn Minuten kochen lassen.

Abschmecken mit Salz, Essig und Senf. Ziehen lassen.

Selleriesoße

Zutaten: Eine kleine Sellerieknolle, Selleriegrün, eine Kartoffel, eine halbe Knoblauchzehe, ein Lorbeerblatt, Kümmel, Salz, ein Teelöffel Öl oder Fett, ein Teelöffel Mehl, 1/2 l Gemüsebrühe.

Sellerieknolle und Kartoffel schälen, waschen, klein schneiden und in heißem Fett oder Öl anbräunen. Knoblauch und Lorbeerblatt dazugeben. Mit Gemüsebrühe ablöschen. Alles weich kochen lassen.

Durch ein Sieb streichen, mit einigen fein gewiegten, zarten Sellerieblättern, Kümmel und Salz würzen.

Zum Andicken das Mehl mit wenig Wasser verrühren. An die Soße gießen. Etwa 20 Minuten leicht köcheln lassen.

Hagebuttensoße

Zutaten: Eine Tasse getrocknete Hagebutten, 1/2 l Wasser, eine Nelke, eine Prise Zimt, Salz, einige Tropfen Zitronenaroma, ein Eßlöffel Mehl.

Die Hagebutten unter einem Tuch mit einem Hammer oder Stößel zerklopfen. Mit der Gewürznelke zusammen im Wasser 20 Minuten kochen lassen. Mehl leicht anbräunen.

Die Brühe durch ein Sieb streichen und mit der Einbrenne verrühren.

Mit Salz, Zimt und Zitronenaroma abschmecken.

10 Minuten ziehen lassen.

Wer sich nicht an das Rezept aus den »schlimmen« Jahren halten will, sollte statt des Wassers Weißwein, statt des Aromastoffes Zitronensaft nehmen. Diese Soße schmeckt dann zum Beispiel zu Kaninchenbraten.

Steckrübensoße

Zutaten: Zwei Tassen klein gewürfelte Steckrüben, zwei Eßlöffel Essig, ein Teelöffel Zucker, Salz, ein Teelöffel Senf, ein Teelöffel gehackter Dill, etwas Wasser, etwas Mehl, etwas Fett.

Die Steckrüben werden in Wasser weich gekocht und durch ein Sieb passiert.

In heißem Fett bräunt man den Zucker und löscht dies mit Essig ab.

Den Rübenbrei beimischen. Würzen.

Wer will, kann mit etwas kalt angerührtem Mehl abbinden.

Rote-Bete-Soße

Zutaten: Drei rote Rüben, ein Eßlöffel Essig, ein Teelöffel Öl, etwas Petersilienwurzel und ein Stück Sellerieknolle, ½ l Buttermilch, Salz, etwas Kümmel.

Rote Bete schälen und fein reiben. Den Saft ablaufen lassen und beiseite stellen. Die Rüben mit dem geraspelten Wurzelwerk in Essig und Öl gar dünsten. Buttermilch und den beiseite gestellten roten Rübensaft hinzugeben. Mit Salz und Kümmel abschmecken.

Wenn die Soße etwas dicker sein soll, muß man eine kleine Kartoffel hineinreiben.

Kürbissoße

Zutaten: 500 g Kürbisfleisch, zwei Tassen Brühe, ein Eßlöffel Mehl, ein Teelöffel Senf, Salz, ein Eßlöffel Schnittlauch, ein Teelöffel Öl.

Das Kürbisfleisch wird gewürfelt und im eigenen Saft weich gedünstet. Durch ein Sieb passieren. Brühe zugießen. Mehl darüber stäuben. Aufkochen lassen.

Mit Salz, Senf und gehacktem Schnittlauch abschmecken. Zuletzt das Öl daruntermischen.

»Soßen sind der Gipfel der Kochkunst«, sagt man. Und: »Ob einer kochen kann, verraten die Soßen.«

Das ist sicher richtig und mag auch für die hier aufgeführten Soßen gelten. Obwohl — für die Soßen der Nachkriegszeit war es nicht wichtig, die letzten Feinheiten einer Béchamel oder eine Sauce Espagnole zu kennen.
In ihrem Kochbuch »Mit Verstand und Liebe« formuliert Anne Marie Bartel eine Grundregel so:
»Klares, ausgesprochenes Aroma, das auch einem schlichten Grützebratling oder Quetschkartoffeln geschmackliches Ansehen verleiht. Samtige Glätte, die der Zunge schmeichelt und die durch sorgfältiges Anrösten der Mehlschwitze, behutsames Kochen, richtiges Ausquellen und gewissenhaftes Passieren der Soße erzielt wird.«
Diesen hehren Worten ist nichts hinzuzufügen. Außer vielleicht, daß Soßen nicht nur zu Pellkartoffeln, Bratlingen oder Aufläufen gereicht werden können, sondern auch zu anderen Gerichten, wenn man derer habhaft wurde.
So paßt die Sauerampfersoße zu Fisch, die grüne Soße zu gekochtem Fleisch (aber wer hatte das schon), die Löwenzahnsoße zu Geflügel. Die Steckrübensoße kann bei grünem Salat als Ersatz dienen, wenn man kein Essig und Öl hat. Die Rote-Bete-Soße kann auch zu Salat gereicht werden.

Majoransoße

Zutaten: Eine kleine Zwiebel, 1/4 l Gemüsebrühe, ein Eßlöffel gehackter Majoran, zwei Eßlöffel Mehl, Salz, etwas Pfeffer.

Zwiebel in Scheiben schneiden und mit den Schalen, Majoran und Salz in der Brühe aufkochen lassen. Die Zwiebelschalen entfernen.
Mehl leicht bräunen und mit der Majoranbrühe ablöschen, aufkochen und etwa 20 Minuten lang ausquellen lassen.
Mit Salz und Pfeffer abschmecken.
Noch einmal 10 Minuten ziehen lassen.

Petersiliensoße

Zutaten: Zwei Petersilienwurzeln, zwei Eßlöffel Petersiliengrün, klein gehackt, ein Eßlöffel Mehl, ein Teelöffel Fett, 1/4 l Wasser, Salz, 1/2 Tasse Milch.

Petersilienwurzeln putzen, waschen und reiben. In etwas heißem Fett

anrösten. Mit Wasser ablöschen. Etwa 20 Minuten lang kochen lassen. Das in der Milch angerührte Mehl zugeben. Salzen.
Als letztes kommt die fein gehackte, grüne Petersilie dazu.
Die Soße dann noch fünf Minuten ziehen lassen.

Salbei-Soße

Zutaten: Ein Teelöffel Öl oder Fett, eine kleine Zwiebel, ein Eßlöffel Mehl, 1/4 l Brühe, eine Tasse Milch, eine Tasse Salbeiblätter, Salz, etwas kleingehackte Zitronenmelisse.

Zwiebelwürfel in Fett andünsten. Mehl darin hell schwitzen. Mit Brühe und Milch ablöschen. Aufkochen und 20 Minuten ausquellen lassen.
Salbeiblätter werden gewaschen und kleingeschnitten.
Dazu geben. Mit Salz und Zitronenmelisse abschmecken. Ziehen lassen.

Kümmelsoße

Zutaten: Ein Teelöffel Kümmel, 1/4 l Wasser, eine kleine Zwiebel, eine Knoblauchzehe, ein Teelöffel Öl, eine Kartoffel, Salz, Paprikapulver.

Die Kartoffel schälen, klein schneiden und mit dem Kümmel im Wasser weich kochen.
Zwiebel und Knoblauchzehe klein schneiden, in Öl anbräunen und dazugeben. Mitkochen lassen.
Alles durch ein Sieb streichen. Das Kochwasser daran gießen. Mit Salz und Paprika würzen. Noch zehn Minuten ziehen lassen.

Remouladensauce besteht aus Mayonnersauce, Sardellenbutter, Senf, gehackten Essiggurken und Gewürzen.
Mayonnersauce oder Mayonnaise wird aus Eigelb, Öl, Zitronensaft, Essig und Gewürzen gerührt.
Solche Zutaten standen natürlich nicht zur Verfügung, besonders Öl, respektive Fett irgendwelcher Art nicht. Man mußte sich also helfen, wollte man auf diese beiden Soßen nicht verzichten.

Falsche Remouladensauce

Zutaten: 30 g Mehl, 1/4 l Brühe, eine Essiggurke, Salz, ein Teelöffel Senf, ein Eßlöffel gehackte Petersilie, eine Zwiebel, ein Teelöffel Essig, ein Eßlöffel Kapernersatz, etwas Estragon, Kerbel und Bertram.

In einer Pfanne wird Mehl oder Fett goldgelb geröstet. Mit der Brühe ablöschen. Aufkochen und erkalten lassen. Das dauert etwa 20 Minuten, dabei öfter umrühren, damit sich keine Haut bildet.
Den erkalteten Mehlbrei mit einem Schneebesen gut durchschlagen. Gewürfelte Zwiebel und Gurke dazugeben. Nach und nach die Gewürze einrühren. Zum Schluß mit feingehackten Blättern des sogenannten „Deutschen Bertram", Estragon und Kerbel abschmecken.

Sparmayonnaise

Zutaten: Zwei Eßlöffel Mehl, eine Tasse Magermilch, ein Eßlöffel Essig, etwas Salz, ein Teelöffel Senf.

Milch zum Kochen bringen. Mehl mit etwas Flüssigkeit anrühren und unter ständigem Rühren dazugeben. Wenn die Masse anzudicken beginnt, läßt man sie etwas abkühlen und fügt Essig, Salz und Senf zu. Statt Magermilch kann man auch Gemüse- oder, noch besser, Kräuterbrühe nehmen. Durch Zugabe von geriebenen rohen Äpfeln oder Sellerie kann man die Mayonnaise strecken. Für die oben genannte Menge zwei große Äpfel oder eine halbe Sellerieknolle.

Küchenabfälle werden abgeholt!

Schutt nicht auf Trümmerstätten werfen!

Immer noch werden Schutt und Abfälle auf Trümmerstätten oder in Grünanlagen geworfen. Dadurch werden nicht nur die Schuttmassen der Stadt vergrößert, sondern durch die Fäulnis der Abfälle auch Ungeziefer, vor allem Ratten, angezogen. Die Auswirkungen sind unübersehbar. Ich bitte deshalb dringend darum, die bei Instandsetzung von Wohnungen anfallenden Schuttmassen auf die Müllkippe fahren zu lassen. Abfälle von Gemüse und Speisereste können noch zur Viehfütterung verwertet werden. Wenn dabei auch keine Viehmast erreicht werden kann, so ist doch beabsichtigt, die Küchenabfälle zur Viehfütterung auszunutzen. Dabei bitte ich um die Mithilfe der Bevölkerung.

aus: Bekanntmachungen der Stadt Gelsenkirchen, Nr. 29, v. 24. 11. 1945

Wie Tante Lina der Zukunft ein Ende machte

In unruhevoller Zeit, in Hoffnungslosigkeit, in Trümmern und Elend, in Zeiten, da man nicht weiß, was die Zukunft bringen würde, wie in den ersten Monaten nach dem Kriegsende 1945, in solcher Zeit ist Hochkonjunktur für jene, die sich anmaßen, diese Ungewißheit beenden und die Zukunft vorhersagen zu können.
Das Kartenlegen blühte auf in jenen Tagen.
Vor geheimnisvoll verdunkelten Dachstuben von Wahrsagern und Wahrsagerinnen drängten sich die Menschen.
Da wird einer Mutter Hoffnung gemacht auf die baldige Rückkehr ihres Sohnes aus der Kriegsgefangenschaft.
Da wird einem Flüchtling, der nichts mehr hat als das nackte Leben, eine goldene Zukunft prophezeit.
Da wird die Besitzerin eines Lebensmittelgeschäftes — in den Nachkriegsjahren unfehlbar vorherzusehen — vor nächtlichen Überfällen gewarnt.
Ich will jetzt beileibe nicht behaupten, unsere Tante Lina habe aus irgendeinem obskuren Okkultismus Kapital geschlagen.
Nein! Nein!!
Sie war an den hier zu beschreibenden Ereignissen wirklich ganz schuldlos, oder sagen wir lieber etwas vorsichtiger — sie war sich keiner Schuld bewußt.
Aber da war nun einmal dieser Ruf, der ihr vorausging. Erinnern Sie sich noch?
Es hatte sich im Dezember 1943 begeben, daß mitten in Tante Linas Weihnachtsvorbereitungen ihre Nichte Brunhilde geplatzt war. Wie nicht anders zu erwarten mit ihrem Busenfreund, dem Gauleiter Reichsstatthalter Dr. Meyer.
Meyer hatte von Tante Linas sagenhaftem Obstwein gehört, und den wollte er jetzt probieren.
Was sollte Tante Lina tun? Ihm das abschlagen. Das war nicht möglich.
Also probierte Meyer, und er probierte sehr zum Ärger von Tante Lina

Flasche um Flasche. Und der Alkohol begann zu wirken. Langsam, aber grausam. Und schließlich lag Meyer, ein deutscher Gauleiter und Oberpräsident, lallend auf dem Fußboden und verlangte von Tante Lina, sie solle ihm die Zukunft voraussagen. Man habe gehört, sie könne das, sie sei eine alte Hexe und müsse das tun, sonst würde sie verbrannt und so weiter und so weiter, bis Tante Lina ihm schließlich den Gefallen getan hatte.

Man wußte schließlich nie, wozu ein Gauleiter damals..., nicht wahr. Also hatte Tante Lina ihre Tarot-Karten zwischen dem Nähzeug hervorgeholt und das Licht im Wohnzimmer gelöscht bis auf eine Lampe, die über dem Tisch brannte, denn richtige Stimmung mußte schließlich auch sein.

Der Gauleiter wurde mit Brunhildens Hilfe auf einen Stuhl gehievt. Und dann legte Tante Lina dem Herrn Meyer die Karten und sagte ihm seine Vergangenheit ins Gesicht, die kannte sie zur Genüge und analysierte die Gegenwart, die war 1943 bereits schlimm genug.

Und als sie bei der Zukunft angelangt war, da legte sie einen der großen Arkanen mit aus. Ich bin sicher, sie hatte da ein wenig nachgeholfen, denn, wenn sie mit Karten spielte, hat Tante Lina eigentlich immer versucht zu betrügen.

Die Karte, die sie auslegte, heißt im Tarot-Spiel »der Tod«, und die zeigt im allgemeinen den indischen Gott Shiva, der auf Friedhöfen tanzt und auf Verbrennungsplätzen von Leichen. Sein gespenstisches Gefolge macht Musik mit menschlichen Knochen, bestreut sich mit Asche und spielt mit Totenschädeln.

Der Reichsstatthalter wurde ob dieser Visionen von Grauen ergriffen und lief, wie von Furien gehetzt, aus Tante Linas Haus. Er soll — und eben diese Wirkung schreibt man jenem Johannisbeerwein zu — auch später immer wieder im Traum von den durch Tante Lina beschworenen Bildern heimgesucht worden sein. So berichtet wenigstens Brunhilde, und die muß es ja wohl wissen.

Im Mai 1945 hatten die Rachegöttinnen ihn dann eingeholt, und er beging Selbstmord.

Diese Geschichte hatte sich in der Stadt herumgesprochen. Und sie hatte Tante Lina in einen — ihrer Meinung nach — zweifelhaften Ruf gebracht. Fortan hieß es, Tante Lina habe ein »zweites Gesicht« und könne mittels dessen einen Blick in die Zukunft tun.

Gerüchte natürlich, an denen nichts, aber auch gar nichts dran war, die allerdings — das haben Gerüchte so an sich — in der Nachkriegszeit, nach dem Mai 1945, da der Gauleiter Hand an sich gelegt hatte, unabdingbar für wahr gehalten wurden.
Da half kein Widerspruch, kein ironisierendes Lachen — die Leute glaubten, was sie glauben wollten, und besuchten Tante Lina, um sich weissagen zu lassen.
Nun werden Sie sagen, Tante Lina hätte das ablehnen können. Sie hat das anfangs auch sicher getan.
Aber dann...
Können Sie eine weinende Frau so einfach wegschicken, die Monate nach Kriegsende erfährt, daß ihr Mann, den sie am Leben glaubt, in den letzten Kriegstagen erschossen worden war?
Tante Lina konnte das nicht. Sie hörte sich die Sorgen, das Elend der Menschen an. Ja, meist hat sie wohl nur zugehört, und schon das half den Menschen. Sicher. Sie legte auch wohl einmal die Karten, aber nur, wenn es galt, einem gut gemeinten Rat mit Hilfe des Okkulten (wie widersinnig, so etwas!) mehr Wahrheitsgehalt zu verleihen.
»Beratung in allen Lebenslagen« hätte Tante Lina an ihre Haustür schreiben können, hat sie aber nicht. Ihre Fähigkeiten hatten sich auch so herumgesprochen.
Kuszmierz freilich ärgerte das Ganze. Dauernd fremde Leute im Haus, das paßte ihm nicht. Und auch nicht, daß Tante Lina immer weniger Zeit für ihn erübrigen konnte.
Er war schon nahe daran, durch ein ernstes mit Tante Lina herbeizuführendes Gespräch dem Treiben ein unwiderrufbares Ende zu machen, da brachte ihn Fabrizius mit seinem ausgeprägten Sinn fürs Praktische auf eine andere Idee. Eines Abends am Küchentisch war das. Tante Lina war schon zu Bett gegangen.
»Man könnte die Sache kommerzialisieren...«, sagte Fabrizius und blickte sich bedeutungsvoll in der Küche um. Kuszmierz folgte seinem Blick. Sah den Mangel an Eßbarem und hatte verstanden.
Und noch am selben Abend ließ Fabrizius die künstlerische Ader in sich pulsieren und dichtete. Etwa so:
»Willst die Zukunft Du erfragen,
mußt Du Eier zu mir tragen!«
Mit solcher Art Poesie, in einer Sternstunde deutscher Literaturge-

schichte entstanden, wurden Zettel bedruckt unter Hinzufügung von Tante Linas Adresse.
Und diese Zettel wurden — privat, versteht sich, und unter dem Siegel strengster Verschwiegenheit — verteilt.
Denn der Tante Lina, der man den Blick in die Zukunft nachsagte, der mußte Einblick in solche Geschäfte verwehrt werden. Nie hätte sie ihre Zustimmung gegeben.
Fabrizius verteilte die Zettel an dem Okkultismus zuneigende Schauspielerkollegen.
Kuszmierz hatte da bestimmte Damen, denen er bisweilen einen Besuch abstattete. Denen brachte er die Zettel mit, wohl wissend, daß durch den breit gefächerten Kundenkreis dieser Damen für eine optimale Verteilung gesorgt werden könnte.
Die Zettel machten also die Runde durch die Stadt. Die Besuche bei Tante Lina häuften sich, Besuche, die von ihr einen Blick in die Zukunft erheischten.
Allerdings, bevor jemand zu Tante Lina gelangen konnte, wurde er von Kuszmierz oder Fabrizius abgefangen — je nach dem, wer von den beiden gerade »Dienst« hatte — und mußte dort ein sogenanntes »Geschenk« abliefern, um in den Genuß von Tante Linas hellseherischen Fähigkeiten zu gelangen: ein paar Eier, ein Stück Speck, ein Pfund Kartoffeln — alles war willkommen.
Die Lebensmittellage besserte sich zusehends.
Um Tante Lina nicht mißtrauisch werden zu lassen, wurden die erschlichenen Lebensmittel als Sonderzuteilung für Bergleute deklariert, von Kuszmierz heimlich mit zur Arbeit genommen und abends in seiner verbeulten Ledertasche wieder mitgebracht und stolz Tante Lina vorgewiesen. »Transfer« nennt man so etwas, glaube ich.
Das ging gut bis zu jenem Tag, da das Schicksal hart und unerbittlich zuschlug.
Es muß gewesen sein in einer der so bezeichneten »rauhen Nächte« im Dezember 1945, da abergläubische Menschen Tote aus den Gräbern aufstehen sehen und Visionen zu haben glauben. Da kam zu Tante Lina ein gewisser Williki, ein Schneidermeister aus Buer-Erle, ein Geizkragen und Betrüger, der auf dem Schwarzmarkt mit verschobenen Stoffen glänzende Geschäfte machte, und den Tante Lina schon deswegen nicht leiden konnte. Dem wollte sie auch nicht die Karten legen.

Als der sich nun aber doch mit störrischer Beharrlichkeit von Tante Lina einen Blick in die Zukunft, in seine Zukunft erbat, sagte diese nur — und der Teufel muß sie geritten haben, als sie dies sagte:
»Du wirst dich heute abend noch sehr ärgern!«
Auf die Frage des Schneiders, warum er sich denn ärgern würde, erwiderte Tante Lina, wohl weil ihr nichts anderes einfiel oder weil eine solche Tat bei einem solchen Menschen durchaus im Bereich des Möglichen lag: »Bei dir wird heute abend noch eingebrochen.«
Was sagt man nicht so alles leicht hin. Doch hier... Wie gesagt, das Schicksal schlug hart und unerbittlich zu.
Als der Williki in seine Wohnung zurückkehrte, stellte er fest, daß man ihn bestohlen hatte: Zucker, Speck, Stoffe und vieles andere waren Beute der Einbrecher geworden.
Klar, daß für den Bestohlenen kein Zweifel daran bestand, Tante Lina hatte Kenntnis von dem Einbruch nicht durch die Karten oder gar ein »zweites Gesicht« gewonnen, sondern steckte mit den Einbrechern unter einer Decke.
Bei Tante Lina erschien die Polizei.
Fabrizius' und Kuszmierz' lukrative Geschäfte mit der Zukunft wurden aufgedeckt und unterbunden.
Tante Lina fiel aus allen Wolken und soll wochenlang mit den beiden kein einziges Wort gewechselt haben. Und sie hatte es auch nur dem Zufall zu verdanken, daß sie nicht vor Gericht gestellt und verurteilt wurde.
Bei einer Razzia auf dem Gelsenkirchener Schwarzmarkt im Bulmker Park fiel der Polizei der dem Williki gestohlene Stoff in die Hände, und der Diebstahl, begangen von des Schneiders eigenen Schwarzmarktkumpanen, konnte aufgedeckt werden.
Seit diesem denkwürdigen Tag war es aus mit der Hellseherei in Tante Linas Haus. Nicht einmal ein Horoskop hat sie jemals wieder angeschaut. Und das kann ich bezeugen. Was ich allerdings bis heute nicht weiß: War Tante Linas Blick in die Zukunft Zufall, oder war ihr dieses eine Mal doch die Gnade eines »zweiten Geschichtes« zuteil geworden?

NOCH EINMAL ZUKUNFT

»Was wünscht ihr euch?« Das wurden Jungen und Mädchen in einer Berliner Oberschule gefragt. Ihre Antworten malten sie auf schlechtes Nachkriegspapier. Und daß ihre Bilder hier im Druck nicht sonderlich gut wiedergegeben werden können, mag an dem Mangel von Wasserfarben und Buntstiften in der damaligen Zeit liegen. Diese gemalten Wünsche mögen uns heute wenig phantasievoll anmuten, weil es Wünsche waren um die ein-

fachsten Notwendigkeiten des Lebens. Da ist Klaus Eckert, damals ein Junge von 12 Jahren. Sein größter Wunsch ist die Heimkehr des Vaters aus der Kriegsgefangenschaft. Wie lange mögen seine Mutter und er schon auf den Vater warten?
Ein ganzer Lastwagen voller Kohlen — Kinderträume im Nachkriegsdeutschland. Oder der seltsam anmutende Wunsch einer Elfjährigen: eine Reise nach Amerika mit dem Schiff bei Gewitter. Amerika — in den Augen der Kinder ein Land der Hoffnung.
Eine Lehrerin hatte zu diesen Bildern geschrieben: »Erst wenn Kinderwünsche wieder echte Kinderträume sind, sieht die Welt so aus, wie sie aussehen soll.«
Die gemalten Wünsche der Schüler waren zu gleichen Teilen auf die Vergangenheit und auf die Zukunft gerichtet. Sie hatten den Krieg erlebt mit seinen Grausamkeiten und Schrecknissen. Und die Kinder, so jung sie auch sein mochten, hatten aus ihrem Erleben gelernt. In ihren Bildern stellten sie konkrete Forderungen an die Welt der Erwachsenen, suchten auch schon von allein einen Weg aus der vermeintlichen Hoffnungslosigkeit der Zeit in eine Zukunft, die ihnen lebenswert erscheint. Bilder, aus denen auch der Mut spricht, ein Leben zu meistern, an dem mancher Erwachsene zu zerbrechen drohte.

Es gab auch Erwachsene, die sich Gedanken über die Zukunft Deutschlands machten. Und es gab viele Ideen dieser Menschen damals für einen Neuanfang: die Sozialisierung zum Beispiel, die Überführung der Schlüsselindustrien, der Großbetriebe in Gemeineigentum; eine Bodenreform sollte durchgeführt werden; »nie wieder Rüstung, nie wieder Kriegsindustrie«, hieß es; alle Faschisten in Staatsdiensten, in der Verwaltung, in der Industrie sollten aus ihren Ämtern entfernt und bestraft werden...

Nicht eine dieser Ideen ist letztendlich verwirklicht worden.

Eugen Kogon hat einmal gesagt: »Man hatte (damals) die Chance, aus Moral Politik zu machen. Man hat diese Chance verpaßt... Geworden ist daraus eine kommerzialisierte Republik. Die, die eine neue Gesellschaft gewollt hatten, die haben verloren...«

Was waren die Gründe? Mitentscheidend war sicher, daß Menschen mit kreativen Zukunftsperspektiven damals eine kleine Minderheit waren. In ihrer Mehrheit hatten die Menschen andere Probleme. Ihre Vorstellungen von der Zukunft waren durch Gerüchte bestimmt, die im Umlauf waren. Und da war von neuem Krieg die Rede.

Die Zukunft war ungewiß, warum also darüber nachdenken? Die Alltagsprobleme nahmen viel Raum ein. Das Hauptinteresse der Menschen war darauf gerichtet, die dringendsten Bedürfnisse zu befriedi-

gen. Man mußte sich mit den Dingen des täglichen Lebens versorgen, mit Essen, Kleidung, einer Wohnung, mit Heizmaterial für den Winter. Die Menschen waren so glücklich, überlebt zu haben. Und es blieb ihnen wenig Zeit für Träume, wie sie die Kinder träumten.
Die Sorge um die Zukunft Deutschlands und seiner Menschen überließ man zunächst anderen, Vertretern der Siegermächte.
Bereits am 22. Oktober 1945 verfaßte Colonel Spottiswoode vom britischen Militärgouvernement in Münster eine Denkschrift mit dem Titel »Die Zukunft«, die er an den Regierungspräsidenten, die Landräte und die Oberbürgermeister im Regierungsbezirk Münster verschicken ließ. Darin formulierte er für das zukünftige Leben in Deutschland folgende Ziele:

»1. Die ausreichende Herstellung von Waren, um ein körperlich und geistig behagliches Leben für alle zu ermöglichen.
2. Die gerechte Verteilung dieser Waren und
3. ein Regierungssystem zu schaffen, welches die größte Gedankenfreiheit, die größte Freiheit des Wortes und die größte Freiheit der Tat sichert, soweit diese mit dem Gemeinschaftsleben in Einklang zu bringen sind.«

Dabei erkannte der Colonel durchaus die Schwierigkeiten, die Reparationen, Wiederaufbau einer Warenproduktion, eines Verwaltungssystems und die wiedergewonnene Freiheit mit sich bringen würden.
»Daher sehen wir schweren Zeiten entgegen; in der Zukunft jedoch liegt die Hoffnung auf eine friedliche und zufriedene Welt. Wann und wie Deutschland den ihm zukommenden Platz in der Welt wieder erreichen wird, hängt von den Deutschen selbst ab. Von wesentlicher Bedeutung für die schnelle Erreichung dieses Zieles sind intensive Arbeit, Ausdauer, die Erkennung der besonders schwierigen Probleme und das energische Ausmerzen aller schädlichen Einflüsse.«
Ein anderer Brite machte sich 1946 Gedanken um die große Politik. Winston Churchill sprach in Zürich über das »Europa von morgen«: »Die tiefste Ursache der Zersplitterung des Kontinents und der Welt liegt im alten Nationalstaatsgedanken... Das heißt: Wir müssen zu neuen Spielregeln des Zusammenlebens kommen — vom Nationalstaatsgedanken von gestern zur Föderation von morgen...« Das Kernstück einer europäischen Föderation sah er in einem Bündnis zwischen Frankreich und Deutschland und schlug die Bildung eines europäischen Rates

als Wegbereiter des neuen europäischen Bundes vor. Der Erzbischof von Canterbury wandte sich in einer Botschaft an die deutsche Jugend: »Für Euch, junge Männer und Frauen, Knaben und Mädchen in Deutschland, ist noch nicht alles verloren — durchaus nicht. Wenn Ihr auf den Wegen und im Geiste Jesu Christi wandelt, dann liegt vor Euch eine wertvolle und ruhmreiche Aufgabe im Dienste Eures Volkes. Und das bedeutet: Das Familienleben, das Leben in der Gemeinschaft, die Tätigkeit in Industrie und Gewerbe, die Gestaltung einer sozialen Ordnung und eines Nationalcharakters, das ist es, das Euch Tag für Tag völlig in Anspruch nehmen soll.«

Im Juli 1946 warnte der sowjetische Außenminister Molotow vor einer drohenden Zerstückelung Deutschlands. Er erklärte, die Sowjetunion gehe davon aus, daß das deutsche Volk selbst entscheiden soll, welches staatliche System mit den Interessen der Demokratie besser im Einklang ist, das bundesstaatliche System mit seiner Zerstückelung oder die staatliche Einheit.

»Wir Sowjetmenschen halten es für unrichtig, dem deutschen Volk die eine oder andere Lösung der Frage aufzuzwingen.«

Und der Deutsche selbst? Jener deutsche Mensch, der in deutschen Zeitungen etwa so beschrieben wird: »Sein Leib ist mager, sein Geist schwach und seine Seele schuldbeladen. Seine Haupttätigkeit besteht im Sammeln von Kippen und von Beweisen, daß er immer dagegen war. Durch das viele Bücken besteht die Gefahr eines krummen Rückens...«

Was denkt nun dieser Deutsche über sein weiteres Leben?

Er wurde erst 1947 dazu befragt.

Im März jenen Jahres veranstaltete die »Westfälische Rundschau« ein »Preisausschreiben für die junge Generation«: »Macht Vorschläge zum Neubau Deutschlands!«

Mit der Resonanz hatte man nicht gerechnet. Mehr als tausend Einsendungen mußten die Preisrichter werten. Sieger wurde ein Ingenieur aus Dortmund namens Gerhard Janzon. Er schrieb unter anderem:

»Solange ein Volk als Folge einer über es verhängten Hungerstrafe nicht nur in seiner materiell-körperlichen Substanz krankt und verkommt, sondern auch seine geistigen Komponenten nur auf die Dinge des Absolut-Lebensnotwendigen ausrichtet, antwortet es mit dem gleichen Verfall seiner Gedanken und Gefühle...«

Als Ziele nannte er: »Der Deutsche muß seine Stellung kennen als Bindeglied zwischen den Völkern. Deutschland muß eine Demokratie darstellen, die nach den Grundsätzen der Humanität auch das Recht der Minderheiten nicht nur dem Buchstaben nach anerkennt.« Und forderte »eine bessere und breitere Bildung der Volksmasse zur Stärkung der kritischen Urteilskraft, der Verantwortungsfreude, sich selbst zu regieren«.

Andere Zukunftsvorstellungen sind zum Teil identisch mit den Forderungen mancher Politiker: Sozialisierung der Großbetriebe, Einführung der Planwirtschaft, Durchführung einer Bodenreform, Verhinderung einer Wiederaufrüstung.

Und die deutsche Frau? Die jungen Mädchen? Wie denken die sich ihre Zukunft? Eine ebenfalls 1947 durchgeführte Umfrage gab Aufschluß: Einen Beruf wollen alle erlernen, fast alle wollen auch heiraten. Nur von Politik wollen sie nichts wissen. Eine Befragte: »Um Gottes Willen in keine Partei eintreten, die sorgen ja doch nur für sich, die deutsche Frau hat sowieso nichts zu sagen, soll ihre Nase in den Kochtopf stecken.«

Persönliche Botschaft des Britischen Oberbefehlshabers

(an die Bevölkerung des britischen Besatzungsgebietes in Deutschland)

1. Ich bin von der britischen Regierung mit der Befehlsgewalt und Kontrolle des britischen Besatzungsgebietes in Deutschland betraut worden.

In diesem Gebiet waltet zunächst eine Militärregierung unter meinem Befehl.

2. Mein unmittelbares Ziel ist es, für Alle ein einfaches und geregeltes Leben zu schaffen.

In erster Hinsicht ist dafür zu sorgen, daß die Bevölkerung folgendes hat:

a) Nahrung,
b) Obdach,
c) Freisein von Krankheit.

Die Ernte muß eingebracht werden.
Das Verkehrswesen muß neu aufgebaut werden.
Das Postwesen muß in Gang gebracht werden.
Gewisse Industrien müssen wieder die Arbeit aufnehmen.
Dieses wird für Jedermann viel schwere Arbeit bedeuten.

3. Diejenigen, die nach internationalem Recht Kriegsverbrechen begangen haben, werden gesetzmäßig abgeurteilt und bestraft werden.

Das deutsche Volk wird unter meinen Befehlen arbeiten, um das, was zum Leben der Volksgemeinschaft notwendig ist, zu schaffen und um das wirtschaftliche Leben des Landes wieder aufzubauen.

4. In dem britischen Besatzungsgebiete sind viele deutsche Soldaten, Flieger und Matrosen. Sie werden zur Zeit in besonderen Gebieten versammelt.
Die deutsche Wehrmacht sowie alle anderen bewaffneten Verbände werden entwaffnet und aufgelöst.

Alle deutschen Soldaten, Flieger und Matrosen, werden nach ihren Handwerken und Berufen gemustert. In wenigen Tagen wird damit angefangen werden, sie von der Wehrmacht zu verabschieden, damit sie mit der Arbeit beginnen können. Vorrecht in der Dringlichkeit hat die Ernte; darum werden Landarbeiter zuerst entlassen. Die Entlassung von Männern in anderen Handwerken und Berufen erfolgt, sobald es praktisch möglich ist.

5. Ich werde dafür sorgen, daß alle deutschen Soldaten und Zivilisten mittels Rundfunk und Presse über den Fortgang der Arbeit auf dem Laufenden gehalten werden. Der Bevölkerung wird aufgetragen, was zu tun ist.
Ich erwarte, daß sie es bereitwillig und wirksam tut.

Deutschland, 30. Mai 1945.

Gez. **B. L. Montgomery**
Feldmarschall
Oberbefehlshaber des britischen Besatzungsgebietes.

Genehmigt zum Anschlag durch die Abtlg. 329 der Mil.-Reg.

SUPPEN, EINTÖPFE

Die Suppen erfuhren in der Kriegs- und Nachkriegszeit eine völlig andere Einschätzung als heute.
Heute sind wir gewöhnt, Suppen als appetitanregende Einleitung einer Mahlzeit anzusehen. Einer von vielen Gängen eines Menüs. Und Kochbücher und Köche wetteifern darin, sich hierfür immer neue Rezepte einfallen zu lassen.
Damals mußte eine Suppe meist sogar ziemlich ausschließlich eine gesamte Mahlzeit bestreiten, als Abendessen oder als Frühstück. In vielen Familien kehrte man 1945 wieder zum alten Brauch der Morgensuppe zurück. Ein solches Frühstück half Brot und Brotaufstrich sparen. Eine Suppe »hielt« auch in kalten Jahreszeiten und für schwerarbeitende Menschen oder Kinder wesentlich länger »vor« als Kaffee-Ersatz oder Tee.
In den kalten Nachkriegswintern hatte die Suppe eine doppelte »Mission« zu erfüllen: Sie mußte nähren, satt machen, und sie mußte Wärme speichern.
Suppen und Eintöpfe gaben auch Gelegenheit, Essensreste nahezu rückstandsfrei zu verwerten. Gemüsestengel, Schoten von Erbsen und Bohnen, Fasern des Spargels konnten ausgekocht werden. Suppen konnte man aus allem möglichen machen: aus Kopfsalat, der bereits zu schießen begonnen hatte, aus Mangold, aus Holunderblüten.
Was zu einer bestimmten Jahreszeit vorhanden war, konnte verwendet werden.
Wer kein Fett zur Hand hatte oder das zur Verfügung stehende Fett sparen wollte, röstete das Mehl für die Einbrenne der Suppe eben ohne Fett an.
In ihrem Buch »Euer Herz betrübe sich nicht« schreibt Betty Schneider: »Gespült habe ich schnell. Das kalte Wasser tuts, denn wir haben ja fettfreies Geschirr. Die Messer bleiben liegen bis morgen früh, werden dann in den Suppentopf gesteckt zur Nutzbarmachung auch des allerkleinsten Restchens Fett...«
Fleisch- oder Fischzuteilungen, die sich ansonsten auf den Tellern am Mittagstisch winzig ausnahmen, konnten in einer Suppe durchaus etwas hermachen.
Und bei der Zubereitung von Suppen und Eintöpfen konnte man Ener-

gie sparen, wenn man sie etwa in einer Kochkiste (in »Tante Linas Kriegskochbuch« beschrieben) weiterköcheln ließ.
Gaststätten und Volksküchen waren verpflichtet, mindestens ein »markenfreies« Gericht täglich im Speiseplan zu führen, also ein Essen, für das man keine Lebensmittelmarken abzugeben brauchte. Und das war oft ein Eintopf oder eine Suppe.
Uwe, Tante Linas »Ziehsohn«, war übrigens ein König im Organisieren solcher »Zusatznahrung«. Er drängte sich regelmäßig in die Reihe derer, die in der Gaststätte Rohmann in Buer auf die Ausgabe der Volksküchen-Gerichte warteten. Armselig gekleidet stand er da, trug eine Hose und eine Jacke, die ihm Tante Lina (wohl ausschließlich zu diesem Zweck und um Mitleid zu erregen) aus einer alten Militärdecke hatte nähen müssen, und reckte mit großen traurigen Augen der Frau an der Essensausgabe ein verbeultes Kochgeschirr entgegen. Stumm. Nur diese Augen und diese bittende Geste. Wer konnte dem schon widerstehen? Und regelmäßig kam er mit einem Schlag Suppe heim, den er stolz im Kochgeschirr auf Tante Linas Küchentisch stellte. Das war sein Beitrag zur Gemeinschaftsverpflegung in Tante Linas Haus. Wo alle Sorge trugen, wollte er nicht abseits stehen. Und es gab Tage, da kam er mit einem blauen Auge oder blutigen Knien nach Hause, wenn er »seine« Suppe gegen die Nachbarskinder verteidigt hatte.
Es gab also Suppe in den Gaststätten, »legierte« Suppe mit Gemüseplatte oder »Bauernsuppe«. Es gab Suppe oder Eintopf in den Häusern der Menschen im Ruhrgebiet der Nachkriegszeit. Morgens, mittags und am Abend. Und sie mußten sich schon anstrengen, die Leute, wenn sie ihren Suppen und Eintöpfen immer wieder ein anderes »Gesicht« geben wollten.
Einige dieser Rezepte aus dem Jahre 1945 haben wir zusammengetragen und wollen sie hier wiedergeben. Dabei bitten wir um Nachsicht, daß wir nur einigermaßen schmackhafte Gerichte ausgewählt haben, die sich auch heute nachkochen lassen.

Sauerkrautsuppe

Zutaten: 250 g Sauerkraut, 3/4 l Gemüsebrühe, eine rohe Kartoffel, ein Teelöffel Mehl, eine Messerspitze Fett, ein Eßlöffel gehackte Petersilie.

Fett in einem Topf heiß werden lassen, Mehl einstreuen und in dem Fett anbräunen.
Das Sauerkraut muß gewaschen werden. Klein hacken und zu dem braunen Mehl geben. Mit der Brühe auffüllen. Die rohe Kartoffel einreiben. Die Suppe muß dann etwa 30 bis 40 Minuten lang kochen. Mit Petersilie abschmecken.

Suppe von einem Kaninchenkopf

Zutaten: 1½ l Wasser, eine Prise Salz, ein Eßlöffel Majoran, ein Teelöffel Basilikum, ein Kaninchenkopf, eine rohe geschälte Kartoffel, etwas Pfeffer, ein Eßlöffel Mehl, eine Tasse kleingehacktes Suppengrün, ein Teelöffel Essig.
Den gesäuberten und gewaschenen Kaninchenkopf in Wasser mit Salz, Basilikum und Majoran solange kochen, bis sich das Fleisch leicht von den Knochen löst.
Die Brühe abseihen.
Das Fleisch ablösen, klein schneiden und wieder in die Brühe geben. Die rohe Kartoffel in die Brühe reiben.
Zum Schluß Suppengrün zugeben und noch etwa 20 Minuten köcheln lassen. Pfeffern. Mit Essig abschmecken.
Mehl anbräunen. Mit etwas Brühe, die man der Suppe entnimmt, ablöschen. Glatt rühren und an die Suppe geben.

Hirnsuppe

Zutaten: 500 g Kartoffeln, 200 g Hirn, zwei Eßlöffel Mehl oder Haferflocken, eine Prise Salz, ein Eßlöffel gehackte Petersilie, ein l Gemüsebrühe, Pfeffer, etwas Fett.
Kartoffeln schälen, in kleine Würfel schneiden und in Gemüsebrühe gar kochen.
Hirn säubern, von der Haut lösen, waschen. Pfeffern, salzen und in etwas Fett anbraten.
Zu den weich gekochten Kartoffeln geben.
Das Mehl oder die Haferflocken werden in der vorher gebrauchten Pfanne leicht angeröstet und dann in die Suppe eingerührt.
Köcheln lassen. Mit Petersilie abschmecken.

Fischrogensuppe

Zutaten: 150 g Fischrogen, eine Tasse Suppengemüse (Möhre, Stück Sellerie, Porree, Sellerie- und Petersiliengrün), 10 g Fett, ein Eßlöffel Mehl, ein l Gemüsebrühe, Salz, Knoblauch, Thymian.

Klein gehacktes Suppengrün in Fett anbraten. Mehl darüber streuen. Leicht bräunen lassen. Mit Brühe ablöschen. Mit Salz, einer zerdrückten Knoblauchzehe und gehacktem Thymian würzen.

Den Fischrogen oder -milch von der Haut befreien und in die Suppe einrühren.

20 Minuten ziehen lassen.

Zum Servieren mit gerösteten Brotstückchen überstreuen.

Daß die Anwesenheit von Besatzungssoldaten in Deutschland nicht ohne Auswirkungen auf die heimische Küche bleiben würde, versteht sich. Wie Flüchtlinge und Aussiedler brachten auch die Angehörigen der alliierten Truppen Eßgewohnheiten und Rezepte aus ihrer Heimat mit. War es Opportunismus, war es Neugier, was Deutsche bewog, einiges davon zu übernehmen?

Von der »Amerikanisierung« der deutschen Küche durch CARE-Pakete und andere Wohltaten wird noch die Rede sein. Aber auch von den Russen wurde so manches angenommen. Den Borschtsch, ein »herrliches östliches Gericht«, den kannten die Deutschen schon vor der Besatzungszeit. An diesem Eintopf orientiert, haben wir zwei Rezepte für Suppen in einem Kochbuch gefunden, das 1945 in der sowjetisch besetzten Zone (wo anders?) erschienen war.

Tomatensuppe russisch

Zutaten: Vier bis fünf große Tomaten, 10 g Fett, eine Zwiebel, ½ Weißkohl, Salz, Pfeffer, 1½ l Brühe.

Tomaten mit heißem Wasser überbrühen und die Haut abziehen. Klein schneiden. Andünsten.

Dann läßt man Fett heiß werden, röstet die klein geschnittene Zwiebel darin an und dünstet darin den Weißkohl, den man in dünne Streifen geschnitten hat.

Tomaten in der Brühe aufkochen lassen. Weißkohl und Zwiebel dazu geben. Bei kleiner Flamme weich schmoren lassen. Salzen und pfeffern. Wenn vorhanden, mit einem Schuß Dosenmilch servieren.
In Abwandlung kann man bei dieser Suppe statt Gemüse- oder Fleischbrühe auch Fischbrühe verwenden.

Russensuppe

Zutaten: Eine Mohrrübe, eine Stange Porree, eine Petersilienwurzel, ein Stück Sellerie, Petersilien- und Selleriegrün, ¼ Kopf Wirsing, eine Tasse Sauerkraut, 1¼ l Wasser, ¼ l Rote-Bete-Saft, ein Eßlöffel Mehl, Salz, etwas Fett, vier Scheiben Schwarzbrot (oder altbackenes Brot).
Das Gemüse wird würfelig bzw. in feine Streifen geschnitten und in heißem Fett angeröstet. Mit Mehl bestäuben und mit Wasser auffüllen. 20 bis 30 Minuten gar kochen lassen. Salzen.
Das klein gehackte Sauerkraut und den Rote-Bete-Saft zugeben und noch einmal aufkochen lassen.
Auf leicht gerösteten Schwarzbrotscheiben anrichten.

Früher und auch heute — Suppen-Gourmets mögen jetzt schnell weiterblättern — bediente und bedient man sich einer Erfindung, die der Schweizer Industrielle Julius Maggi um die Jahrhundertwende gemacht hatte, des nach ihm benannten »Maggis«, um die Suppe zu würzen. Diese Suppenwürze ist eine komplizierte Mischung von Kräutern, Gemüsen, Pilzen, Kochsalz und Magermilch-, Hefe- oder Soja-Eiweiß, das zu Aminosäuren abgebaut wird. Dieses »Maggi« wird/wurde in Baden hergestellt, war allerdings in den Nachkriegsjahren kaum zu kaufen.
Es wurde zwar Ersatz angeboten, ein sogenanntes »Neugewürz«, eine Art Glutamat, aus Weizenkleber, Sojamehl und Melasse gewonnen, das wurde jedoch von vielen Leuten nicht vertragen, konnte außerdem das berühmte »Maggi« nicht wirklich ersetzen.
Wer also auf den »Geschmack« dieser unverwechselbaren Würze nicht verzichten mochte, mußte sein »Maggi« selbst produzieren.

Suppenwürze (selbsthergestellt)

Zutaten: Zwei Sellerieknollen mit Grün, drei Petersilienwurzeln mit Grün, eine Liebstöckelwurzel mit Grün, 500 g Möhren, vier Stangen Lauch, drei Zwiebeln, 200 g Salz.

Alles Gemüse putzen, waschen und durch den Fleischwolf drehen. In einer Schüssel gut miteinander und mit Salz vermischen.

Durchstampfen mit einem Kartoffelstampfer.

In ein Einmachglas füllen. Feststampfen und verschließen.

Nach etwa vier Wochen ist die Würze brauchbar. Für eine Suppe genügen ein bis zwei Teelöffel davon.

Welche Suppeneinlagen 1945 en vogue waren, wollen Sie wissen? Nein, keine Nudeln, kein Reibgerstl, keine Lebenknödel, kein Eierstich. Man behalf sich mit Haferflocken oder mit altbackenem Brot, das vielleicht ein wenig angeröstet wurde, ohne Fett selbstverständlich.

Zum Schluß noch einige Eintopf-Rezepte, von denen wir meinen, daß sie sich ein wenig von den üblichen Erbsen- oder Linsen-Eintöpfen unterscheiden. Ob es sich dabei allerdings von der Konsistenz her jeweils um Eintöpfe oder Suppen handelte, war für den Esser nicht so leicht zu entscheiden. Spätestens am dritten Tag nach seinem »Entstehen« war der Eintopf durch etliche »Verlängerungen« mit Sicherheit zur Suppe geworden.

Kürbisgemüse

Zutaten: 500 g Kürbisfleisch, eine Stange Lauch, zwei gekochte Kartoffeln, eine Tasse Milch, ein Eßlöffel Essig, zwei Eßlöffel Haferflocken, 10 g Fett, Salz, Eisenkraut, Bohnenkraut, zwei Tomaten.

Lauch in Ringe schneiden und in heißem Fett andünsten. Tomaten klein schneiden, dazugeben und durchdünsten. Die Haferflocken darüberstreuen und ebenfalls etwas mit anbräunen. Mit der Milch aufkochen lassen. Mit fein gehacktem Eisen- und Bohnenkraut würzen. Salzen. Das Kürbisfleisch in kleine Würfel schneiden. Dazu geben. Mit Essig abschmecken.

Etwa 20 Minuten garen lassen.

Die gekochten Kartoffeln zerstampfen und unter das Gemüse rühren. Aufkochen und noch 10 Minuten ausquellen lassen.

Stielmuseintopf

Zutaten: 500 g Stielmus, 500 g Kartoffeln, 10 g Fett, Salz, eine Zwiebel, eine Tasse Wasser.

Stielmus waschen, fein hacken. Kartoffeln schälen, in kleine Würfel schneiden.

Das Fett in einem Topf heiß werden lassen, die kleingeschnittene Zwiebel darin anbraten. Das Stielmus mit einer Tasse Wasser in den Topf geben. Oben auf die Kartoffelwürfel schichten.

In geschlossenem Topf weich dünsten. Mit Salz abschmecken.

Endivien-Eintopf

Zutaten: Zwei Endivien, 500 g Kartoffeln, Salz, Pfeffer, ein Eßlöffel Öl, ein Eßlöffel Mehl, eine Tasse Magermilch, ein Teelöffel Essig.

Endivien waschen und von außen das (bittere) Herz herauslösen. In Streifen schneiden.

Kartoffeln schälen und würfeln. In wenig Wasser gar kochen.

Endivienstreifen in heißem Fett andünsten. Das Mehl darüberstäuben. Magermilch einrühren. Mit Salz, Pfeffer und Essig abschmecken. Mit den leicht gestampften Kartoffeln vermischen.

Weiße-Rüben-Eintopf

Zutaten: 500 g weiße Rüben, 500 g Kartoffeln, 1/2 l Wasser, eine Zwiebel, ein Teelöffel Salz.

Die Rüben werden geschält, gewaschen und zu Stiften geschnitten. In Salzwasser zusammen mit der klein geschnittenen Zwiebel etwa 20 Minuten lang kochen lassen, bis die Rüben halb gar sind.

Dann erst die geschälten, gewaschenen und auch zu Stiften geschnittenen Kartoffeln zufügen.

Alles miteinander gar kochen. Dabei darauf achten, daß immer genügend Flüssigkeit vorhanden ist. Zum Schluß ein wenig zerstampfen.

FLÜCHTLINGE

Sie zogen durch die Straßen der Städte, müde, zerlumpte, hoffnungslose Gestalten, meist Frauen und Kinder. Die wenige Habe, die ihnen geblieben war, zogen sie in Handkarren oder Kinderwagen hinter sich her. Sie wurden Flüchtlinge genannt, Evakuierte, Aussiedler, Umsiedler, Heimkehrer, Vertriebene, Heimatvertriebene, Umquartierte, Neu-Deutsche. Und nur wenige dieser Namen dienten nicht auch als Schimpfwort.

Unabsehbare Menschenströme zogen durch Deutschland in diesem Jahr 1945 und auch noch in den Folgejahren.

Da waren zum einen jene, die aus den deutschen Industriezentren evakuiert worden waren, als sich die Bombenangriffe der Alliierten verstärkt hatten, Kinder, die mit der sogenannten Kinderlandverschickung in ländliche Gebiete transportiert worden waren, und ihre Mütter. Sie kehrten jetzt nach Hause zurück.

Heimkehren wollten auch jene neun oder zehn Millionen Zwangsarbeiter, die die Nationalsozialisten aus den von ihnen überfallenen Ländern nach Deutschland verschleppt hatten, um »den Mangel an Arbeitskräften auszugleichen«. Soweit sie mit dem Leben davongekommen waren.

Diese »Fremdarbeiter« waren besonders in Industrieregionen von den Deutschen in furchtbarster Weise behandelt worden, waren zu Hunderttausenden verhungert und an Entkräftung gestorben. Nach ihrer Befreiung wollten auch einige Rache nehmen an den Deutschen und zogen plündernd durch das Land.
Dann waren da jene, die in der Endphase des Krieges teils auf Evakuierungsanordnungen deutscher Behörden vor den Truppen der Roten Armee geflohen waren: große Teile der Bevölkerung der deutschen Ostgebiete, Ostpreußens, Schlesiens, aber auch Menschen aus »deutschen Siedlungsgebieten« im Ausland. Die Nationalsozialisten hatten in Verwirklichung ihres Planes vom »NS-Lebensraum« zwischen 1939 und 1944 selbst beinahe eine Million Menschen umgesiedelt.
Und schließlich jene in den Ostgebieten und den Siedlungsgebieten im Ausland verbliebenen Deutschen, die aufgrund der Beschlüsse auf der Konferenz von Potsdam aus Polen, der Tschechoslowakei und Ungarn (später auch aus anderen Staaten) ausgewiesen und teils nach Deutschland zwangsumgesiedelt wurden. 1945 sollten das bereits viereinhalb Millionen Menschen sein.
Flüchtlinge. Neben den zertrümmerten Städten und einer ruinierten Volkswirtschaft sind sie das bitterste Erbe nationalsozialistischer Gewaltpolitik. Eine Folge, die jeder Krieg mit sich bringt.
Aus einem Gedicht von Karl-August Vogt:

»Wir keuchen auf Straßen mit Weib und Kind,
Gebrochen die Herzen am Weh,
Uns tröstet aus Norden ein heulender Wind
Und treibt vor uns her seinen Schnee.
Wir tragen die Schuld der verlorenen Zeit,
Wir Flüchtlinge, ich und auch du,
Wir keuchen auf Straßen der Endlosigkeit
Dem Tore der Ewigkeit zu.
Die Raben ziehn krächzenden Flugs hinterher,
Sie warten, bis stumm einer fällt,
Der Mond und die Sterne, der Fluß und das Meer
Sind Zeugen des Leids dieser Welt.«

Bei einer Volkszählung 1946 wird festgestellt, daß in den vier Besatzungszonen 9,5 Millionen Vertriebene, Flüchtlinge und Umsiedler le-

ben (1950 sind es mehr als 12 Millionen Menschen), davon über drei Millionen in der britischen Besatzungszone.
Ihre Unterbringung macht Schwierigkeiten. Die meisten Städte sind zerstört. Für 14 Millionen Haushalte gibt es nur 8 Millionen Wohnungen. Und die Städte wehren sich zunächst gegen die unerwünschten Zuwanderer.
Gelsenkirchen verkündet am 4. August 1945 ein Rückkehrverbot von Evakuierten in die Stadt. Genehmigungen »erhalten nur solche Familien und Personen, deren Ernährer in Gelsenkirchen im Arbeits- und Dienstverhältnis stehen und eine ausreichende Wohnmöglichkeit für die ganze Familie haben«.
Am 11. August tritt eine »volle Zuzugssperre nach Gelsenkirchen« in Kraft, und am 29. September wird die Bevölkerung sogar aufgefordert, sich freiwillig aus Gelsenkirchen evakuieren zu lassen, so schlecht ist die Versorgungslage, so schlecht sind die Wohnverhältnisse geworden. Andere Städte erlegen den Flüchtlingen Gewerbebeschränkungen auf oder teilen ihnen lediglich Lebensmittelrationen für Reisende zu.
So werden die Flüchtlinge zunächst dorthin transportiert, wo noch unzerstörter Wohnraum zur Verfügung steht, aufs Land. Aber auch hier bleiben sie die »anderen«, die Unerwünschten, die gewaltsam in die eigene Welt eingedrungen sind, deren Schicksal einen nichts angeht. Die Einheimischen befürchten eine »Überfremdung«. Kein Wunder. 1946 sind ein Drittel der Gesamtbevölkerung Schleswig-Holsteins Flüchtlinge.
Sie sind anders in ihrer Art, diese Flüchtlinge, sie sprechen Deutsch mit einem fremden Akzent. Man muß mit ihnen die wenigen vorhandenen Lebensmittel teilen... Es gibt noch vieles mehr, was zu Diskriminierungen führt. Einer von vielen Leserbriefen an die »Neue Westfälische Zeitung« 1945:
»Seit einem Jahr wohnen wir als evakuierte Flüchtlinge auf dem Lande, aber von einer geregelten Gemüsezuteilung wie in der Stadt sind wir ausgeschlossen. Die Gärtnereien sagen, sie haben kein Gemüse. Steht etwas im Geschäft, dann ist die Ausrede: ›Das ist bestellt!‹, und wir können mit leeren Händen abziehen.«
Was sie auch mitbringen, die Vertriebenen, die Flüchtlinge, die Umsiedler, die »ausse kalte Heimat«, wie sie bei uns im Ruhrgebiet heißen, ist ihre Kultur, sind auch ihre Kochrezepte. Und die werden eigentümli-

cherweise gerade in den Nachkriegsjahren von der einheimischen Bevölkerung angenommen, vielleicht weil es sich um einfache, besonders sparsame Rezepte handelt.
Einige von diesen Rezepten wollen wir wiedergeben.

Kaschauer Bauernschmaus

Zutaten: Ein kg Kartoffeln, zwei bis drei Paprikaschoten, zwei bis drei Tomaten, eine große Zwiebel, ein Eßlöffel Fett, Salz, ein Teelöffel Paprikapulver, ein bis zwei Tassen Wasser, Wurstreste.
Rohe Kartoffeln schälen und in kleine Würfel schneiden. Paprikaschoten entkernen und wie die Tomaten in kleine Stücke schneiden.
Fett in einem Topf heiß werden lassen. Zwiebelringe darin anrösten und nach und nach Tomaten, Paprika und Kartoffeln dazugeben. 10 Minuten anbraten lassen. Mit Wasser auffüllen und bei geschlossenem Deckel weich dünsten lassen.
Mit Salz und Paprika abschmecken. Die Wurstreste klein geschnitten zum Schluß untermengen.

Siebenbürger Zwiebelkuchen

Zutaten: Teig:
Eine Tasse Mehl, 20 g Hefe, ein bis zwei Eßlöffel Milch, eine Prise Salz, fünf frisch gekochte, noch heiße Pellkartoffeln.
Füllung:
Drei große Zwiebeln, ein Ei, ½ Tasse Milch, 10 g Fett.
Hefe mit Milch zu einem Brei verrühren. Mehl und Salz zugeben. Die noch heißen Kartoffeln pellen, reiben. Und alles gut zu einem Teig verkneten. Etwa 30 Minuten gehen lassen.
Dünn auf ein gefettetes Backblech ausrollen.
Zwiebeln klein hacken und in wenig Fett goldgelb anrösten. Mit Milch und dem zerschlagenen Ei zu einer Paste verrühren. Damit den Teig bestreichen. Im vorgeheizten Ofen 20 bis 30 Minuten backen, in viereckige Stücke schneiden, noch warm servieren.

Ostpreußen-Braten

Zutaten: Zwei Tassen roh geriebener Sellerie, zwei Tassen Haferflocken, ein Ei, eine Tasse gekochte Linsen, eine kleingeschnittene Zwiebel, Salz, Pfeffer, Fett zum Braten, ein Eßlöffel Semmelbrösel.

Den fein geriebenen Sellerie mit den Haferflocken mischen und 20 Minuten lang zugedeckt stehen lassen. Linsen mit der Zwiebel vermengen, salzen und pfeffern. An den Selleriebrei geben. Das Ei verquirlen und darübergießen. Einen Braten formen und in Bröseln wenden. In Fett von allen Seiten braun anbraten. In einer Kasserolle zugedeckt im Rohr etwa 30 Minuten braten.

Kurländischer Fischauflauf

Zutaten: 500 g gekochte Kartoffeln, 500 g gedünstetes Sauerkraut, 200 g Bratheringe, eine Tasse Buttermilch, ein Teelöffel Kümmel, 10 g Margarine, ein Eßlöffel Haferflocken.

Fisch entgräten und in Stücke, Kartoffeln in dünne Scheiben schneiden. In eine gefettete Auflaufform lagenweise einschichten: Kartoffelscheiben, Fischstücke, Sauerkraut, Kartoffelscheiben. Die Buttermilch mit dem Kümmel darübergießen und mit Haferflocken bestreuen. Die Margarine in kleinen Flocken daraufsetzen. In den vorgeheizten Backofen schieben und bei 200 Grad 30 bis 40 Minuten backen lassen.

Wer in den Städten, in den Dörfern kein Obdach findet, dem bleibt keine andere Wahl, als in eines der vielen Flüchtlingslager zu ziehen, in denen die »Unerwünschten« unter teilweise katastrophalen Umständen hausen müssen. Da leben auf einer Wohnraumfläche von 38 Quadratmetern — so berichtet ein Reporter der »Westfälischen Rundschau« — sechs Familien mit 26 Personen, 14 davon sind Kinder. Diese Kinder besuchen zwar eine Lagerschule, aber was herrschen auch für Zustände! Als Tische dienen alte Munitionskisten, zum Schreiben müssen sich die Kinder hinknien.

Die Situation für die Flüchtlinge bessert sich erst etwas, als die Wirt-

schaft wieder in Gang kommt, als in den Industriebetrieben, soweit erlaubt, wieder gearbeitet wird.
Viele der Flüchtlinge, besonders die aus dem Osten, waren ehemals in der Forst- und Landwirtschaft beschäftigt und müssen nun zunächst berufsfremde Arbeiten annehmen, werden oft Hilfsarbeiter, ungelernte Arbeiter in der Industrie. Und sie sind auch bereit, sich mit geringem Lohn zufriedenzugeben. Solche Arbeiter sind auch im Ruhrgebiet willkommen.
1947 hat Gelsenkirchen 12 000 Flüchtlinge aufgenommen, obwohl als »schwarze Stadt« mit 72prozentiger Bombenbeschädigung nicht zu deren Aufnahme vorgesehen. Die überwiegende Zahl der Flüchtlinge findet ein Arbeitsverhältnis. Ein Flüchtlingslager gibt es nicht, es gibt »Übergangslösungen« für die Unterbringung wie den Großbunker an der Marschallstraße, schließlich gelingt es aber, sämtlichen Flüchtlingen in Privatwohnungen ein Obdach zu verschaffen.
Um die Interessen der Flüchtlinge kümmern sich in den Dörfern Flüchtlingsobleute, in den Städten die Flüchtlingsämter. Von ihnen wird den Flüchtlingen auch Hilfe zuteil. Sie veranstalten »bunte Abende« für die Flüchtlinge, verteilen Schokolade an Flüchtlingskinder, versorgen die Flüchtlinge mit Hausrat, mit Möbeln (Luftschutzbetten) und auch mit Geld. Bei einer Sammlung, die 1947 in Gelsenkirchen vom Flüchtlingsamt durchgeführt wird, kommen 655 Möbelstücke, 3021 Haushaltsgegenstände und ein Bargeldbetrag von 13 879 Mark zusammen.
Auch die Alliierten helfen. 1946 gibt die britische Militärregierung den Deutschen Eisenwerken in Gelsenkirchen den Auftrag zum Bau von »Behelfsöfen für Flüchtlinge«.
Doch trotz zahlreicher Hilfen, trotz der langsam sich verbessernden Integrationsmöglichkeiten in die einheimische Bevölkerung bleiben die Flüchtlinge in gewissem Maße »underdogs«, nehmen nicht wie andere an den »Segnungen« des deutschen »Wirtschaftswunders« teil. Den Westalliierten und einigen deutschen Parteien sind sie willkommene Stimmbürger, ein »gärendes Potential« in der Zeit des »Kalten Krieges«. Was man ihnen zu sagen vergessen hat: Schon auf der Konferenz von Potsdam 1945 war absehbar, daß die neuen Grenzen endgültig waren, daß sie nie in ihre »alte« Heimat würden zurückkehren können.

Tante Lina, ein Stück Schweizer Käse und der Schmied von Buer

Fabrizius hatte Geburtstag. Und für Tante Lina stand schon lange Zeit vorher fest, was sie ihm schenken, womit sie ihm eine Freude würde machen können.

Fabrizius war, was bei einem feinsinnigen Menschen nichts Ungewöhnliches ist, ein »Leckermaul«, war lukullischen Genüssen jeder Art sehr zugetan, aß Süßes gern und war vor allem verrückt nach Käse, konnte sich nie satt daran essen. Aber es durfte kein gewöhnlicher Käse sein, es mußte eine bestimmte Art von Schweizer Käse sein, Greyerzer, um es genau zu sagen, Sie wissen schon, der mit den etwas kleineren Löchern, mehr Käse als Loch.

Dieser Käse also.

Aber woher 1945 Schweizer Käse bekommen, noch dazu Greyerzer, wo nicht einmal an Emmentaler zu denken war?

Tante Lina wußte, daß ihr letztendlich nichts anderes übrig bleiben würde, als zu versuchen, diesen Kauf in den Niederungen des Schwarzen Marktes in Gelsenkirchen zu tätigen. Und sie hatte seit langem für diesen Tag gespart.

Die Schwarzhändler in Gelsenkirchen hatten sich Ende 1945 noch nicht endgültig auf einen festen Stammplatz geeinigt. (Später sollte der Bulmker Park trotz permanenter Razzien durch die Polizei ein Schwarzmarkt-Zentrum für das gesamte Ruhrgebiet werden.) In Gelsenkirchen standen die Schwarzhändler im und um den Hauptbahnhof herum, in Buer wechselten sie ihre Standorte häufig, je nachdem, was sie aus dem Polizeipräsidium über bevorstehende Einsätze in Erfahrung gebracht hatten. Mal standen sie in der Nähe des Schauburg-Theaters, mal auf der Hochstraße in einem dunklen Hausdurchgang neben der »Alten Apotheke«.

Als Tante Lina nun ihren Gang antreten mußte, da ihr kein Zufall und

keine plötzliche Eingebung geholfen hatte, als sich dieser Weg auch nicht mehr aufschieben ließ, regnete es, und von irgendwelchen Schwarzhändlern war natürlich weder auf der Hochstraße noch bei der Schauburg irgend etwas zu sehen.
Aber Tante Lina hatte sich vorher umgehört und lenkte ihre Schritte geradewegs in eine an der Hochstraße gelegene Gastwirtschaft, die sich im Namenszug auf der Außenfront »Deutsch« nannte.
Und da saßen sie, mindestens zehn oder zwölf in kleinen Gruppen, und spielten Skat miteinander.
»Fünfundzwanzig«, sagte ein Hagerer und klimperte nervös mit den Augen. Von zwei Seiten flogen abgegriffene Geldscheine über den Tisch. Fünfzig Mark, das war das Honorar für einen gewonnenen einfachen Kreuz-Solo. Am Nebentisch brachte ein Grand mit Dreien und Bock hundertsechzig Mark von jedem.
Zwischen den Spielen wurde offenbar gehandelt. Tante Lina konnte ein paar Gesprächsbrocken aufschnappen. Von »Kaffee«, »Tee« und »Gummireifen« war da die Rede und von einer »Lieferung«, die man bei Aachen über die Grenze bringen müßte.
»Gib mir doch mal zehn«, sagte ein Dicker zu seinem Nachbarn, der gerade die Karten mischte. Der unterbrach sein Tun, faßte in die Anzugtasche und reichte zehn englische Zigaretten hinüber. Ein Fünfzigmarkschein wechselte den Besitzer.
Den Dicken kannte Tante Lina. Er war bereits 1925 der NSDAP beigetreten, hatte seinen Beruf als Grubenschlosser aufgegeben und war in der braunen Parteihierarchie bis zum Organisationsleiter aufgestiegen. Während der »Kampfzeit« hatte er sich in mancher Saalschlacht den Beinamen »Schmied von Buer« »erworben«. Ein gefürchteter SA-Schläger damals. Heute ein dickes, aufgedunsenes Häufchen Elend.
Auf seinen Tisch steuerte Tante Lina zu.
»Wenn ein vierter Mann gebraucht wird, ich würde gern mitspielen«, sagte sie und legte ihr Erspartes auf den Tisch. Die Männer lachten. Aber der »Schmied von Buer«, der Tante Lina wohl erkannt hatte, machte Platz, murmelte: »Meinetwegen« und rückte seinen Stuhl beiseite. Daß Tante Lina mit Karten umgehen konnte, wissen wir aus mancherlei Geschichten, und auch die Schwarzhändler am Tisch bekamen den Mund fast nicht zu vor Staunen, als sie die Fähigkeiten der resoluten Alten zu spüren bekamen.

Es wird dabei nicht alles mit rechten Dingen zugegangen sein. Wie Sie wissen, schummelte Tante Lina, aber diesmal wohl so geschickt, daß ihr selbst die ausgebufften Schleichhändler nicht auf die Schliche kamen. Als Tante Lina zweihundert Mark vor sich auf dem Tisch gestapelt hatte, als sie wohlweislich ihren eigenen Einsatz wieder in ihren Taschen hatte verschwinden lassen, wandte sie sich an den Dicken und sagte:
»Ich brauche Käse, Schweizer Käse...«
»Kein Problem«, sagte der Dicke, stemmte sich schweratmend aus dem Stuhl und ging zu einem Rucksack, den er am Toilettengang deponiert hatte. Mit einem in ein Leinentuch eingewickelten Etwas kam er wieder.
»Schweizer Käse, gut eineinhalb Pfund.«
»Kostet?«
»Was du da auf dem Tisch hast«, grinste der Dicke und sammelte die Geldscheine ein: »Es ist echter Schweizer Käse!«
Mißtrauisch zückte Tante Lina ein Taschenmesser, wickelte den Käse aus dem Leinentuch und probierte. Denn daß man von Schwarzhändlern betrogen zu werden pflegte, wußte sie. In Zigaretten war oft Sägemehl, die Buttermenge wurde durch ein Stück Holz im Inneren der Packung »gestreckt«, und wehe dem, der Alkohol auf dem Schwarzen Markt kaufte. Der Alkohol hatte bisweilen, bevor er Trinkzwecken zugeführt wurde, in naturwissenschaftlichen Museen der Aufbewahrung von präparierten Tierleichen gedient. Es gibt da verbürgte und gerichtsnotorische Beispiele.
Die Geschmacksprobe war offenbar zu Tante Linas Zufriedenheit ausgefallen, und sie stand vom Tisch auf.
»Weiter mitspielen kann ich aber jetzt nicht mehr«, sagte Tante Lina mit Blick auf das Geld, das der Dicke in seiner Hosentasche verschwinden ließ.
»Das macht nichts«, antwortete der »Schmied von Buer«, und er und seine Kumpane lachten erleichtert auf, als Tante Lina das Lokal verließ.
Fabrizius erwartete am nächsten Morgen ein festlich gedeckter Geburtstagstisch, sein Platz war mit Tannenzweigen eingekränzt, die Hausbewohner sangen, und nachdem alle ihre Geschenke überreicht hatten, kam Tante Lina mit der Überraschung des Tages, dem Schweizer Käse. Fabrizius war ganz gerührt, freute sich riesig und gab Tante Lina einen Kuß, was so ganz wider seine Natur war.
Und dann konnte er natürlich nicht warten. Holte ein Messer aus der

Küche und begann, den Käse aufzuschneiden. Scheibe für Scheibe. Jeder sollte einmal probieren dürfen. Und während er schnitt und schnitt, da strahlte der Käse plötzlich einen Duft aus, der so gar nicht an Käse erinnerte und schier unerträglich war. Und in den wunderschönen Käselöchern waren lauter Maden zu sehen.
Tante Lina war mit keinem Wort zu trösten. Sie zog sich, in ihrem guten Herzen tief erschüttert, in die eigenen Gemächer zurück und ward an diesem Tag nicht mehr gesehen.
Am anderen Tag war der Käse verschwunden. Sicher in der Mülltonne, dachte Fabrizius sich und zählte, bevor er ins Theaster fuhr, seine Barschaften und überlegte, daß er eigentlich als kleines Trostpflaster für Tante Lina zum Weihnachtsfest ein Stück Käse auf dem Schwarzen Markt erwerben könnte.
Gesagt, getan. Fabrizius konnte bereits am selben Tag am Gelsenkirchener Hauptbahnhof einen Kauferfolg verbuchen. Und so bekam Tante Lina ein Stück Käse, echten Schweizer Käse, versteht sich, bereits zum Nikolaustag geschenkt. In ihren Schuhen fand sie die Köstlichkeit vor. Nicht soviel, wie sie selbst gekauft hatte, aber immerhin. Unter Anteilnahme der Hausbewohner wurde der Käse zum Frühstück aufgeschnitten. Und Entsetzen zeichnete die Gesichter der Anwesenden. Der gleiche Geruch wie vordem durchströmte die Küche, eher noch stärker als zu Fabrizius' Geburtstag, und wieder krabbelten Maden durch die Käselöcher.
»Hast du den auf dem Schwarzen Markt gekauft?« fragte Tante Lina.
»Ja, wo denn sonst?«
»Und bei wem?«
»Bei so einem Dicken in Gelsenkirchen.«
»Mit einer Narbe auf der Stirn?«
Fabrizius nickte.
»Der ›Schmied von Buer‹«, entfuhr es Tante Lina, und sie lief heulend mit dem Käse in der Hand aus der Küche und schloß sich in ihr Zimmer ein. Und keiner konnte sich erklären, was da geschehen sein mochte. Der Käse blieb verschwunden.
Als Fabrizius ein paar Tage später die Haustür öffnete, um ins Theater zu fahren, trat ihm ein Polizeibeamter entgegen.
»Ist eure Hausbesitzerin da, die Lina?« fragte der Polizist und schmunzelte: »Ich habe hier einen Strafbefehl für sie!« Und hielt Fabrizius ein

amtliches Schreiben hin, so daß er es lesen konnte. Und Fabrizius las. Las mit Schrecken: »Wegen unerlaubten Schwarzhandels... wird Frau Lina... wohnhaft... zu 120 RM Geldstrafe verurteilt... Beweismaterial: ein Pfund Schweizer Käse...«

Der Jahrmarkt ohne Karussell

Streiflichter vom Gelsenkirchener „Schwarzen Markt"

Wo ist der schwarze Markt? Ueberall und nirgends. Mitunter gibt es auch fest stationierte schwarze Märkte. Einer der „berühmtesten" ist der Gelsenkirchener schwarze Markt im Bulmker Park. Dort herrscht dauernd Hochbetrieb, vor allem sonntags. Es ist eine ständige Verkaufsmesse großen Stils, ein Jahrmarkt ohne Karussell. Sogar von auswärts kommen die Kunden gefahren: von Essen, Bochum, Wanne, Recklinghausen und noch weiter weg. Wenn sie am Hauptbahnhof harmlos fragen: „Wo ist hier der Bulmker Park?", dann weiß man schon, was los ist. Das Ziel ist nichts anderes als der große Freilichtmarkt der „Geschlag" (wie die Eingeweihten das Ding nennen — „Geschlag" = Gelsenkirchener Schleichhandels-AG).

*

Den Besuchern des Bulmker Parks bietet sich ein oft geradezu erstaunliches Bild geschäftlicher Regsamkeit. Im Grunde genommen ist dort einfach alles zu haben, sogar zu festen, allerdings phantastisch hohen Preisen und natürlich alles ohne Marken und ohne Bezugschein. Ein Meter Durchziehband kostet 15 Mark, ein Röllchen Nähgarn 30—40 Mark, ein Stück Toilettenseife 50 Mark, ein 3-Pfund-Brot 35—40 Mark, ein Pfund Zucker 50—60 Mark, Zigaretten bis zu 7 Mark, Zigarren bis zu 12 Mark, ein Pinnchen Schnaps (wird gleich ausgeschenkt!) 15 Mark. Alles gibt es: Butter, Speck, lebende Kaninchen (frisch gestohlen), Bettlaken und Bettwäsche (aus Mutters Vorrat geklaut), Kleider- und Anzugstoffe, Pullover, Unterwäsche, kurzum alles, woran es jedermann mangelt.

*

Der Mittelpunkt aber des schwarzen Marktes im Bulmker Park — das ist doch die große Spielbank, das Gelsenkirchener Monte Carlo. Regelrechte Spieltische gibt es da. Die Einsätze gehen nur so in die Hunderte und noch höher. Sogar für die Beköstigung der Spieler ist gesorgt: Schnaps, belegte Brötchen und dergl. mehr. Am letzten Sonntag gab es derart viel Schnaps im Bulmker Park, daß sich Männlein und Weiblein betrunken und toll in den Gebüschen wälzten und daß man sich gegenseitig den „Selbstgebrannten" ins Gesicht spritzte.

*

Ja, weiß die Polizei das denn nicht? O doch! Sehr gut sogar. Und sie arbeitet auch mit allen ihr zur Verfügung stehenden Mitteln gegen diesen Uebelstand im Bulmker Park an. Wie mancher Schwarzhändler, wie mancher Glücksspieler ist schon aus dem Bulmker Park hinter die Gitter der Polizei gebracht worden. Aber es tauchen immer wieder Nachfolger auf; denn das Risiko der Verhaftung ist ja schon im Verkaufspreis enthalten. Die Dümmsten sind immer die Käufer; sie sind, wenn sie erwischt werden — und auch das geschieht oft genug — Geld und Ware los und haben noch ein unangenehmes Nachspiel zu erwarten.

*

Wie wir in den gestrigen Nachmittagsstunden vom Chef der Polizei Gelsenkirchen erfuhren, hat gestern am Frühnachmittag im Einvernehmen mit der Militärregierung eine Großaktion der Gelsenkirchener Polizei gegen den Schwarzen Markt im Bulmker Park begonnen. Bis zum Spätnachmittag hatte die Polizei, die das gesamte Gelände hermetisch abgeschlossen hatte, bereits 2500 Verhaftungen vorgenommen.

ZUSÄTZLICHE NAHRUNG AUS WALD UND FELD

Am 15. 6. 1945 rief die Abteilung für Volksbildung des Magistrates der Stadt Berlin in einem Rundschreiben zu einer »Sofort-Aktion« auf »zur Sicherung der Marmelade- und Getränkeversorgung Berlins«.
Es hieß darin:
»Die Ernährungs- und Gesundheitslage erfordert dringend die sofortige Ausnutzung aller entsprechenden Rohstoffe, insbesondere auch durch Schulsammlungen von Wald- und Wildfrüchten und von Garten- und Wildheilkräutern. Die Verarbeitungen werden gewerblich und als Selbsthilfemaßnahmen der Hausfrauen in Form von Tee, Marmelade und Saft erfolgen...«
Dieses Schreiben war, wie gesagt, von der Abteilung für Volksbildung, weil vor allem Schulkinder zu Sammlungen herangezogen werden sollten. Ein erklärtes Erziehungsziel!
Und so schloß das Rundschreiben folgerichtig mit den Worten:
»Wir helfen! Wir werben für Selbsthilfe! Auch das ist antifaschistischer Kampf!«
Wenden wir uns zunächst Marmeladen und Gelees aus Wildfrüchten zu. Da sollten zum Beispiel Berberitzen gesammelt werden, Früchte von vielfach in Parks und Wäldern vorkommenden dornigen Sträuchern. Die roten, länglichen Beeren kann man übrigens auch auspressen. Dabei aufpassen, daß die Kerne nicht zerdrückt werden. Sie sind sehr bitter. Der gewonnene Saft kann als Zitronensaftersatz verwendet werden.

Berberitzenmarmelade

Zutaten: 500 g Berberitzen, 500 g Birnen, 300 g Zucker, eine Tasse Wasser.
Die Berberitzen werden nach dem ersten Frost gesammelt. Die Beeren werden gewaschen, gesäubert, entstielt und mit dem Wasser weich gekocht. Durch ein Sieb passieren.
Birnen schälen, schnitzeln und mit dem gewonnenen Berberitzenmark und -saft unter Zusatz von Zucker zu Marmelade einkochen.
Noch heiß in Gläser füllen. Verschließen.

Vogelbeergelee

Die Vogelbeeren werden nach dem ersten Frost geerntet. Sie müssen saftig und dürfen noch nicht mehlig sein.
Die Beeren werden von den Stielen gestreift und gewaschen. Zusammen mit Apfelschalen kocht man sie in wenig Wasser weich. Dabei sollten auf zwei Teile Apfelschalen ein Teil Vogelbeeren kommen.
Den Saft läßt man durch ein Tuch ablaufen.
Der durchgelaufene Saft wird mit dem nötigen Zucker, bis er geliert, gekocht und abgeschäumt. Dabei rechnet man je 500 g Saft 300 bis 400 g Zucker.
Gelingt die Geleeprobe, füllt man heiß in vorgewärmte Gläser ab und verschließt sofort.
Wer auf die Apfelschalen verzichten will oder wem die Vogelbeeren zu bitter sind, kann diese entbittern.
Dazu werden die gewaschenen Vogelbeeren zwei bis drei Tage in Essigwasser (eine Tasse Essig auf 1½ l Wasser) stehen gelassen. Wasser abgießen. Beeren nochmals waschen.
Ein anderes Rezept zur Verwendung von Vogelbeeren, den Früchten der Eberesche, fand sich in der Zeitschrift »Die Frau von heute«.

EBERESCHEN-
MARMELADE

Wer aus Ebereschen Marmelade kochen will, muß die Beeren vorher entbittern. Ebereschen lassen sich niemals allein verwenden. Zum Entbitterungsprozeß ist ein Zusatz von Rübenstielen notwendig. Wir nehmen auf zwei Pfund Ebereschen ein Pfund Zuckerrüben — oder andere Rübenstiele, waschen beides gut, überbrühen das Ganze. Dann schichtet man die Beeren und die geschnittenen Rübenstiele in ein Glas oder Steingefäß, übergießt sie mit abgekochtem Wasser ohne jede Zutat. Das Gefäß wird verschlossen und bleibt vier Wochen stehen. Während dieser Zeit muß es häufig beobachtet und fehlende Lake stets durch abgekochtes Wasser ergänzt werden. Nach vier Wochen gießen wir das Blanchierwasser fort, geben die Masse durch den Fleischwolf, kochen sie mit 20 Prozent Zusatz von gesüßten Früchten (Apfelmus, Rhabarber oder Johannisbeeren) dick als Marmelade ein.

Aufnahmen: Rempor-Studio

Schlehenmarmelade

Zutaten: 750 g Schlehen, eine Tasse Wasser, 30 g Zucker.
Für die Marmelade sammelt man die blauschwarzen Früchte erst nach einem Frost, da durch das Frieren der saure Geschmack verlorengeht. Schlehen waschen und mit wenig Wasser weich kochen. Durch ein Sieb passieren.
Das Mus wird mit dem Zucker so lange gekocht, bis die Marmelade zu gelieren beginnt.
Noch heiß in Gläser füllen und die Gläser verschließen.

Hagebuttenmarmelade

Zutaten: 250 g Zucker, ein kg Hagebutten, eine Tasse Apfelsaft, eine Tasse Wasser.
Rote, reife Hagebutten werden vom Blütenblatt befreit, halbiert, entkernt und gewaschen. Mit einer Tasse Wasser weichkochen.
Durch ein Haarsieb streichen.
Den Zucker bringt man mit dem Apfelsaft zum Kochen und rührt das Hagebuttenmus hinein.
So lange kochen lassen, bis die Marmelade fest wird. In Gläser füllen. Zubinden.

Das Sammeln von Vogelbeeren oder Berberitzen konnte, besonders für Kinder zu einem in gewissem Umfange lukrativen Nebenerwerb werden. Dort, wo es erlaubt war, denn es gab Landstriche in Deutschland, da hatten die alliierten Militärbehörden sogar »das unbefugte Ausrupfen von Gras an Wegrändern und Bahndämmen unter Strafe« gestellt. Kinder waren es, die selbst gesammelte Wildfrüchte auf den Märkten der Ruhrgebietsstädte zum Verkauf anboten. Zu recht unterschiedlichen Preisen. Erst in der Anordnung PR Nr. 33/47 des Verwaltungsamtes für Wirtschaft wurden sogenannte »Sammelhöchstpreise« festgesetzt.
Für ein Kilo frischer Berberitzenbeeren wurden 30 Pfennige gezahlt, für Vogelbeeren 18 Pfennige, für Schlehen 40 Pfennige, für getrocknete Hagebutten ohne Samen 3 Mark fünfzig. Und das war 1947 eine Menge Geld, da der Schichtlohn eines Arbeiters zwischen fünf und sechs Mark lag.

1945 war man in einer schwierigen Lage, auch was die Getränke anging. Mineralwasser, Bier, Obstsaft und andere Kaltgetränke gab es gar nicht oder nicht in ausreichender Menge zu kaufen.
So diente das Sammeln von Wildkräutern und Blättern vor allem auch der Herstellung von Aufgußmitteln für Tees und von Kaffee-Ersatz-Mitteln.
Die in Deutschland erwirtschafteten Devisen konnten nicht zur Einfuhr ausländischer Genußmittel wie Kaffee oder Tee benutzt werden, mit dem Geld mußten dringend benötigtes Brotgetreide, Fette und Öle importiert werden.
Also wurde aus der Nazizeit die Propagierung »Deutschen Tees« übernommen. Blätter der Brombeere, Erdbeere, Himbeere, der schwarzen Johannisbeere, der Haselnuß oder der Winterlinde sollten miteinander gemischt werden. Genauso waren (und sind natürlich) Hagebutten oder Blätter der Pfefferminze als Aufgußmittel gefragt.
Der »Verlag Naturkundliche Korrespondenz« in Berlin empfahl in seiner »Ernährungshilfe«:
»Wir erhalten bessere und schmackhaftere Aufgüsse, wenn wir die Blätter einer Fermentation unterziehen... Die entstielten frischen Blätter schütten wir auf Haufen und lassen sie ungefähr 12 Stunden welken. Dann schichten wir sie aufeinander und wickeln sie fest in ein sauberes Leinentuch und lassen die eingeschlagenen Blätter etwa ½ Stunde über einem Topf mit kochendem Wasser dämpfen. Anschließend pressen wir das Bündel am besten zwischen Brettern, die durch Ziegelsteine beschwert werden, aus und belassen es über Nacht an einem warmen Ort... Dann breiten wir die Blätter aus und lassen sie kurz übertrocknen, ...rollen sie dann wieder ein und wiederholen das Dämpfen und Pressen noch zweimal. Dann trocknen wir die Blätter endgültig rasch und vollkommen...«
In »Die Frau von heute« wurde ein »vitaminreicher Tee aus Kiefernnadeln« als »Abwechslung im Küchenprogramm« empfohlen. Dazu sollte man Kiefernspitzen abschneiden, waschen und die Nadeln abzupfen, zerschneiden und mit kochendem Wasser überbrühen. Und zwar etwa 30 Gramm Kiefernnadeln auf ein Liter kochendes Wasser. Bevor man abgießt, sollte der Tee nur drei Minuten ziehen, da er sonst zu bitter wird.
Weitere Teemischungen und -aufgußmittel haben wir in »Tante Linas

Kriegskochbuch« beschrieben. Apropos Tee! Da war 1945 auf einem wunderschön gemalten Schild im Schaufenster einer bekannten Münchener Drogerie folgende Anpreisung zu lesen:
»Ich werde zu dick! Was tue ich nur? Weg mit dem Speck! Trinke täglich den guten bewährten Entfettungstee Marke Alpspitz. Er bekämpft unerwünschten Fettansatz, ist schmackhaft und bekömmlich und kostet pro Packung nur 1,25 RM...«
Ich weiß nicht, was sich der Herr Drogist bei seinem Angebot gedacht hat. Vielleicht glaubte er, mit seiner »Entfettungskur« das Problem überfüllter Waggons der Münchener Straßenbahn zu lösen. Und ich möchte bezweifeln, daß er viele Kunden gefunden hat, die seinem Alpspitztee Interesse entgegengebracht haben. Was die Menschen brauchten, war wohl eher eine Fettkur denn eine Entfettungskur.
Muß ich erwähnen, daß oben genannte Blattsorten auch geraucht werden konnten? Daß sich »aus heimischen Kräutern... recht gut ein bekömmlicher und wohlschmeckender Tabakersatz herstellen« ließ?
Empfohlene Mischungen:
Blätter von
— Ahorn, Brombeere, Eiche und Kirsche
— Haselnuß, Huflattich, Kastanie
— Königskerze, Linde, Platane, Sauerkirsche.
Die Kräuter und Wildgemüse, die gesammelt werden sollten, Spitzwegerich, Pfefferminze oder Hagebutten, waren nicht nur zur Herstellung von Tee oder Marmelade oder gar als Tabakersatz gedacht. Sie sollten auch helfen, den Küchenzettel zu erweitern, markenfrei sozusagen.
»Die meisten Wildgemüse lassen sich wie Spinat verwenden...«, hieß es. »Großblättrige Gemüse wie Huflattich und Breitwegerich können wie Kohl zubereitet werden, geben auch vorzügliche Gemüsewickel mit Fleisch-, Semmel-, Haferflockenfülle und dergleichen ab.«
Und: »Darüber hinaus lassen sich aus Wildgemüsen aber auch gehaltvolle und schmackhafte Gemüsesuppen herstellen, sei es nun allein aus einer einzigen Gemüseart oder aus einer Mischung verschiedener.«
Das folgende Rezept ist so eine Mischung von Wildgemüsen des zeitigen Frühjahrs, sie wurde »Grüne Suppe« oder, wenn man Taubnessel, Sauerampfer oder Brunnenkresse hinzunahm, auch »Neunstärke« genannt. Noch eine Anmerkung zu diesem und den folgenden Rezepten: Da Wildgemüse und Wildkräuter einen sehr ausgeprägten Eigenge-

schmack haben, muß man mit Zugaben von Salz, Pfeffer und ähnlichem sehr vorsichtig sein.

Wildgemüsesuppe

Zutaten: Zwei rohe Kartoffeln, 3/4 l Gemüsebrühe, 250 g Wildgemüse (Brennesseln, Schafgarbe, Gartenmelde, Giersch oder Ziegenfuß, Vogelmiere, Löwenzahn, Gänseblumenblätter, Spitzwegerich — sind, einzeln oder miteinander vermischt, möglich), Salz, Pfeffer, etwas Fett.

Fett im Topf heiß werden lassen, die Hälfte des Wildgemüses fein wiegen und darin dünsten. Rohe Kartoffeln hineinreiben. Mit Flüssigkeit auffüllen. Etwa 20 Minuten lang auf kleiner Flamme kochen lassen. Salzen und pfeffern. Zum Schluß die andere Hälfte des Wildgemüses nudelig schneiden und roh an die Suppe geben.

Wildgemüsespinat

Zutaten: 50 g Fett, eine Tasse Brühe, ein Eßlöffel Mehl, 250 g Brennnesseln, 250 g Löwenzahnblätter, Salz.

Aus Fett und Mehl mit Brühe eine helle Schwitze zubereiten, die mit Salz abgeschmeckt wird.

In diese Mehlschwitze werden die gewaschenen und feingewiegten Wildgemüseblätter gegeben. Man sollte sie nicht mehr kochen, sondern in der Schwitze nur noch fünf Minuten lang ziehen lassen.

Brennesselmus

Zutaten: Zwei Pfund junge Brennesseln, eine Zwiebel, eine rohe Kartoffel, Salz, zwei Eßlöffel Milch, Wasser.

Die Brennesseln waschen. Mit heißem Wasser überbrühen, so daß sie zusammenfallen. Die Zwiebel klein schneiden und mit den Brennesseln durch den Fleischwolf drehen.

Zusammen mit dem durchgelaufenen Saft erhitzen. Unter ständigem Rühren eine rohe geriebene Kartoffel hinzufügen. Salzen. Milch einrühren. Etwa acht bis zehn Minuten kochen lassen.

Gartenrestegemüse

Zutaten: Blätter von geschossenem Salat, Kohlrabiblätter, Zuckerrübenblätter, Melde, Ziegenfuß, Vogelmiere (und was sonst nach an »Abfällen« im Garten anfällt), eine Kartoffel, eine Zwiebel, Salz.

Die Gemüseblätter waschen. Tropfnaß in einem Topf auf die Flamme setzen und zusammenfallen lassen.

Durch den Fleischwolf drehen. Wieder erwärmen. Eine Zwiebel daran reiben. Salzen. Mit einer roh geriebenen Kartoffel andicken.

Nachtkerzengemüse

Zutaten: Wurzeln von Nachtkerzen, eine Tasse Milch, ein Eßlöffel Mehl, Salz, 10 g Fett, ein Eßlöffel Petersilie.

Genommen wird die Pfahlwurzel der zweijährigen Nachtkerze. Sie wird vor dem neuen Trieb ausgegraben.

Wurzeln waschen, dünn abschälen und zu Stiften schneiden. In Salzwasser gar kochen.

Mehl in heißem Fett anbräunen, Milch einrühren und eine Soße bereiten, die mit Salz und feingehackter Petersilie abgeschmeckt wird.

Die Nachtkerzenwurzeln in die Soße geben und so servieren.

Aus Nachtkerzenwurzeln kann man auch Salat machen. Dazu schneidet man die geputzten Nachtkerzen in Scheiben und kocht sie in Wasser weich. Man gießt das Wasser ab und bereitet aus der Kochbrühe mit Öl, Salz und Gewürzen eine Marinade, mit der man die Nachtkerzen übergießt. Für die vorhergehenden und das folgende Rezept gelten, daß junge, zarte Triebe der Pflanzen am besten schmecken und verwendet werden sollten.

Deutscher Salat

Zutaten: Von den Blüten der Kapuzinerkresse und des Borretsch eine Tasse, von den Blättern der Kapuzinerkresse und des Borretsch eine Tasse, ein Eßlöffel Öl, eine Prise Salz, ein Eßlöffel Essig, evtl. etwas Pfeffer.

Blätter und Blüten klein schneiden. Mit Essig und Öl mischen. Mit Pfeffer und Salz abschmecken.

Mit diesem Salat kann man auch ausgehöhlte Tomaten füllen.

1946

»Zwölf Jahre mußten wir schweigen,
Jahre des Terrors, der Not,
Mußten uns ducken und beugen,
Wurden verfolgt und bedroht.
Sie wollten den Geist unterjochen,
Die Zeit ist nun vorbei!
Der Bann ist endlich gebrochen!
Das Wort ist wieder frei...«

Zeilen aus einem Gedicht von Lotte Temming mit dem Titel »Die Presse ist wieder frei!« aus dem Jahre 1946.
Doch so »frei«, wie es die Autorin hoffte, war die Presse in den Besatzungszonen nicht.
Im Februar 1946 beginnen die britischen Militärbehörden Lizenzen an »selbständige« Tageszeitungen und Zeitschriften auszugeben. Neue Zeitungen, die an die Stelle der bisher von den Alliierten selbst herausgegebenen treten sollen. Diese Zeitungen sind parteigebunden. Im Ruhrgebiet erscheinen: die »Westfälische Rundschau« (SPD), die »Westfalenpost« (CDU), das »Westdeutsche Volks-Echo« (KPD) und der »Neue westfälische Kurier« (Zentrum). Und diese Zeitungen unterliegen natürlich einer alliierten Zensur. Die Auflagenhöhen werden von den Militärbehörden festgesetzt: eine Möglichkeit, Einfluß auf die politischen Konstellationen in Deutschland zu nehmen.
»Rechtzeitig« vor den ersten Kommunalwahlen in der britischen Besatzungszone werden die Auflagenziffern geändert: Ab 1. August 1946 erhält die CDU-Presse 117000 Exemplare mehr zugesprochen, der kommunistischen Presse werden 220000 Exemplare entzogen. Begründet werden diese Kürzungen mit der tatsächlich herrschenden Papierknappheit.
Nach der Wahl werden die Auflagenhöhen entsprechend den — den Parteien zugefallenen — Wählerstimmen neu festgesetzt.
Die ersten freien Wahlen (von Gemeindevertretungen) in Deutschland finden bereits im Januar 1946 in der amerikanischen Besatzungszone statt. Im britischen Besatzungsgebiet wird am 15. September bzw. am 13. Oktober 1946 auf kommunaler Ebene gewählt.
Die Parteien werben um Wählerstimmen mit einfachen Formeln: »Ge-

gen Chaos und Not! Für Arbeit und Brot!« (KPD) oder »Gegen Klassenkampf und rote Diktatur!« (CDU).
Wahlberechtigt ist jeder Erwachsene, der das 21. Lebensjahr erreicht hat; wer einer nationalsozialistischen Organisation angehört hatte, darf nicht zur Wahl gehen.
Gewählt wird nach einem komplizierten System, einer Mischung aus Mehrheits- und Verhältniswahlrecht. Dabei hat jeder Wähler drei Stimmen. Ein Wahlrecht, das die großen Parteien bevorteilt.
So erhält die SPD mit 37,9 Prozent der Stimmen in Gelsenkirchen 32 Sitze im Stadtparlament, die CDU bei 27,3 Prozent 9 Sitze, die KPD mit 17,9 Prozent nur 2 Sitze. Zentrum und FDP bekommen je einen Sitz, obwohl das Zentrum 11,5 Prozent, die FDP aber nur 5,4 Prozent der Stimmen erhält. Diese Benachteiligung vor allem der Kommunisten ist von den Briten durchaus so gewollt.
Bereits im Frühjahr 1946 kommt es zu einer Wende in der britischen Deutschlandpolitik. Der Historiker Rolf Steininger:
»Moskau, so lautete die Interpretation, wolle vom Nachkriegschaos in Europa und der Welt nur profitieren... Mehr und mehr setzte sich die Überzeugung durch, daß es nunmehr Ziel sowjetischer Deutschlandpolitik war, mit Hilfe der ihnen ergebenen deutschen Kommunisten die Kontrolle über ganz Deutschland zu erringen, mit einer kommunistischen Zentralregierung in Berlin als Ausgangspunkt.«
Dem gilt es, Einhalt zu gebieten.
In allerlei Memoranden und Kabinettsvorlagen des britischen Außenministers Bevin werden Planspiele nach dem Motto »Was passiert, wenn...« veranstaltet und mögliche Ziele und Folgen britischer Politik erörtert. Steininger: »Den Sieg über Deutschland hatte Großbritannien mit dem finanziellen Ruin des Landes bezahlt... Um die 22 Millionen Menschen in der eigenen Zone... nicht verhungern zu lassen, hatte man schon bis Juni 1946 eine Million Tonnen Lebensmittel geliefert, die mit geliehenen amerikanischen Dollars bezahlt worden waren, Dollars, die für das eigene Land mehr als dringend benötigt wurden.«
Bevin zieht bei seinen Überlegungen eine Teilung Deutschlands, die Bildung eines westdeutschen Staates, mit ins Kalkül. Mögliche Folgen: »Wir müßten unsere Zone (oder Westdeutschland) politisch und wirtschaftlich gegenüber dem Osten abschotten. Wir müßten z. B. eine eigene Währung und mit ziemlicher Sicherheit eine andere Nationalität ein-

führen. Dies alles — was im Endeffekt dazu führen würde, Westdeutschland in einen gegen die Sowjetunion gerichteten Westblock zu integrieren — würde den endgültigen Bruch mit den Russen bedeuten... Wir könnten abhängig werden von deutschen Erpressungsversuchen: ›Wir müssen dies und jenes bekommen, oder die Kommunisten werden siegen.‹ Wir würden wahrscheinlich bald eine deutsche Armee akzeptieren müssen...«

Man beschließt: »Keine Aufgabe des Potsdamer Abkommens, aber durch die Bildung starker Länder größtmögliche Schwächung einer zukünftigen, kommunistisch beherrschten Zentralregierung...«

Mit diesen Leitlinien britischer Politik geht Bevin am 25. April 1946 in die Konferenz der Außenminister der USA, der UdSSR, Frankreichs und Großbritanniens.

Im Mittelpunkt der Verhandlungen steht die »Ruhrfrage«, die Zukunft des Ruhrgebietes, des größten zusammenhängenden Industriegebietes in Mitteleuropa. Bereits in Potsdam hatte die Sowjetunion eine Viermächte-Kontrolle für das Ruhrgebiet verlangt. Und nach den Vorstellungen Frankreichs sollte ein »Ruhrterritorium« geschaffen werden: ein »internationalisiertes« Gebiet, dessen Bewohner die deutsche Staatsangehörigkeit verlieren sollten.

Bevin ist ein entschiedener Gegner solcher Pläne: »In dem kleinen Gebiet werden ausschließlich Arbeiter wohnen, die in ihrer Mehrheit zweifelsohne entweder schon Kommunisten sind oder aber werden... In einem großen Land werden die Kommunisten gegenüber den Demokraten in der Minderheit sein, und es wird kein vollkommen von der kommunistischen Partei beherrschtes politisches Gebilde geben.«

Als die Außenminister sich Mitte Juni 1946 in Paris zu einer zweiten Verhandlungsrunde treffen, wird in Konsequenz dieser Überlegungen die Bildung eines neuen Landes innerhalb der britischen Zone bekanntgegeben, das das Ruhrgebiet einschließt: Nordrhein-Westfalen entsteht.

Der sowjetische Außenminister Molotow durchschaut die britischen Pläne, reagiert aber durchaus moderat. Aus seiner Rede vom 10. Juli 1946 in Paris:

»Zur Zeit ist es modern, über eine Zergliederung Deutschlands in einzelne ›autonome‹ Staaten zu sprechen. Alle ähnlichen Vorschläge entspringen derselben Einstellung einer Vernichtung und Agrarisierung Deutschlands, denn es ist nicht schwer zu verstehen, daß Deutschland ohne das Ruhrgebiet nicht als selbständiger und lebensfähiger Staat bestehen kann... Allerdings, wenn das deutsche Volk bei einer allgemeinen deutschen Volksabstimmung sich dafür ausspricht, Deutschland in einen föderativen Staat zu verwandeln..., so können selbstverständlich von unserer Seite aus keinerlei Widersprüche dagegen erhoben werden...«

Die Konferenz scheitert. Zu gegensätzlich sind die Vorstellungen der Alliierten darüber, was mit Deutschland geschehen soll. Bevin hat das offenbar erwartet und erklärt, wenn es keine Einigung geben könne, müsse seine Regierung unabhängig von den anderen Zonen die britische Besatzungszone »neu organisieren« und »Waren auf Dollarbasis« aus dem britischen Teil Deutschlands exportieren, um damit Nahrungsmittel für die Deutschen im Ausland zu kaufen.

US-Außenminister Byrnes versteht den »Wink mit dem Zaunpfahl« und fordert seinerseits alle Zonen zu einem wirtschaftlichen Zusammenschluß auf, um »die katastrophale Wirtschaftslage in Deutschland zu verbessern«. Ein Angebot — darin sind sich die Historiker heute einig —, das in Wirklichkeit nur an Großbritannien gerichtet ist.

Der Coup gelingt. Die UdSSR und Frankreich gehen auf den Vorschlag nicht ein. Byrnes und Bevin vereinbaren den wirtschaftlichen Zusammenschluß der britischen und der amerikanischen Besatzungszone, die sogenannte »Bizone« soll gebildet werden.

Dieser Plan findet bei manchen deutschen Politikern durchaus Unterstützung. Konrad Adenauer, seit Februar 1946 Vorsitzender der CDU in der britischen Zone, war bereits 1919 als Kölner Oberbürgermeister mit Plänen zur Bildung einer »Westdeutschen Republik« an die Öffentlichkeit getreten und wird im November 1946 in der »Welt« wie folgt zitiert: »Ich glaube, daß die deutsche Hauptstadt eher im Südwesten liegen soll als im weit östlich gelegenen Berlin...«

Auch Kurt Schumacher, seit Mai 1946 Vorsitzender der SPD in den drei Westzonen und entschiedener Gegner der Sozialistischen Einheitspartei, die sich als Zusammenschluß von SPD und KPD in der sowjetisch besetzten Zone im April 1946 konstituiert, geht in seiner übersteigerten antikommunistischen und antisowjetischen Haltung den Weg zur deutschen Teilung nur allzu bereitwillig mit.

Ein Ziel sowjetischer Politik war die deutsche Teilung damals nicht. Und auch die USA hielten lange an der Einheit Deutschlands fest. Eigentliche Vordenker dieser Politik und der Einbindung eines westdeutschen Staates in ein »westliches Bündnis« waren britische Politiker. Die Gründe hierfür sind schwer erklärbar, weil sie zum Teil im Emotionalen liegen: der befürchtete Verlust einer Großmachtstellung, deren Ende 1946 absehbar war, der damit verbundene Machtanspruch, den man durch die sowjetische (sprich: kommunistische) Politik in Frage gestellt sah. Dies sind einige Motive. Es gibt noch andere, aber die sind kaum faßbar.

Zur Durchsetzung seiner Pläne scheint Bevin Eile geboten. Schon zum 1. Januar 1947 soll der von ihm und Byrnes unterzeichnete Vertrag zur Bildung einer Bizone in Kraft treten. Und wieder ist es seine Kommunisten-Phobie, die ihn umtreibt:

»... Berücksichtigt werden müssen die... Lebensbedingungen (in Deutschland), die eine ausgezeichnete Ausgangsbasis für die Aktivitäten der Kommunisten sind. Kurz- und langfristig ist die Situation für sie günstig. Denn für das nächste Jahr sind nur Hunger, Kälte und Wohnungsnot zu erwarten, wie groß auch immer unsere Anstrengungen sind ... Unter solchen Bedingungen wird der Kommunismus attrakiv...«

Doch die Deutschen sind jeglichem politischem Taktieren, jeder politischen Propaganda gegenüber, gleich welcher Couleur, eher verschlossen. Man verweigert sich, das belegen zum Beispiel die Beteiligungen an Wahlen 1946. Nur wenige bemerken, was die Westmächte vorhaben, und leisten dem Widerstand. Und die britischen Befürchtungen, ein von ihnen vermuteter »Nationalismus des deutschen Volkes« könnte ihre Pläne, eine Spaltung Deutschlands an der Elbe, vereiteln, erweisen sich als unbegründet.

Die Alltagssorgen beherrschen das Denken der Menschen. Als Folge der schlechten Ernährung breiten sich Typhus und Tuberkulose aus. Im Dezember 1946 werden etwa 400000 Tuberkulosekranke in der britischen Zone gezählt. Gegen Typhus werden Zwangsschutzimpfungen angeordnet.

Die große Seifenknappheit führt zu einer Verbreitung der Krätze. Statt aber die Seifenration zu erhöhen oder überhaupt Seife und nicht irgendwelche Ersatzprodukte wie Schwimmseife zu liefern, werden Krätzemittel verteilt. Von denen jedoch landet ein Großteil zu »Schnaps« destilliert auf dem Schwarzen Markt.

Natürlich wird 1946 — dafür sorgen schon die Medien — über die Ver-

Ein neues Krätze-Mittel

Die Krätze-Erkrankungen haben erheblich zugenommen. Die bisherigen Behandlungsmittel befriedigten nicht immer. Ein neues, ausgezeichnet wirkendes Mittel, das gefahrlos, schmerzlos, reizlos und in England vielfach, in Deutschland seit kurzem erprobt ist, verbürgt schon nach ein- bis zweimaliger Einreibung sicheren Erfolg. In bestimmten Krankenhäusern und an sonstigen Stellen hat das Gesundheitsamt Behandlungsstellen eingerichtet, in denen dieses neue Mittel, das im freien Handel nicht zu bekommen ist, angewandt wird. Jeder, der an juckendem Hautausschlag oder an Jucken leidet, wendet sich sofort mit seiner ganzen Familie — die fast immer mit erkrankt ist — an seinen Hausarzt. Dort erfährt er Näheres.

Hautbehandlungsstellen

sind eingerichtet im Marienhospital Gelsenkirchen, Altersheim Gelsenkirchen-Rotthausen, Marienhospital Gelsenk.-Buer, St.-Hedwigs-Krankenhaus Gels.-Resse. Behandlungszeit für Männer ist Dienstag, Donnerstag, Samstag, jeweils 8 bis 10 Uhr und 14 bis 16 Uhr; für Frauen: Montag, Mittwoch, Freitag, jeweils 8 bis 10 Uhr und 14 bis 16 Uhr.

Die Behandlung ist kostenfrei.

aus: »Bekanntmachungen der Stadt Gelsenkirchen vom 30. März 1946«

gangenheit, über das Nazi-Regime gesprochen. Da sind die ersten Urteile, die über Nazi-Verbrecher gefällt werden, die Urteile von Nürnberg über die dort angeklagten »Hauptkriegsverbrecher« ein Diskussionsstoff. Möglichkeiten zur Auseinandersetzung mit Ursachen und Folgen des Krieges bieten auch die ersten deutschen Nachkriegsfilme, die bei der DEFA in Berlin produziert werden: »Die Mörder sind unter uns« oder »Irgendwo in Berlin«, Theaterstücke von Frisch oder Zuckmayer (»Des Teufels General«), Bücher von Kogon (»Der SS-Staat«) oder Plievier (»Stalingrad«).

Auf den »Antinazistentagen« vom 20.—22. September 1946 wird in Gelsenkirchen der Opfer des Nazi-Regimes gedacht. Solche Gedenkfeiern gab es. Allerdings — »aufgearbeitet« wurde die Vergangenheit nicht: Folgen davon spüren wir noch heute.

Den großen Raum in den Zeitungen nehmen Berichte ein, die kleine Erleichterungen im Alltagsleben der Menschen verkünden. Im Mai 1946 schweigen die Sirenen, die den Curfew-Alarm, die Ausgangssperre, angekündigt hatten, und im Oktober wird die Ausgangsbeschränkung in der britischen Zone endgültig aufgehoben. Deutsche Gerichte mit deutschen Richtern (darunter freilich auch Nazis) nehmen ihre Tätigkeit wieder auf. Eine Schuhbesohlkarte soll in Zukunft die Ausbesserung und Neubesohlung von Schuhen steuern und die unerträgliche Mate-

rialmangel-Situation, die übrigens in fast allen Handwerksbetrieben herrscht, in diesem Bereich beheben helfen.
Es gibt eine wahre Inflation solcher Bezugsmarken, nur Waren sind auf die Berechtigungsscheine nur selten zu erhalten. Und viele, die angesichts der Warenknappheit leer ausgehen, wittern dahinter (nicht zu Unrecht) Schiebungen und Vetternwirtschaft.
Um die Zwangsbewirtschaftung »besser regeln zu können und Pannen zukünftig zu vermeiden«, braucht man angeblich Zahlen. Eine Volkszählung, die am 29. Oktober 1946 durchgeführt wird und bei der von jeder zu zählenden Person 24 Fragen beantwortet werden müssen, soll diese Zahlen liefern.
Um den Mangel in anderen Bereichen zu beseitigen, wird gesammelt: Altpapier, leere Zement- und Kalksäcke, Schuhcremedosen und Flaschen.

Kernseife gegen Knochen

Immer noch gehen wichtige Rohstoffe verloren, weil die im Schlachtvieh enthaltenen Knochen nicht restlos erfaßt werden. Es wird daher nochmals auf die Sammlung und Ablieferung aller Knochen zur industriellen Verwertung hingewiesen. Insbesondere werden die Fleischereien, Gaststätten, Gemeinschaftsküchen und Hausfrauen aufgefordert, die Knochen zu sammeln und an die unten aufgeführten Rohstoffhändler abzuliefern, bei denen bei Abgabe von 5 kg Knochen 1 Stück Kernseife als Seifenprämie in Empfang genommen werden kann. Rohstoffhändler sind: Becker, am Güterbahnhof Gelsenkirchen Hauptbhf.; Bilk, Cranger Str. 162; Fonnel, Schonnebecker Str. 52; Gerwiner, Bleckstr. 38; Grätsch, Baldurstr. 4; Heidelbach, Ueckendorfer Str. 95; Mandel, Horster Straße 42; Korian, Fischerstr. 88; Nalenz, Seydlitzstr. 36; Roßmanneck, Bruktererstraße 18.

Gelsenkirchen, den 27. September 1946.

Der Oberstadtdirektor.

aus: »Bekanntmachungen der Stadt Gelsenkirchen« Nr. 87/46 vom 5. Okt. 1946

Die Städte bekommen wieder Straßenbeleuchtung.
Um die Nahrungsmittelnot zu lindern, werden vielerorts wie schon zu Kriegszeiten Park- und Gartenanlagen als Anbauflächen für Gemüse genutzt.
Es gibt natürlich auch die weniger erfreulichen Meldungen: Berichte über Vergehen, Verbrechen, Prozesse und Urteile gegen Straftäter. Und die Berichte darüber häufen sich. Ursache dieser immer mehr um sich greifenden »Kriminalität« ist vor allem die Lebensmittelknappheit. Lebensmittelmarken werden gestohlen, gefälscht, unterschlagen und verschoben. Mit gestohlenen Zigaretten wird schwunghafter Handel

getrieben und bestochen. Es wird schwarz geschlachtet. Es werden riesige Lager mit gehorteten Lebensmitteln entdeckt. Lebensmittel, die zum Teil aufgrund der unzulänglichen »Lagerhaltung« verschimmelt und verfault sind. Lebensmittel werden auch »gefälscht« zum Verkauf gebracht: Milch wird gepanscht, Wurst mit Mehl- und Wasserzusätzen »gewichtet«, das wenige vorhandene Mehl mit Gips gestreckt. Park- und Friedhofsanlagen werden geplündert.

Die Urteile, die gesprochen werden, sind hart und reichen bis zur Todesstrafe wie im Falle der berüchtigten Schievenfeldbande aus Gelsenkirchen-Erle.

Zu den Verurteilten des Jahres 1946 gehört ein Mann, der auch heute noch besonders der deutschen Jugend als Vorbild hingestellt wird und sich schon in Nazi-Tagen in den Dienst der braunen Propaganda gestellt hatte: Max Schmeling. Er wird erwischt, als er ungenehmigt Bauarbeiten an seinem Privathaus durchführen läßt. Mit dem verwendeten Material hätte man zwanzig Wohnungen instand setzen können.

Lebensweisheit aus dem Jahre 1946: »Wer heute noch das Leben liebt, der schiebt. Wem Ehrlichkeit im Blute rauscht, der tauscht. Wem beide Wege sind verbaut, der klaut. Wer alles ehrlich nur erwirbt, der stirbt!«

Wie bedrohlich die Ernährungslage bereits Anfang des Jahres 1946 ist, zu welchen Verhalten die hungernden Menschen fähig sind, mag ein Beispiel belegen: Als im März auf der Gelsenkirchener Ahstraße ein Pferd verunglückt und getötet werden muß, wird es von den Menschen am Unfallort gleich geschlachtet.

Pferdefleisch — das ist 1946 nichts Ungewöhnliches. Um die Rationen in der Fleischversorgung zu halten, wird in Köln, Aachen, Düsseldorf, aber auch im Ruhrgebiet bis zu 80 Prozent der Zuteilungsmenge als Pferdefleisch ausgegeben.

Bereits im Februar werden die Lebensmittelrationen in der britischen Zone gekürzt und auf täglich rund 1000 Kalorien festgesetzt. Weitere Kürzungen werden im Juni und Juli notwendig. Betroffen davon sind die Zuteilungen von Zucker, Fisch und vor allem von Fett. Davon soll es nur noch halb soviel geben wie Anfang des Jahres: 50 Gramm pro Kopf in der Woche. Der Leiter des Wirtschaftsausschusses der britischen Kontrollkommission, Sir Cecil Weir, erklärt dazu:

»Fette haben ihren Nutzen darin, daß sie unerfreuliche Speisen schmackhaft machen, aber die ernährungsmäßige Notwendigkeit für Fette wird sehr übertrieben...«

Obwohl Millionen Tonnen Lebensmittel aus Holland und anderen europäischen Ländern, aber auch aus Übersee in die britische Zone eingeführt werden, obwohl selbst die sowjetische und die US-Zone Lebensmittel ins Ruhrgebiet liefern, obwohl immer wieder versprochen wird, die Lebensmittelzuteilungen zu erhöhen, stehen im Herbst 1946 neue Kürzungen ins Haus: Das Brot wird knapp. Die Menschen hungern. Und aus »dem Gefühl der Solidarität mit ihren leidenden Volksgenossen« hungert die CDU-Politikerin Maria Sevenich mit. 30 Tage lang eifert sie ihrem indischen Vorbild Gandhi nach, nimmt (angeblich) nur Wasser und ungesüßten Pfefferminztee zu sich. Ihr Hungerstreik löst allenthalben zynische Kommentare aus, genauso wie der Ratschlag eines Arztes im Nordwestdeutschen Rundfunk, wonach »besseres Kauen einen monatlichen Gewinn von 3000 Kalorien« bringen soll.

Aus einem Lagebericht, den der Bochumer Oberstadtdirektor 1946 abgeben mußte:

»Die durch die Kürzung der Lebensmittelrationen hervorgerufene Schockwirkung ist einer tiefen Depression und Resignation gewichen. Die anfangs vorhanden gewesene Zuversicht und Hoffnung auf einen neuen Aufstieg aus der Not unserer Tage ist weitgehend geschwunden... Man ist... nicht davon überzeugt..., daß die Kürzung der Rationen eine unbedingte Notwendigkeit darstellt...«

Schuld an der Misere gibt man neben den Alliierten vor allem dem Reichsnährstand und dem Leiter des Zentralamtes für Ernährung und Landwirtschaft, Hans Schlange-Schöningen, ehemals Minister im Kabinett Brüning. Ihm werden seine ständigen Versprechungen vorgehalten, nach denen sich die Ernährungslage bessern soll, falsche Prognosen, unwahre Angaben und Unfähigkeit. Sein Rücktritt wird gefordert.

Hubert Schmitz in seinem Buch »Die Bewirtschaftung der Nahrungsmittel und Verbrauchsgüter 1939—1950«:

»Die mangelnde Autorität der Behörden setzte sich gegenüber ablieferungsunwilligen Bauern, eigensüchtigen Verteilern und hungernden Verbrauchern nicht mehr durch.«

Immer wieder gibt es im Laufe des Jahres Meldungen wie diese: »241 Schweine auf dem Transport erstickt«, »Zurückgehaltene Nahrungsmittel werden entdeckt«, »Kartoffeln trotz Frostwarnung ungeschützt

auf Transport geschickt« oder »Getreide verdarb auf dem Feld / Großgrundbesitzer sabotieren unsere Ernährung / Felder nicht abgeerntet«. Schuld gibt man auch den Bauern.

Das Verhalten der Bauern kennen viele aus eigenem Erleben von ihren Hamsterfahrten. Um einige Pfund Kartoffeln zu bekommen, fährt man oft tagelang in ungeheizten, überfüllten Zügen, auf Trittbrettern und Wagendächern. Bei den Bauern wird dann versucht, die Lebensmittel für Wertgegenstände aller Art einzutauschen, vom Schmuckstück bis hin zur Tischwäsche. Auch Arbeiter sind unter den Hamsterern, Arbeiter, die Fehlschichten in ihren Betrieben in Kauf nehmen,

um Nahrungsmittel für sich und ihre Familien zu besorgen. Der Hunger läßt ihnen keine Wahl.
Die Nahrungsmittel, die die Bauern den Hamsterern verhökern, fehlen bei der Zuteilung landwirtschaftlicher Produkte an die Städte. Die Fehlschichten mindern Kohleförderung und industrielle Produktion. Es wird weniger exportiert als möglich. Und mithin fehlen auch zum Lebensmittelimport dringend benötigte Devisen.
Diese »Abzweigung« von Nahrungsmitteln, ihr Verkauf an Hamsterer und Schwarzmarkthändler, ist möglich trotz »strengster Ablieferungspflicht« der Bauern und deren Kontrolle, ist möglich, obwohl »schlecht wirtschaftenden« Bauern die Zwangsverpachtung ihrer Höfe angedroht wird.
Zugegeben, die Ernte 1946 ist nicht sonderlich gut. Ihr Ergebnis wird trotzdem heruntergelogen, und folglich wird das Ablieferungssoll der Bauern zu niedrig angesetzt.
Wen wundert da, daß der Ruf nach einer Bodenreform immer lauter wird, daß man Großgrundbesitzer enteignen will.

„Dieser Getreideberg stellt meine beste Kapitalsanlage dar; ich fürchte nur, daß die Hungersterblichkeit später die Nachfrage verringert und keine hohen Preise zu erzielen sind."

aus: »Westdeutsches Volksecho« vom 29. November 1946

Im Juni 1946 richten deutsche Politiker (Adenauer, Schumacher, Reimann u. a.) und Bischöfe (Frings und Marahrens) einen Aufruf an die Bauern: »... Der Hunger klopft an unsere Türen. Ihr wißt, wie groß die Not in der Stadt ist... Wir können diese furchtbare Notlage, die zu den schwersten Erschütterungen führen kann, nur dann überwinden, wenn Ihr mehr als Eure Pflicht tut... Deswegen wird Mitte dieses Monats eine Sammelwoche stattfinden, in der jeder anständige Bauer das abgibt, was er noch irgendwie von den Vorräten seines eigenen Haushalts entbehren kann...«
Das Ergebnis der Lebensmittelsammelwoche in den Dörfern der britischen Zone ist erstaunlich. Zusammenkommen: 6630 Doppelzentner Getreide, 10 500 Doppelzentner Kartoffeln, 89 200 Kilo Fett und Butter, 52 600 Kilo Obst und Gemüse, 563 400 Stück Eier und anderes.
Die Sammlung ermöglicht eine vorübergehende Linderung der Not. Im November dann bringen die Bauern Kohlköpfe oder, wie Kohl bei uns heißt, »Kappes« ins Ruhrgebiet. Natürlich reicht der Kohl nicht, um ihn einzusäuern, und wer mag in einer Notsituation schon Vorratshaltung betreiben. Er wird gleich gegessen. Kohldüfte ziehen durch Gelsenkirchens Straßen. Auch Tante Lina kocht Kohl, und wir wollen Ihnen zwei ihrer Rezepte zur Zubereitung Anno 1946 verraten.

Kohl (deutsch)

Zutaten: 500 g Kohl, ein Teelöffel Kümmel, Salz, 10 g Fett, eine Tasse Wasser.

Fett in einem Topf erhitzen. Den kleingeschnittenen Kohl in das heiße Fett geben. Mit Kümmel bestreuen und salzen. Wasser darübergießen. Mit geschlossenem Deckel den Kohl weich schmoren.

Gefüllter Kohl

Zutaten: Ein mittelgroßer Weißkohl.
Füllung:
Eine kleingehackte Zwiebel, 200 g Hackfleisch, Salz, Pfeffer, ein Teelöffel Senf.

Hackfleisch mit Zwiebel und Gewürzen gut vermischen und kräftig abschmecken. Durchziehen lassen. Die Kohlblätter lösen und in Salzwasser fast weich kochen. Dicke Kohlrippen entfernen. Auf einem sauberen Leinentuch drei bis vier Lagen Kohlblätter wie eine Rosette ausbreiten. Mit Hackfleisch bestreichen. Mit Kohlblättern bedecken usw. Zum Schluß den Kohl in dem Leinentuch so zusammendrehen, daß eine runde Kugel zustande kommt. Zubinden. Das Ganze in sprudelndem Salzwasser 30 Minuten kochen lassen. Das Leinentuch entfernen. Den gefüllten Kohl auf einer Platte anrichten und mit Kümmelsoße übergießen.

Der Winter 1946/47 wird der schlimmste seit langem. Schon Mitte Dezember gibt es Eis und Schnee. Bei den Minustemperaturen bleiben die Kohlentransporte stecken. Viele Wohungen sind immer noch nicht winterfest. Viele Menschen haben ihre warmen Kleider längst gegen Lebensmittel eingetauscht. Und so wird der Mangel an Hausbrandkohlen

EINE *Staubige* SACHE

Wenn die Kohle der „schwarze Diamant" ist, dann bleibt auch ihr Staub wertvoll und kann noch Wärme für unseren ewig hungrigen Ofen spenden. „Not macht erfinderisch" behauptet eine alte Weisheit. Wer sich selber zu helfen versucht, steht bereits über ihr.

Der gesammelte Kohlenstaub wird in einem Bottich zu Brei verrührt

Kuchenbacken einmal, anders: In eine Form gefüllt, sind nach 24 Stunden die selbsthergestellten Briketts fertig

aus: »Die Frau von heute«, November 1946

zur Katastrophe. Familien gehen geschlossen auf Kohlenklau, Zechenzüge werden geplündert. Man will überleben.
Josef Kardinal Frings, der Erzbischof von Köln, macht das siebte Gebot zum Thema seiner Silvesterpredigt 1946 und erklärt, daß solcher Diebstahl keine Sünde sei, wenn er dem eigenen Überleben und dem der Familienangehörigen diene.
Fortan gibt es für »stehlen« ein neues Wort in der deutschen Sprache, nämlich »fringsen«.
In dieser Zeit eröffnen Kay und Lore Lorentz in Düsseldorf ihr politisches Kabarett »kom(m)ödchen«. Und es gelingt ihnen in ihren Programmen immer wieder, das Leid, die Resignation der Nachkriegsdeutschen einzufangen, wie in dem Lied vom Schlangensteher »Noch kein Ende abzusehen«:
»Wir stehen hier seit viertel vor sieben,
Nun ist es bald zehn, und es gibt noch kein Brot —
Uns hat der Hunger herausgetrieben,
Wir wären gern noch liegen geblieben...
Ich wollte manchmal, ich wäre tot!
Jeden Tag dasselbe Leben, jeden Tag dieselbe Qual...
Jeden Tag... wird es was geben? Jeden Tag, und noch einmal.«

Worum stehen die Leute an in jenen Tagen? Um nichts Besonderes. Eßbar muß es halt sein. Sie sind nicht wählerisch, die Leute. Um ein wenig Brot, ein paar Steckrüben...

Die Ernährungslage

Sind Ihnen folgende Tatsachen bekannt ?

Während der letzten sechs Monate wurden mehr als 50% des Brot- und Mehlverbrauchs der britischen Zone durch Einfuhr in die Zone gedeckt.

500,000 Tonnen Nahrungsmittel wurden während dieser sechs Monate in die britische Zone importiert.

Keine Nahrungsmittel wurden aus der Zone exportiert und fast der gesamte Nahrungsmittelbedarf der britischen Besatzungstruppen wurde durch Einfuhr gedeckt.

Während derselben Zeitspanne wurde die Lebensmittelzuteilung in England gekürzt.

Der Krieg hat eine Nahrungsmittelknappheit in der ganzen Welt verursacht und andere Länder, besonders Indien, stehen vor der Hungersnot.

93% der Nahrungsmittel für die verschleppten Personen in Deutschland werden jetzt eingeführt, obwohl die deutsche Bevölkerung die Verantwortung für die Ernährung dieser schwerbetroffenen Menschen trägt.

Der deutsche Beitrag für die Ernährung dieser Menschen beträgt demnach nur 7% und besteht nur aus frischem Gemüse.

Eine unmittelbare Besserung der Lage ist nicht zu erwarten, da eine Erhöhung der deutschen Lebensmittelzuteilung nur mit einer Vergrößerung der Hungersgefahr in den alliierten und in den früher von Deutschland besetzten Ländern erkauft werden könnte.

Jeder einzelne Deutsche in der britischen Zone muß deshalb zunächst alles tun, um die Nahrungsmittelerzeugung zu steigern und eine gerechte Verteilung sicherzustellen.

Sobald die gegenwärtige Welternährungskrise überwunden ist, werden Schritte unternommen, um die Ernährungslage auch in der britischen Zone zu bessern.

Herausgegeben von den britischen Militärbehörden

Printed by PRINTING & DISTRIBUTION UNIT Control Commission for Germany (B.E.)

STECKRÜBENREZEPTE

Der Kriegswinter 1916/17 ist als Steckrübenwinter in die Geschichte eingegangen. Daß die Menschen Steckrüben essen mußten, gilt auch heute noch als Zeichen schlimmster Hungersnot.
Nach dem ersten Weltkrieg 1918, aber auch nach dem zweiten Weltkrieg war die Situation ähnlich.
Bereits im November 1945 gab es auf die Abschnitte der Gemüsekarte Steckrübenzuteilungen. Diese Praxis wurde im Jahr 1946 fortgesetzt.

Steckrüben und Frischgemüse

Auf die neuen Bezugsausweise für Obst und Gemüse (88. bis 90. Zuteilungsperiode) wird abgegeben:
auf Abschnitt 610/88 Ia 1 kg Steckrüben,
auf Abschnitt 610/88 Ib 1/2 kg Frischgemüse.
Die Einzelhändler dürfen nur die im Bereich des EA. Gelsenkirchen gültigen roten Bezugsausweise für Obst und Gemüse annehmen. Verbraucher, die über auswärtige Bezugsausweise verfügen, aber aus bestimmten Gründen Anspruch auf Belieferung haben, erhalten von der zuständigen Kartenstelle auf diese Abschnitte einen Reisekartenstempel.
Gelsenkirchen, den 29. April 1946.

Der Oberbürgermeister.

aus: »Bekanntmachungen der Stadt Gelsenkirchen« vom 4. Mai 1946

Ein Zentner Steckrüben kostete im Frühjahr 1946 acht Mark, war also ein vergleichsweise preiswertes Gemüse. Trotzdem — besonderer Beliebtheit erfreuten sich die Kohl- oder Steckrüben, auch Wruken genannt, nicht. Rüben werden im allgemeinen nicht gegessen, sondern werden von den Bauern als Viehfutter angebaut. Was eine Kuh oder ein Schaf frißt, daraus mag sich der Mensch kein Essen kochen.
Solche Vorurteile galt es, in Notzeiten abzubauen. Es mußte versucht werden, den Menschen im Nachkriegsdeutschland die Steckrübe im wahrsten Sinne des Wortes schmackhaft zu machen.
1947 erschienen, lizensiert von der Militärregierung, spezielle Steckrüben-Kochbücher. Karl-Heinz Lorenzen veröffentlichte »63 Kochanweisungen für Gaststätte und Hausfrau« unter dem Titel »Steckrüben einmal anders«. In seinem Vorwort schreibt er:
»Durch die zeitbedingten Verhältnisse hat unser Küchenzettel eine gewisse Einseitigkeit in der Herstellung der Speisen erfahren. Diesem abzuhelfen und neue Wege anzudeuten, soll die Aufgabe dieser Broschüre sein... Zugeschnitten ist diese Broschüre auf den Teil der Bevölkerung,

der heute ganz allein auf seine Lebensmittelkarten angewiesen ist, und kann schon aus diesem Grunde nicht als Kochbuch im üblichen Sinne angesehen werden...«

Der Landwirtschaftsrat R. Ohl stellt in seinem »zeitgemäßen« Kochbuch »Edelgemüse und Marmelade aus Zucker- und Futterrübe« die Vorteile der Steckrübe heraus. Fakten wie diese, wissenschaftlich fundiert:

— Rüben gedeihen auf fast jedem Boden.
— Rüben bringen Erträge wie kein anderes Gemüse.
— Der Nährwert der Rübe ist höher als der der meisten Gemüse ähnlicher Art.

Und er rechnet vor:

100 g Rüben enthalten 1 g Eiweiß, 0,04 g Fett, 11 g Stärke-Zucker. Das bedeutet immerhin, daß 100 g Rüben 49 »Wärmeeinheiten« in sich tragen. Und das Rechnen mit Kalorien hatten die Leute in jenen Tagen lernen müssen. Aber die Vorurteile blieben.

»Das sind Futtermittel, die ich nie essen werde«, schrieb eine Frau in einem Leserbrief an die »Neue westfälische Zeitung« im März 1946. Und beklagte den »unangenehmen Geschmack« und den Geruch, der von den Steckrüben ausgeht, wenn sie gekocht werden.

»Es rübelt«, pflegte Tante Lina zu sagen und dabei die Nase hoch in die Luft zu recken. Da wußte jeder, irgendwo in der Straße gab es Steckrüben zum Mittagessen.

Der Diplomlandwirt Ohl wußte auch auf solche Vorwürfe eine Antwort: »... Ja, schmeckt denn vielleicht eine rohe Kartoffel angenehm? Wer will auf die Dauer Weizen im Urzustand essen? Müssen nicht die meisten Dinge erst zubereitet werden, um genußfähig zu werden...?« Und setzte den weitverbreiteten Vorurteilen seine Rezepturen entgegen. Die Leute sollten erst mal probieren.

Gefüllte Steckrübenschiffchen

Zutaten: eine Steckrübe von etwa drei bis vier Pfund.

Füllung 1:

Zwei klein gehackte Zwiebeln, ein Eßlöffel Haferflocken, 10 g Fett, Salz, ein Eßlöffel geriebener Käse, 1/4 l Brühe, ein Eßlöffel gehackte Petersilie.

Die Steckrübe wird geschält, gewaschen und der Länge nach in vier Teile geschnitten. In Salzwasser gar kochen. Die vier Rübenteile aus dem Wasser nehmen und mit einem Löffel aushöhlen.
Für die Füllung die Zwiebeln und die Haferflocken in Fett anrösten, mit der Brühe ablöschen und weich kochen lassen. Mit Salz und Petersilie abschmecken.
In die Rübenschiffchen füllen. Mit dem geriebenen Käse bestreuen. Und im 175 Grad heißen Ofen etwa 20 Minuten überbacken.

Zutaten Füllung 2:
Zwei Tassen gekochte Erbsen, Salz, ein Teelöffel Thymian, eine Stange Lauch, 10 g Fett, eine Tasse Milch, ein Eßlöffel Semmelbrösel, 20 g Hefe.

Die gekochten Erbsen durch ein Sieb streichen. Mit Salz und Thymian würzen. Dünn geschnittene Lauchringe untermischen, die man kurz in der heißen Pfanne gewendet hat.
Die vier Rübenschiffchen mit dem Erbsenbrei füllen und in eine Auflaufform setzen.
Die Hefe mit Milch verrühren und über die Schiffchen gießen. Mit Semmelbröseln bestreuen. Wie bei dem vorigen Rezept bei 175 Grad etwa 20 Minuten überbacken.

Zutaten Füllung 3:
100 g einfache Leberwurst, zwei gekochte und geriebene Kartoffeln, ein Teelöffel Majoran, eine Prise Salz, ein Eßlöffel Haferflocken.

Die Leberwurst aus der Pelle streichen. Mit den geriebenen Kartoffeln, Salz und feingehacktem Majoran verrühren.
In die Rübenschiffchen füllen. Mit Haferflocken bestreuen. Bei 175 Grad 20 Minuten lang überbacken.

Westfälisches Blindhuhn

Zutaten: 150 g eingeweichte weiße Bohnen, 500 g Steckrüben, 500 g Kartoffeln, zwei bis drei Möhren, ein Apfel (möglichst sauer), eine Birne, Salz, ein Eßlöffel gehackte Petersilie, 100 g geräuchertes Schweinefleisch (oder ein bis zwei Mettwürstchen), 1 1/2 l Wasser.

Schweinefleisch oder Wurst klein schneiden. In einem Topf kurz anrösten. Mit dem Wasser auffüllen. Salzen.
Steckrüben, Kartoffeln, Möhren, Birne und den Apfel in kleine Würfel schneiden und zusammen mit den Bohnen auf einmal dazugeben.
60 bis 80 Minuten auf kleiner Flamme kochen lassen. Mit Petersilie abschmecken.

Steckrüben-Klößchen

Zutaten: 500 g Steckrüben, Salz, eine Tasse Haferflocken (oder Mehl), ein Ei, etwas Fett.
Rüben schälen, putzen und waschen und in wenig Salzwasser gar kochen. Zerkleinern und durch einen Fleischwolf drehen.
Haferflocken in etwas Fett hellbraun anrösten. Zu dem Rübenbrei geben. Salzen. Ein Ei einrühren.
Eine halbe Stunde ziehen lassen.
Klöße formen und in heißem Wasser gar ziehen lassen.

Schon wieder Steckrüben?
Schon wieder? Wir haben doch erst zweimal Steckrüben gehabt — die Woche!
Ach ja, — natürlich! . . . und heut' is' Mittwoch!

aus: »Westfälische Rundschau« vom 14. Januar 1948

Steckrübenauflauf

Zutaten: 500 g Steckrüben, 500 g Kartoffeln, 10 g Hefe, ein Teelöffel Mehl, eine Tasse Milch, Salz, Petersilie.
Kartoffeln und Steckrüben schälen, waschen und in kleine, dünne Scheiben schneiden. Getrennt voneinander in Salzwasser gar kochen. Abtropfen lassen.

Eine Auflaufform mit etwas Öl ausstreichen. Dann mit einer Lage Kartoffeln den Boden bedecken, die Kartoffeln mit Petersilie bestreuen, eine Lage Rüben darüberschichten und so fort.
Mit einer Lage Rüben abschließen.
Milch, Hefe und Mehl miteinander verrühren. Über die Masse gießen. Im Backofen etwa 30 Minuten bei 175 bis 200 Grad leicht überkrusten lassen.

Steckrübenpuffer

Zutaten: 500 g Steckrüben, zwei Tassen Haferflocken, Salz, etwas Fett zum Backen.
Haferflocken in eine Schüssel geben. Die geschälten und gewaschenen Steckrüben wie Kartoffeln in die Haferflocken reiben. Salzen. Miteinander vermengen und 30 Minuten quellen lassen.
Wie Kartoffelpuffer (Reibekuchen) in Fett ausbacken.
Man kann die Steckrübenmasse auch zu gleichen Teilen mit Pfannkuchenteig aus einem Ei, zwei Tassen Mehl und einer Tasse Milch mischen und dann ausbacken.

Ob diese Rezepte dazu beigetragen haben, die geschmähten Steckrüben populärer zu machen, darf bezweifelt werden. Dabei sind die Rüben wirklich besser als ihr Ruf. Sie haben nämlich die »wunderbare« Eigenschaft, fast jeden Geschmack anzunehmen. Kocht man sie mit Sellerie, Kohlrabi oder Möhren, so entsteht jeweils das betreffende Gemüse. Macht man sie mit Gurken ein, schmecken sie wie diese. Kocht man sie mit Äpfeln, so bekommt man mit wenig Äpfeln viel Apfelmus.
Und das macht Steckrüben auf vielfältige Weise verwendbar.

Sauerkraut aus Steckrüben

Zutaten: 75 g Salz, 3 kg gewaschene und geschälte Steckrüben, eine Tasse Essig, 1½ l Wasser.
Die Steckrüben grob raspeln. Etwa fünf Minuten in kochendes Wasser geben. Abgießen.
In einen Steintopf die erkalteten Rübenraspeln lagenweise einschichten: Ein kg Raspeln mit 25 g Salz feststampfen. Dann wieder Raspeln, Salz usw.

Das Wasser mit dem Essig einmal aufkochen lassen. Erkaltet über die Raspeln gießen.
Mit einem sauberen Küchentuch abdecken. Einen umgedrehten Teller darauflegen, der mit einem Stein beschwert wird.
Das Rübensauerkraut braucht ca. zwei bis drei Wochen, bevor man es verwenden kann.

Rüben-Rotkraut

Zutaten: Vier rote Bete, ein Eßlöffel Essig, eine rohe Kartoffel, Salz, 10 g Fett, ein Apfel.
Rote Bete waschen und in Wasser weich kochen. Schälen und grob reiben.
Den Essig darüber geben. Mit Salz abschmecken.
In Fett den geriebenen Apfel anbraten. Rüben dazugeben und mit einer roh geriebenen Kartoffel das »Rotkraut« binden.

Ich will das nicht verschweigen. Natürlich hatte auch Tante Lina eine tiefverwurzelte Abneigung gegen Rüben jeglicher Anbauart. Es war an einem Herbsttag des Jahres 1946, da kam Kuszmierz von einer Hamsterfahrt mit einem großen, schwergefüllten Rucksack voller Steckrüben und Zuckerrüben zurück.
Er war stolz auf seinen »Fitsch« und hatte an sich Lob erwartet. Aber Tante Lina zog ein Gesicht.
Die Rüben wurden im Keller gelagert und keines Blickes mehr gewürdigt. Bis dann, ja, bis dann Tante Lina eines schönen Morgens Uwe, ihren »Ziehsohn«, am Frühstückstisch beobachtete. Sah, wie er mit großen, traurigen Augen die Nacktheit seines Butterbrotes betrachtete, dem nicht nur die Butter, sondern auch der Belag fehlte.
Da faßte sie, sicher schweren Herzens, einen Entschluß: Die Rüben sollten zu Rübenkraut verarbeitet werden.
Rübenkraut, das man bei uns auch »Rollschinken« nennt, jenen dunklen, lange Fäden ziehenden, klebrigen Brotaufstrich, der so wunderbar schmecken konnte, gab es schon lange nicht mehr zu kaufen. Nicht einmal mehr bei Tiemann auf der Hochstraße in Buer, der sonst noch immer etwas für besondere Kunden unter der Theke in einem großen Eimer stehen hatte.

Selbstgemachtes Rübenkraut also sollte es geben. Und wie es Tante Linas Art war und wie es ihrem Organisationstalent entsprach, wurde die gesamte Hausgemeinschaft mit eingespannt. Da half kein Fluchen, da wurden keine Ausreden akzeptiert und keine Drückeberger geduldet. Wer zwei gesunde Hände hatte, mußte helfen. Bei der Schnibbelphase gab es bereits erste Ausfälle. Die zarten Hände des guten Fabrizius waren der ungewohnten Arbeit nicht gewachsen. Mit Blasen an den Fingern und einem um Verzeihung bittenden Lächeln mußte er ausscheiden.
Düstere Gerüche durchzogen das Haus, als die Rübenschnitzel in allen verfügbaren Töpfen und Behältnissen auf dem Herd erstmals zum Kochen gebracht wurden.

Frau Wellpott von gegenüber erwischte es beim Ausdrücken, als die Erwachsenen nacheinander antreten mußten, um den heißen Rübenbrei durch ein Tuch zu pressen.
Noch tagelang trug sie den Arm in der Binde, den sie sich beim Rübenkrautdrücken ausgerenkt hatte.
»Und meine Hände«, berichtete sie den Frauen aus der Nachbarschaft, die sich teilnahmsvoll nach ihrem Befinden erkundigten, »meine Hände, die sind innendrin, als ob ich eine Dreimonatswäsche allein und ohne Maschine hinter mich gebracht hätte.«
Dann stand das ausgepreßte Naß wieder auf dem Herd und bullerte in den Töpfen vor sich hin. Die Küche war voller Dampf und Schwaden. Hillary, den Engländer, hielt es nicht mehr in seinem Zimmer, er kam drohend in die Küche gestürzt, fragte, was denn los sei, hielt sich die Nase zu und verließ Türen schlagend fluchtartig das Haus.
Das Mittagessen fiel aus. Es gab nichts, worin man es hätte zubereiten können. Aber Hunger hatte sowieso keiner, weil allen mehr oder weniger schlecht war.
Stunde um Stunde verging. Aber Tante Lina, die sich hin und wieder an die Töpfe traute, konnte keinen Erfolg ausmachen.
Nach sechs Stunden waren die in der Küche versammelten Krauter erschöpft und mutlos. Der Inhalt der Kochtöpfe war immer noch so flüssig wie zuvor.
In der siebten Stunde endlich, als Fabrizius schon wegen der immer dichter werdenden Dämpfe die Feuerwehr alarmieren wollte und Tante Lina — das muß man sich mal vorstellen — wahrhaftig drauf und dran

war aufzugeben, betrat Kusmierz mit einer kleinen Schaufel voll Deputatkohle die Küche, um neu einzuheizen, und machte dem Kochen ein Ende.
Er warf einen Kennerblick in einen der Töpfe und sagte: »Ich glaube, wenn wir das Zeug jetzt vom Herd nehmen und kalt stellen, dann wird es was...« Und verließ schleunigst die Küche, nicht ohne seine Kohlen freilich.
Ob nun Kuszmierz wirklich etwas vom Rübenkrautkochen verstand oder ob er das nur vorgab, um seine Kohlen zu sparen, läßt sich nicht mit letzter Gewißheit sagen. Auf jeden Fall sollte er recht behalten.
Am nächsten Tag war da ein Eimer voll herrlichen Rübenkrauts, das selbst Hillary schmeckte, der in der achten Stunde zurückgekehrt war und wortlos zwei Gläser »jam«, also Marmelade, auf den Küchentisch gestellt hatte. Und als er den Namen dieser wundersamen Masse »Rübenkraut« in Erfahrung gebracht hatte, fühlte er sich wieder einmal in seinen Vorurteilen bestätigt: Die Deutschen trugen ihren Schimpfnamen »krauts« zu Recht.

Rübenkraut

Zutaten: 4 kg Zuckerrüben (man kann auch zur Hälfte Zucker- und Steckrüben nehmen, das Rübenkraut wird dann weniger süß).
Rüben gründlich reinigen. Danach wie Möhren mit einem Messer gründlich abschaben. Die am Kopf sich zeigenden grünen Wurzel- und Blattgründe restlos entfernen, sonst bekommt das Rübenkraut einen bitteren Nachgeschmack.
Rüben sehr klein schneiden. In einen Topf geben und mit so viel Wasser übergießen, daß die Rüben bedeckt sind. Weich kochen lassen. Rüben durch den Fleischwolf drehen, in ein Tuch geben und den Saft auspressen.
Den gewonnenen Saft solange kochen, bis er geliert bzw. karamelisiert. Das kann einige Zeit dauern.
Um den letzten Rübengeschmack zu entfernen, kann man Pottasche mitkochen. Eine Messerspitze pro Pfund Saft.

Statt Brot — Steckrüben zum Frühstück.

aus: »Westdeutsches Volksecho« vom 28. Januar 1947

Nicht nur Schulkinder aßen Steckrüben statt Schulbrot zum Frühstück. Anläßlich einer Protestversammlung der Gute-Hoffnungs-Hütte in Oberhausen-Sterkrade im Februar 1947 ergab sich, daß von 1800 Mann der Belegschaft des Reichsbahnausbesserungswerkes 1260 der Arbeiter Steckrüben zum Frühstück verzehrten.
Davon, daß Steckrüben in vielfältiger Weise verwendbar sind, war schon die Rede, und wir haben dafür auch einige Beispiele vorgestellt, Beispiele, die sich im Rahmen »normaler« Koch- und Zubereitungskunst bewegten. Womit wir uns nun den mehr exotischen Anwendungsmöglichkeiten der Steckrübe zuwenden können.
Und da sei festgestellt, mit Rüben kann man alles machen. Und dieses Buch reicht nicht aus, dies aufzuzählen. Beschränken wir uns also auf vier Beispiele.

Steckrübentabak

Rüben raspeln und auf einem Blech im gut geheizten Backofen bei offener Tür unter häufigem Wenden scharf trocknen, so daß sie fast dunkelbraun werden.

Steckrübenkaffee

Steckrüben raspeln und wie oben im Ofen trocknen. Die getrockneten Rübenschnitzel werden dann durch eine Kaffeemühle gedreht. Wie »normales« Kaffeemehl behandeln.

Steckrüben-Rosinen

Die Steckrüben werden in kleine Würfelchen geschnitten und in dieser Form auf dem Backblech wie oben getrocknet. Allerdings sollten sie nicht so scharf getrocknet werden wie die Rübenschnitzel. Die Farbe sollte braun oder hellbraun sein. Sonst geht der Geschmack verloren.

Rübenbonbons

Steckrüben wie die Steckrüben-Rosinen würfeln und trocknen. Noch warm mit etwas Zucker bestreuen (am besten eignet sich Puderzucker).

Aus Rüben kann man auch Brot backen. Die Anweisungen hierzu sind innerhalb der Brotrezepte zu finden.
Zum Schluß noch einige Rezepte für Nachspeisen bzw. Gebäck aus Steckrüben.

Rübenmakronen

Zutaten: Zwei Tassen grob geschroteter Weizen, eine Tasse geraspelte Steckrüben, ein Eßlöffel Zucker, ein Eßlöffel Mehl, ein Fläschchen Mandelaroma, etwas Wasser.

Die Zutaten werden mit etwas Wasser zu einem sehr festen Teig vermischt. Auf ein gefettetes Backblech kleine Häufchen setzen. Bei 225 Grad abbacken.

Steckrübentaschen

Zutaten: Ein Ei, zwei Tassen Mehl, Salz, etwas Magermilch, etwas Fett zum Backen.
Füllung: 300 g Steckrüben, eine Tasse Obstsaft.

Aus Mehl, Ei, Salz und Magermilch einen dicken Teig rühren. In einer Pfanne mit wenig Fett vier Pfannkuchen daraus backen.

Steckrüben schälen, in kleine Würfel schneiden und im eigenen Saft weich kochen. Durch ein Sieb streichen. Obstsaft einrühren. Noch einmal kurz aufkochen lassen.
Die Pfannkuchen zur Hälfte damit bestreichen. Die freie Hälfte daraufklappen.

Walliser Kaltschale

Zutaten: 500 g Steckrüben, eine rote Bete, ½ l Obstsaft, ½ l Magermilch, zwei Teelöffel Kartoffelmehl, ein Eßlöffel Zucker, etwas Zimt, drei Gewürznelken.

Steckrüben und rote Bete schälen, waschen und in kleine Stücke schneiden. Mit Obstsaft übergießen, so daß sie bedeckt sind. Nelken zugeben. Gar kochen. Kurz vor dem Garwerden Zucker zusetzen.
Gewürznelken entnehmen.
Dann werden Steckrüben und rote Bete durch ein Sieb gestrichen. Den Obstsaft wieder dazugeben, mit Milch auffüllen und mit dem Kartoffelmehl binden. Mit Zimt abschmecken.
Kalt werden lassen.
Wenn zu der Zeit, über die wir hier sprechen, kein Obstsaft vorhanden war, wurden die Steckrüben in unverdünntem Heißgetränk (Kirsch- oder Himbeergeschmack) gekocht. Als besondere »Verfeinerung« galt die Mischung zweier Geschmacks-(Frucht-)Sorten.

Ich weiß nicht, ob wir Ihnen mit unseren Rezepten Appetit auf Steckrüben machen konnten. Wenn nicht — Sie sprechen uns aus der Seele. Ich jedenfalls erinnere mich gut an ein Kinderlied, das wir noch in den fünfziger Jahren in der Schule sangen, sozusagen aus vollem Herzen:

»Die Rüben, die Rüben,
die haben mich vertrieben.
Hätt' die Mutter Fleisch gekocht,
dann wäre ich geblieben.«

Dreißig Gramm
Schwarzer Tee
wird Ihnen zu wenig sein.
Wir helfen Ihnen
durch unseren Schwarzen-Tee-Ersatz (eine Tasse ca. 1½ Pfg.).
Groß-Drogerie Viethaus
Ihr Fachberater!
Gelsenkirchen, vorübergehend: Hindenburgstraße 5. — Tel. 2683.

Zwei entlassene Soldaten,
welche vor mehr. Wochen in Höntrop eine Frau Kalwa suchten und eine Nachricht ihres Mannes übermitteln wollten, werden um ihre Anschrift gebeten.
Kalwa, Höntrop, Hellweg 72.

Strumpf-Ansohlarbeiten
Wirk- oder Trikotagenreste und Nähmittel müssen geliefert werden.
E. Sadra,
Gelsenkirchen, Hochstraße 15.

Rückwanderer und Flüchtlinge
werden gebeten, zur Aufstellung einer Zentralkartei u. Einrichtung eines Suchdienstes möglichst umgehend ihre Adresse aufzugeben. Sie erhalten dann kostenlose Mitteilungen über die Einzelheiten u. über Beratung u. Betreuung durch
Paul Specht
Köln-Mauenheim, Neue Kempener Straße 236.

Ziegelstein-Putzgeräte
System »Fiedler«
zu 100.— RM. aus Vorrat, ab hiesigem Lager, lieferbar.
Gustav Pieper,
Gelsenkirchen, Vereinsstr. 71/81.

Von der Reise zurück:
Dr. Levisohn
Klosterstr. 21, Tel. 2134
Sprechstunden: 9—11, 15—17 Uhr.
Alle Krankenkassen, Ruhrknappsch.

Achtung Bomben-geschädigte!
Holen Sie bezüglich Wahrnehmung Ihrer Interessen unverbindlich Auskunft ein bei
Ernst Rotthaus
Interessenvertretung Bomben-geschädigter
Hüinghausen
über Plettenberg.

Ihren Uniformrock
ändern wir in einen Sportsacco um. Auch Uniformmäntel werden geändert. Bereits getrennte Uniformen können nicht angenommen werden.
Peek und Cloppenburg,
Essen, Limbecker Straße 75/77.

An die Raucher von Eigenheimer!
Teile allen Rauchern von selbstgezogenem Tabak mit, wie man denselben ohne Beize oder ähnlichen Mitteln zubereitet, sodaß derselbe sein reines Aroma behält (spanisches Verfahren). Alle Interessenten erhalten von mir nach Voreinsendung von 1.— RM das Rezept kostenlos zugeschickt.
Wilhelm Lork,
Gelsenkirchen, Sellhorststraße 22.

? Schuh-Sorgen ?
Ihre nichtpassenden neuen oder getragenen Schuhe tauschen wir gegen diejenigen von anderen Kunden ein. — **Wir helfen Ihnen.**
Schuh-Tausch-Zentrale
Schuhhaus R. Drewer,
Bahnhofsvorplatz 8.

ENTNAZIFIZIERUNG

Bei aller Unterschiedlichkeit der Pläne, die die vier Siegermächte mit Deutschland verfolgten, in einem waren sich die Alliierten einig: Die Deutschen sollten entwaffnet, Deutschland entmilitarisiert und »entnazifiziert« werden, ein Begriff, den die US-Amerikaner prägten. Dazu wurden auf der Potsdamer Konferenz 1945 unter anderem folgende Grundsätze beschlossen:

— Die nationalsozialistische Partei mit ihren angeschlossenen Gliederungen und Unterorganisationen ist zu vernichten...

— Alle nazistischen Gesetze, welche die Grundlage für das Hitlerregime gebildet haben..., müssen abgeschafft werden.

— Kriegsverbrecher und alle diejenigen, die an der Planung oder Verwirklichung der nazistischen Maßnahmen, die Greuel oder Kriegsverbrechen nach sich gezogen oder als Ergebnis gehabt hatten, teilgenommen haben, sind zu verhaften und dem Gericht zu übergeben. Nazistische Parteiführer, einflußreiche Nazianhänger und die Leitung der nazistischen Ämter und Organisationen und alle anderen Personen, die für die Besetzung und ihre Ziele gefährlich sind, sind zu verhaften und zu internieren.

— Alle Mitglieder der nazistischen Partei, welche mehr als nominell an ihrer Tätigkeit teilgenommen haben, und alle anderen Personen, die den alliierten Zielen feindlich gegenüberstehen, sind aus den öffentlichen oder halböffentlichen Ämtern und von den verantwortlichen Posten in wichtigen Privatunternehmungen zu entfernen...

— Das Erziehungswesen in Deutschland muß so überwacht werden, daß die nazistischen und militaristischen Lehrsätze völlig entfernt werden...

Noch vor Kriegsende hatten die Alliierten begonnen, Jagd auf die Naziverbrecher zu machen. Die, derer sie habhaft werden konnten, wurden in Nürnberg vor einen Internationalen Militärgerichtshof gestellt. Dieser sogenannte »Nürnberger Prozeß« begann 1945 und endete mit der Verurteilung Görings, Keitels, Kaltenbrunners, Rosenbergs und vieler anderer im Oktober 1946.

Dem ersten Prozeß folgten weitere gegen Wirtschaftsführer, Ärzte, Beamte, Soldaten, KZ-Aufseher...

Doch mit »Entnazifizierung« war eigentlich etwas anderes gemeint, als

die Verurteilung und Bestrafung einiger Kriegs- und Naziverbrecher. Ganz Deutschland sollte politisch gesäubert werden. Der Nationalsozialismus, sein Einfluß auf das öffentliche Leben, auf Wirtschaft und Erziehung sollte beseitigt, alle Nationalsozialisten bestraft werden. Und das war ein Problem, denn es gab sie offenbar gar nicht, diese Nazis.
Der britische Colonel Spottiswoode schrieb in einem Artikel, der am 10. November 1945 in den Bekanntmachungen der Stadt Gelsenkirchen veröffentlicht wurde:
»Es gibt einen Mann, den die meisten Offiziere der Militärregierung in Deutschland gern treffen möchten. Und das ist ein Nazi — ein Mann, der sagen wird: ›Ja, ich trat der Partei bei, weil ich davon überzeugt war, sie hätte die richtige Politik, an deren Verwirklichung ich helfen wollte...‹
Wir haben viele frühere Parteimitglieder angetroffen, aber alle haben der Partei nur angehört, weil sie ihre Stellung behalten und ihre Familien ernähren mußten... Wir haben auch viele Leute getroffen, die zwar Mitglied der Partei gewesen sind, aber keine Schritte unternommen haben, sich ihr zu widersetzen, obgleich sie nun ihren Abscheu offen aussprechen...
Nach all den Jahren des Kampfes gegen Deutschland hatten wir erwartet, es fest mit dem Nationalsozialismus verwachsen vorzufinden. Und was fanden wir? Ein deutsches Volk, das fast einstimmig irgendeine Verbindung oder eine Sympathie zum Nationalsozialismus von sich wies. Was sollen wir darüber denken?...«
Und die Schriftstellerin Irmgard Keun schrieb 1946 bzw. 1947 an ihren Kollegen Hermann Kesten nach New York:
»Ich hatte ... keine Lust, von meiner guten politischen Vergangenheit zu sprechen, weil nämlich sämtliche Leute in Deutschland plötzlich anfingen zu erzählen, wie sehr sie unter den Nazis gelitten hatten und was für großartige Gegner sie selbst von Anfang an gewesen wären... Alle Nazis strömen augenblicklich ernst und unbefangen in die Kirchen, als ob sie nie was anderes getan hätten. Wenn sie mit Leuten sprechen, behaupten sie, nie Nazis gewesen zu sein, und bedauern im gleichen Atemzug eifrig und naiv, den Krieg verloren zu haben...«
Die Deutschen, ein Volk von Mitläufern und Befehlsempfängern, geknechtet von einem übermächtigen Diktator? Wohl kaum. Aber solche

Art von Geschichtsauffassung ist in unsere Schulbücher eingegangen und hat sich bis zum heutigen Tag gehalten, denkt man nur an die Reden, die zur Erinnerung an den 8. Mai 1945 gehalten wurden. Von der »Schreckensherrschaft Hitlers« war da die Rede, und es wurde behauptet, »das Leid« sei »von diesem einen Menschen ausgegangen«.
Die erste Phase der Entnazifizierung begann mit Verhaftungen und Entlassungen.
Den amerikanischen Besatzungsbehörden war es gelungen, eine Personalkartei der NSDAP mit etwa acht Millionen Mitgliedernamen sicherzustellen. Und auf dieser Grundlage konnten Listen mit Namen, mit Organisationen, Titeln und Dienstrången aufgestellt werden, von Leuten, die »automatisch« verhaftet und arretiert werden sollten.
Verhaftet werden neben Angehörigen der Nazi-Organisationen auch Industrielle. 70 Festnahmen meldet die »Ruhrzeitung« Anfang Dezember 1945. Aber viele der belasteten Fabrikanten und Industrie-Manager waren »abgetaucht«, verschwunden, nicht aufzufinden. Genau wie Künstler, die verhaftet werden sollten. Norbert Schultze, der Komponist von »Lilly Marleen« und »Bomben auf England«, trat unter dem Namen Frank Norbert sogar vor alliierten Truppen zusammen mit seiner Frau auf. Unter den Verhafteten war auch »Prominenz«, zum Beispiel Heinrich George oder Gustaf Gründgens.
Sämtliche Beamten, die vor dem 1. 5. 1937 Mitglied der NSDAP geworden waren, wurden entlassen. Im Januar 1946 meldet die Stadtverwaltung Gelsenkirchen, daß bei ihr »aus politischen Gründen 58 Beamte, 162 Lehrpersonen, 38 Angestellte und 15 Arbeiter ausgeschieden« seien. NS-Parteimitglieder dürfen im öffentlichen Dienst nicht mehr arbeiten. Dieses »Berufverbot« wird später auch auf die private Wirtschaft ausgedehnt. Mitglieder der NSDAP, von SS, SA und anderen verbrecherischen Organisationen dürfen nur noch als Hilfsarbeiter beschäftigt werden.
Die Zahl der zu überprüfenden Fälle ging in die Millionen und war von den alliierten Behörden nicht zu bewältigen. Die Entnazifizierung wurde den Deutschen übertragen. Auf Anordnung der Militärregierung wird Anfang Januar 1946 in Gelsenkirchen ein »Ausschuß zur Entnazifizierung« gebildet. Diese Entnazifizierungsausschüsse sollten alle Personen überprüfen, die Nazis gewesen waren oder den Nazis nahegestanden hatten. Ein Fragebogen, der von allen Personen auszufüllen war,

die über 18 Jahre alt waren, sollte bei der Entnazifizierung helfen. 133 Fragen waren zu beantworten, und es mußte Auskunft gegeben werden über Dienstverhältnisse, Truppenzugehörigkeit, Publikationen, Auslandsreisen, Mitgliedschaften bei jeglichen Vereinigungen und so fort. Die Ausschüsse prüften die Fragebögen. Als »belastet« geltende Personen wurden vorgeladen, ihre Angaben durch Zeugenaussagen ergänzt. Das Ergebnis ihrer Untersuchungen teilten die Ausschüsse einem »Entnazifizierungsbeirat« mit. Er bestand in Gelsenkirchen aus einem Ge-

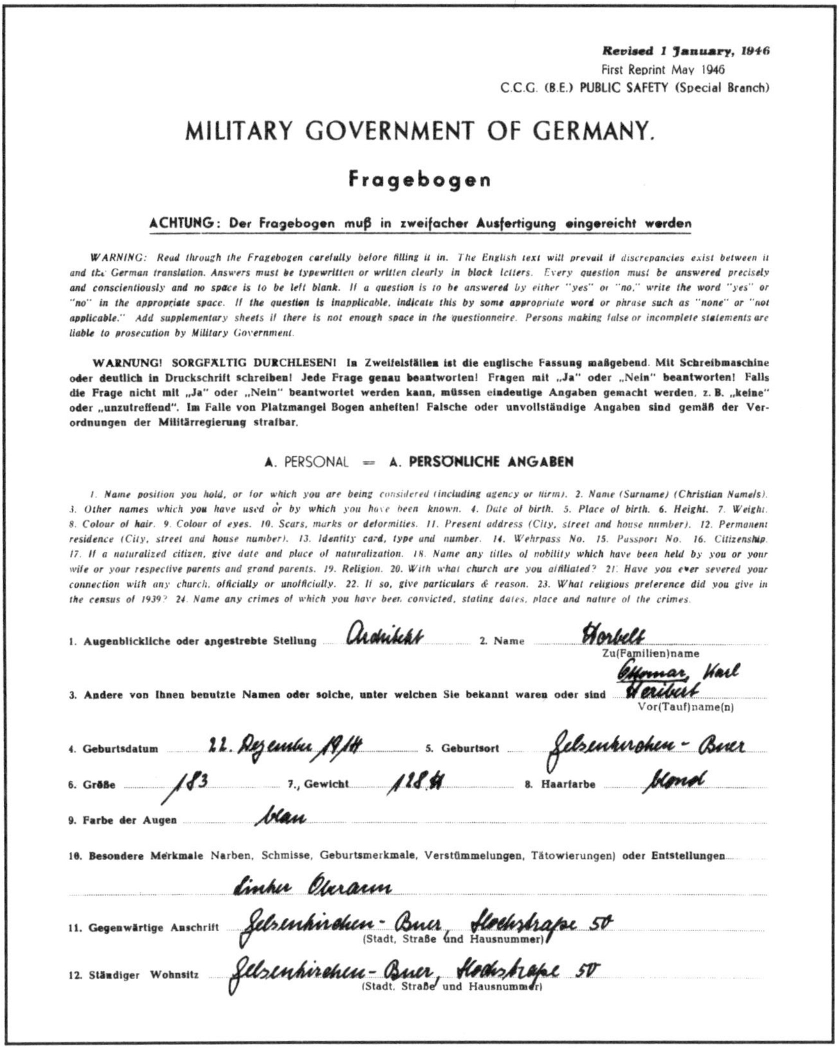

Revised 1 January, 1946
First Reprint May 1946
C.C.G. (B.E.) PUBLIC SAFETY (Special Branch)

MILITARY GOVERNMENT OF GERMANY.

Fragebogen

ACHTUNG: Der Fragebogen muß in zweifacher Ausfertigung eingereicht werden

WARNING: Read through the Fragebogen carefully before filling it in. The English text will prevail if discrepancies exist between it and the German translation. Answers must be typewritten or written clearly in block letters. Every question must be answered precisely and conscientiously and no space is to be left blank. If a question is to be answered by either "yes" or "no," write the word "yes" or "no" in the appropriate space. If the question is inapplicable, indicate this by some appropriate word or phrase such as "none" or "not applicable." Add supplementary sheets if there is not enough space in the questionnaire. Persons making false or incomplete statements are liable to prosecution by Military Government.

WARNUNG! SORGFÄLTIG DURCHLESEN! In Zweifelsfällen ist die englische Fassung maßgebend. Mit Schreibmaschine oder deutlich in Druckschrift schreiben! Jede Frage genau beantworten! Fragen mit „Ja" oder „Nein" beantworten! Falls die Frage nicht mit „Ja" oder „Nein" beantwortet werden kann, müssen eindeutige Angaben gemacht werden, z. B. „keine" oder „unzutreffend". Im Falle von Platzmangel Bogen anheften! Falsche oder unvollständige Angaben sind gemäß der Verordnungen der Militärregierung strafbar.

A. PERSONAL = **A. PERSÖNLICHE ANGABEN**

1. Name position you hold, or for which you are being considered (including agency or firm). 2. Name (Surname) (Christian Name(s). 3. Other names which you have used or by which you have been known. 4. Date of birth. 5. Place of birth. 6. Height. 7. Weight. 8. Colour of hair. 9. Colour of eyes. 10. Scars, marks or deformities. 11. Present address (City, street and house number). 12. Permanent residence (City, street and house number). 13. Identity card, type and number. 14. Wehrpass No. 15. Passport No. 16. Citizenship. 17. If a naturalized citizen, give date and place of naturalization. 18. Name any titles of nobility which have been held by you or your wife or your respective parents and grand parents. 19. Religion. 20. With what church are you affiliated? 21. Have you ever severed your connection with any church, officially or unofficially. 22. If so, give particulars & reason. 23. What religious preference did you give in the census of 1939? 24. Name any crimes of which you have been convicted, stating dates, place and nature of the crimes.

1. Augenblickliche oder angestrebte Stellung Architekt 2. Name Horbelt
Zu(Familien)name

3. Andere von Ihnen benutzte Namen oder solche, unter welchen Sie bekannt waren oder sind Ottomar, Karl Heribert
Vor(Tauf)name(n)

4. Geburtsdatum 22. Dezember 1914 5. Geburtsort Gelsenkirchen-Buer

6. Größe 183 7., Gewicht 128 8. Haarfarbe blond

9. Farbe der Augen blau

10. Besondere Merkmale Narben, Schmisse, Geburtsmerkmale, Verstümmelungen, Tätowierungen) oder Entstellungen
linker Oberarm

11. Gegenwärtige Anschrift Gelsenkirchen-Buer, Hochstraße 50
(Stadt, Straße und Hausnummer)

12. Ständiger Wohnsitz Gelsenkirchen-Buer, Hochstraße 50
(Stadt, Straße und Hausnummer)

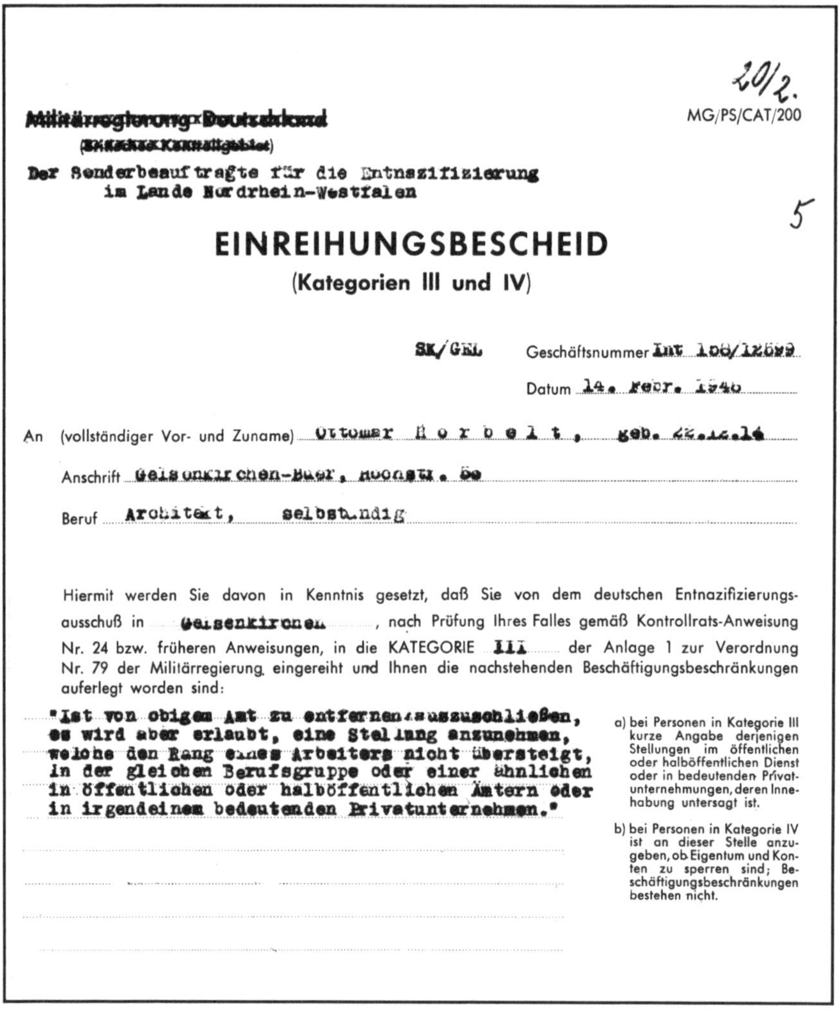

20/2.

MG/PS/CAT/200

~~Militärregierung Deutschland~~
~~(Britisches Kontrollgebiet)~~

Der Sonderbeauftragte für die Entnazifizierung
im Lande Nordrhein-Westfalen

5

EINREIHUNGSBESCHEID

(Kategorien III und IV)

SK/GEL — Geschäftsnummer Int 100/12599

Datum 14. Febr. 1946

An (vollständiger Vor- und Zuname) Ottomar H o r b e l t , geb. 22.12.14

Anschrift Gelsenkirchen-Buer, Hochstr. 56

Beruf Architekt, selbständig

Hiermit werden Sie davon in Kenntnis gesetzt, daß Sie von dem deutschen Entnazifizierungsausschuß in Gelsenkirchen, nach Prüfung Ihres Falles gemäß Kontrollrats-Anweisung Nr. 24 bzw. früheren Anweisungen, in die KATEGORIE III der Anlage 1 zur Verordnung Nr. 79 der Militärregierung eingereiht und Ihnen die nachstehenden Beschäftigungsbeschränkungen auferlegt worden sind:

"Ist von obigem Amt zu entfernen/auszuschließen, es wird aber erlaubt, eine Stellung anzunehmen, welche den Rang eines Arbeiters nicht übersteigt, in der gleichen Berufsgruppe oder einer ähnlichen in öffentlichen oder halböffentlichen Ämtern oder in irgendeinem bedeutenden Privatunternehmen."

a) bei Personen in Kategorie III kurze Angabe derjenigen Stellungen im öffentlichen oder halböffentlichen Dienst oder in bedeutenden Privatunternehmungen, deren Innehabung untersagt ist.

b) bei Personen in Kategorie IV ist an dieser Stelle anzugeben, ob Eigentum und Konten zu sperren sind; Beschäftigungsbeschränkungen bestehen nicht.

werkschafter als Vorsitzendem und zwölf Mitgliedern, die alle politischen Parteien in der Stadt und die freien Berufe vertreten sollten. Der Beirat machte der Militärregierung Vorschläge zur »Einreihung« der belasteten Personen. Diese erhielten daraufhin einen Einreihungsbescheid.

Grundlage hierfür war das »Gesetz zur Befreiung von Nationalsozialismus und Militarismus« vom 5. März 1946, das im wesentlichen in die Anordnung Nr. 38 des alliierten Kontrollrates vom 12. Oktober 1946 einging und damit für alle Besatzungszonen verbindlich wurde. Danach wurden belastete Personen in fünf Kategorien der Verantwortlichkeit eingestuft:

Kategorie I: Hauptschuldige
Kategorie II: Schuldige (Aktivisten, Militaristen, Nutznießer)
Kategorie III: Minderbelastete (mit Bewährungsmöglichkeiten)
Kategorie IV: Mitläufer
Kategorie V: Unbelastete Personen (solche Personen, die in den oben genannten Kategorien eingestuft sind und die vor einem Gerichtshof ihre Unschuld beweisen können).

In der Anordnung wurde genau definiert, wer als Hauptschuldiger, Schuldiger oder Mitläufer anzusehen war. Aber es würde zu weit führen, dies hier alles aufzulisten. Es waren auch die einzelnen Strafmaßnahmen aufgeführt, die gegen belastete Personen zu ergreifen möglich waren. Sie reichten von Geldzahlungen an die Opfer des Nationalsozialismus bis hin zur Todesstrafe.

Als Beispiel ist auf den vorhergehenden Seiten der Fragebogen und der Einreihungsbescheid meines Vaters abgedruckt.

Ottomar war kurz nach Kriegsende von den britischen Truppen verhaftet worden und saß als Mitglied der SS, einer als verbrecherisch eingestuften Organisation, im Internierungslager Eselheide.

Zwar mußte mit empfindlichen Strafen rechnen, wer in seinem Fragebogen oder bei der mündlichen Anhörung falsche Aussagen machte, aber man konnte eben auch mit bewußt diffus gehaltenen Angaben gewisse Tatbestände verschleiern. So nannte Ottomar die »SS-Leibstandarte Adolf Hitler«, bei der er in Diensten gestanden hatte, schlicht als Antwort auf Frage 29 »Verfügungstruppe«, was immer das heißen mag. Und viele Einzelheiten seiner militärischen und Partei-Laufbahn waren ihm »entfallen«.

Es gelang ihm, in die Kategorie III eingestuft zu werden: ein Minderbelasteter mit Bewährungsmöglichkeiten. Er wurde zu einer Geldstrafe verurteilt.

Nach seiner Entlassung aus der Internierung legte er gegen seinen Einreihungsbescheid Widerspruch ein und hatte auch damit Erfolg. Fortan war er nur noch »Mitläufer«. Geholfen hat ihm dabei wohl auch ein sogenannter »Persilschein«, ein schriftliches Entlastungszeugnis, das ihm der Polizeipräsident von Münster ausgestellt hatte, der mit ihm zusammen interniert war. Diese »Persilscheine« erhielt damals, wer sie brauchte, bei Pfarrern, bei politisch oder rassisch Verfolgten, bei Vorgesetzten, bei Untergebenen, bei Geschäftspartnern... Als Gegenleistung waren Lebensmittel beliebt, aber auch Zigaretten.

Eidesstattliche Erklärung.

Jch, der Heinz Manger, geb am 18.8.97. erkläre hiermit in Kenntnis der Bedeutung einer Eidesstattlichen Erklärung folgendes an Eides Statt:

Während der Zeit meiner Amtstätigkeit als Pol.-Präs. in Münster, Westf. habe ich weisungsgemäss die sich noch in der Heimat befindlichen Angehörigen der Allg. SS, da seit Ausbruch des Krieges kein SS-Dienst stattfand, zur Dienstleistung im Luftschutz herangezogen und verpflichtet. Innerhalb der allg. SS wurde während des Krieges lediglich eine Fürsorgliche Betreuung der sich im Lazarett befindlichen Angehörigen der allg. SS sowie von Hinterbliebenen von SS-Männern durchgeführt. Für diese Aufgaben waren Betreuer eingesetzt, deren Tätigkeit im Bereich der 19. SS Standarte ab 1943 von mir im Auftrage des Höheren SS- und Pol.-Führers überwacht wurde.

Jch kann somit bestätigen, dass der ehemalige SS-Uscha Ottomar Herbelt, geb. am 22.12.1914, im Kriege keinen Dienst in der allg. SS geleistet hat.

Vorstehende Unterschrift des Heinz Manger, geb. am 18.8.97. wurde heute vor der Rechtsabtlg. des 7. C.I.C. geleistet.

Der Leiter der Rechtsabtlg.

Eselheide, 20. Mai 1947.

Heinz Manger.

Der Historiker Rolf Steininger schreibt dazu in seiner »Deutschen Geschichte«:
»Einmal in deutschen Händen, entartete die Entnazifizierung zur Produktion von Mitläufern. Jetzt ging es nur noch darum, die Masse der

Betroffenen möglichst schnell zu rehabilitieren und in ihre alten Positionen zurückzubringen.«
Das ist richtig, wenn man die Entnazifizierung aus heutiger Sicht betrachtet. Für die Menschen damals war es erstaunlich, in den Zeitungen von den vermeintlichen »Taten« der Entnazifizierungsausschüsse zu lesen.
Da wurden im Zuge der Entnazifizierung in Solingen auf Befehl der Militärregierung 31 Gastwirtsbetriebe, 4 Konditoreien, 6 Metzgereien und 2 Lebensmittelgeschäfte von »Nazi-Aktivisten« geschlossen. In nahezu jeder Berufsgruppe fanden die Ausschüsse solch gesuchte Aktivisten. Manche von ihnen wurden bestraft.
In Gelsenkirchen erregten besonders die Prozesse gegen den SS-Mann König, gegen den SA-Folterknecht Pukrop und seine Schlägertruppe und gegen den Ortsgruppenleiter Kasper aus Hassel Aufsehen.
Auch für die Verfahren gegen die in den Internierungslagern Einsitzenden, die nicht als Kriegsverbrecher angeklagt waren, sollten ab 1947 deutsche Spruchkammern zuständig werden.
Solche Internierungslager waren in der britischen Zone in Sandbostel, Fallingbostel, Recklinghausen, Paderborn, Neuengamme und Eselheide. Interniert waren dort neben Zivilisten, wie gesagt, Angehörige der in Nürnberg für verbrecherisch erklärten Organisationen (SS, SA, Gestapo usw.). Diese Lager füllten sich zusehends, dank auch der Tätigkeit der Entnazifizierungsausschüsse, in Paderborn waren bis zu 10000 Personen untergebracht. Den Internierten ging es nicht schlecht. Sie pflegten, besonders wenn sie Angehörige der SS waren, die Kameradschaft. Mußten zwar arbeiten, wurden aber hervorragend verpflegt, besser als die hungernden Menschen in der Freiheit. 1946 bekamen sie 1250 Kalorien täglich, Kranke unter ihnen sogar fast 3000. Sie durften Pakete empfangen, bisweilen auch Besuch. Ich habe meinen Vater einmal gemeinsam mit meiner Mutter und meinem Großvater in Eselheide besucht. Wenn ich ihn auch selbst nicht zu Gesicht bekam, von Not habe ich in dem Lager nichts gesehen.
Im Herbst 1947 werden die ersten 7500 der etwa 27000 Internierten in der britischen Zone auf Ehrenwort entlassen, darunter auch mein Vater. Wen wundert es, daß einige der zur Freilassung Anstehenden lieber im Lager bleiben wollten, als es mit den schwierigen Lebensbedingungen in Deutschland aufzunehmen?

Die Bildung von Entnazifizierungsausschüssen war nicht die einzige Maßnahme, die die Alliierten zur Ausrottung des Nazismus in Deutschland ergriffen. Natürlich nicht.
Was Marschall Schukow bereits 1945 für die sowjetische Besatzungszone angeordnet hatte, wurde als Befehl Nr. 4 des alliierten Kontrollrates im Mai 1946 auch für die anderen Zonen verfügt: Literatur und Werke nationalsozialistischen und militaristischen Charakters wurden eingezogen. Innerhalb von zwei Monaten sollten Büchereien, Buchhandlungen und Verlage »alle Bücher, Flugschriften, Zeitschriften, Zeitungssammlungen, Alben, Manuskripte, Urkunden, Landkarten, Pläne, Gesang- und Musikbücher..., welche nationalsozialistische Propaganda, Rassenlehre und Aufreizung zu Gewalttätigkeiten... enthalten«, abliefern. Viele öffentliche Büchereien hatten schon aus eigenem Antrieb die Nazi-Literatur ausgemerzt, und das war in manchen Fällen mehr als ein Drittel des Bestandes.
Bei Büchern, die unter der Lizenz der Militärbehörden in kleinen Auflagen neu erscheinen durften (meist Kochbücher), war Frakturschrift oder »deutsche Schrift« verboten. Wir haben darüber berichtet.
Filmtheater und -verleihe mußten Nazi-Filme, Diapositive und Lichtbildreihen abgeben.
Alle nationalsozialistischen und militaristischen Denkmäler waren bis zum 1. Januar 1947 zu zerstören, entsprechende Museen und Gedenkstätten aufzulösen.
Von den ersten Kommunal- und Landtagswahlen waren Nazis und »belastete Personen« ausgeschlossen.
Mit dem Gesetz Nr. 52 verfügte die Militärregierung die Beschlagnahme des Vermögens und des Eigentums »der Nazipartei, ihrer Mitglieder, ihrer Agenten und der von ihr betreuten Organisationen«.
Auch die Straßen wurden entnazifiziert. Der Gelsenkirchener Haupt- und Finanzausschuß beschloß im Frühjahr 1946 die Umbenennung von 51 Straßen und Plätzen, die die Namen von Militaristen und Nazi-Größen trugen. Aus dem »Adolf-Hitler-Platz« wurde der »Rathausplatz«, aus der »Gorch-Fock-Straße« die »Hölderlinstraße«, aus der »Schlageterstraße« die »Heinrich-Heine-Straße«. Der Lokalchef der »Westfälischen Rundschau« schlug in einer Glosse vor, den Straßen lieber »zeitgemäße« Namen zu geben wie »Schwarzmarktplatz«, »Kleinverteilerallee«, »Nährmittelstraße«, »Bezugsscheingasse«, »Kalorienweg«

oder »Fettabzugsgraben«. Und selbst »am Mann« sollte die Entnazifizierung, wenn auch nicht auf Anordnung der Alliierten, vollzogen werden. In Kleinanzeigen boten kosmetische Institute ihre Dienste an: »Entferne ohne Operation Tätowierungen...« Ihre Kunden — vor allem SS-Angehörige, denen unter dem Arm die Blutgruppe eintätowiert war. Dies ist übrigens gemeint, wenn in den Papieren meines Vaters als »besonderes Kennzeichen« »linker Oberarm« vermerkt ist. Und an diesem Kennzeichen hatten alliierte Soldaten zahlreiche SS-Männer identifiziert, die versucht hatten, als Zivilisten unterzutauchen.
Die deutsche Bevölkerung war mit den Ergebnissen der Entnazifizierung vielfach unzufrieden. Nazi-Verbrechen blieben ungesühnt, weil Staatsanwälte und Spruchkammern der Meinung waren, sie seien »verjährt«. Viele Geschäftsleute, Industrielle, aber auch Richter und Beamte, die Nazis waren, blieben unbehelligt.
An Nazi-Organisationen wie dem Reichsnährstand »Blut und Boden« ging die Entnazifizierungswelle fast spurlos vorüber. Auf den Briefköpfen wurde das Hakenkreuz und das »Blut und Boden« ausgeschwärzt. Ansonsten blieb alles beim alten. Die Organisationsstrukturen des Reichsnährstandes und seiner Versorgungsverbände wurden mit in die Nachkriegszeit hinübergenommen. In den Dörfern residierten dieselben Ortsbauernführer wie während der braunen Diktatur. In neugeschaffene Organisationen wie die des Kartoffelwirtschaftsverbandes Westfalen wurden durch die »Hintertür« Repräsentanten der nationalsozialistischen Wirtschaftspolitik wieder auf ihre alten Posten gehievt. Der Leiter des Viehwirtschaftsverbandes der Provinz Hannover, Dr. Pflaumbaum, war von den Nazis wegen seiner »außergewöhnlichen Verdienste um die Kriegsernährungswirtschaft« mit dem Großkreuz des Kriegsverdienstkreuzes dekoriert worden. Der Leiter des Ernährungsamtes in Gelsenkirchen war Parteigenosse gewesen.
1946 begannen die Nazis auch bereits wieder aktiv zu werden. In Unna war das Gut eines ehemaligen Kreisbauern- und SS-Führers zu einem geheimen Treffpunkt geworden. Ebenfalls in Unna wurde von der Militärpolizei ein »Tanzklub« ausgehoben, in dem regelmäßig einstige Nazigrößen zusammenkamen. In Süddeutschland wurde eine fünfzehnköpfige Bande verhaftet, die Attentate auf Spruchkammern unternommen hatte. Ihr Anführer — der ehemalige SS-Sturmbannführer Kabus. Bei ihm wurde ein ganzes Waffenarsenal gefunden.

Im Februar 1947 und noch einmal im März werden in einer konzertierten Aktion der Militärpolizei in der britischen und amerikanischen Zone mehr als 120 Mitglieder einer Nazi-Untergrundbewegung verhaftet, die die »Wiederherstellung eines totalitären Regimes in Deutschland« zum Ziel hatte. Unter den Verhafteten: hohe SS-Offiziere und SA-Führer.

Im Juli 1947, als es wieder einmal wenig zu essen gibt, wimmeln die Lebensmittelkarten von Hakenkreuzen. Ein Dummejungenstreich? Offenbar gab es in Deutschland einen Nährboden für solche »Meinungsäußerungen«.

Noch einmal die Schriftstellerin Irmgard Keun in einem Brief an Hermann Kesten:

»Leute, die angeblich früher keine Nazis waren, erklären... offen, sie seien jetzt auf dem besten Wege, Nazis zu werden. Die Logik ist unklar. Wenn's mir schlecht geht, ist das ja schließlich keine Veranlassung, nachträglich mit einem entlarvten notorischen Lustmörder zu sympathisieren.«

Und der Gewerkschaftsfunktionär Hermann Zilles in einer Rede zur Ernährungslage:

»Hören wir nicht heute oft die Bemerkung, bei Hitler hatten wir mehr zu essen? Wissen denn die Menschen, die so etwas sagen, nicht, daß sie nur deshalb mehr zu essen hatten, weil das anderen Völkern gestohlen wurde. Haben denn diese deutschen Menschen jedes Gefühl für Recht und Anstand verloren...?«

In Deutschland mehren sich die Stimmen, die sich gegen die Entnazifizierung und deren Durchführungspraxis wenden. Martin Niemöller, damals Kirchenpräsident von Hessen-Nassau, »sieht in der Art der Entnazifizierungsverfahren die Keimzelle für Denunziantentum, Sippenhaft und soziales Elend, ohne daß dabei der Nationalsozialismus mit gesetzlichen Mitteln beseitigt worden sei«.

Auf einer Kundgebung der Deutschen Zentrumspartei erklärt der Sozialminister von Nordrhein-Westfalen, Amelunxen, 1947:

»Mein reiflich überlegter Vorschlag geht dahin, das gesamte Entnazifizierungsverfahren mit sofortiger Wirkung einzustellen. Das verlangt die Gerechtigkeit, die Menschlichkeit und namentlich die politische Vernunft. Das verlangen die Ziele, welche die Militärregierung sich gesetzt hat. Irgendein Nachteil für die gesunde demokratische Entwicklung unseres Volkes ist von der Einstellung der Entnazifizierung nicht zu befürchten.«

Justizminister a. D. Sträter-Soest fordert im selben Jahr auf einem Zonenparteitag der CDU eine Reform der Entnazifizierung. Bestraft werden soll nur noch, wer während des »Dritten Reiches strafbare Handlungen und Verbrechen gegen die Menschlichkeit begangen« hat und »die Politik militärischer Gewalt durch strafbare Handlungen gedeckt und unterstützt« hat und dessen überführt wird:

»Die Spaltung des Volkes, die aus einer falschen Entnazifizierung zu erwachsen droht, ist verhängnisvoll... Der Mensch hat ein Recht darauf, sich zu irren. Der Irrtum, wenn er in gutem Glauben begangen und nach Erkenntnis der Fehler entschieden aufgegeben wird, kann nicht mit Strafe belegt werden.« Sagt er und warnt vor dem »Faschismus der Antifaschisten«.

Solche Überlegungen finden Eingang in ein neues Entnazifizierungsgesetz, das der Landtag von Nordrhein-Westfalen 1948 mit den Stimmen von CDU und Zentrum gegen FDP und KPD bei Stimmenthaltung der SPD beschließt.

Die US-Amerikaner hatten zu diesem Zeitpunkt längst eingesehen, daß ihre Politik der Entnazifizierung gescheitert war. Bereits 1945 soll US-General Patton — so Bernt Engelmann — in Bad Tölz erklärt haben: »Die Entnazifizierung hemmt den Aufbau...« und »man brauche die alten Fachleute, ... das ganze Problem sei ohnehin eine maßlose Aufbauschung«.

Der Historiker Rolf Steininger:

»Die Entnazifizierung war längst zur Farce geworden, als sie Anfang 1948 angesichts des völligen Wandels der öffentlichen Meinung in den USA von General Clay liquidiert wurde. Der amerikanische ›Kreuzzug in Europa‹ wurde jetzt nicht mehr gegen die Nazis, sondern gegen die Kommunisten geführt. Als die Entnazifizierung offiziell für beendet erklärt wurde, geschah dies zu einem Zeitpunkt, zu dem man gerade das ganze Heer der kleineren Parteigänger durch die Prozedur der Spruchkammer geschickt hatte, während die eigentlich Verantwortlichen, ... die man sich aus arbeitstechnischen Gründen bis zuletzt aufgespart hatte, nunmehr unbeschadet blieben.«

Die ehemaligen Nationalsozialisten kehrten wieder auf ihre alten Posten zurück, kamen auch wieder zu Würden. Man brauchte sie, hatten

sie sich doch im Kampf gegen den Kommunismus bewährt. Industrielle und Künstler, Architekten und Rechtsanwälte, Ärzte, Lehrer und Lebensmittelhändler.
Mit Einführung des Paragraphen 131 in das Grundgesetz für die Bundesrepublik Deutschland ließ die Regierung Konrad Adenauers auch die Beamten, die schon dem Herrn Hitler so treu gedient hatte, wieder zu Amt und Pension kommen. Eugen Kogon 1954:
»Die stille, allmähliche, schleichende, unaufhaltsame Wiederkehr der Gestrigen scheint das Schicksal der Bundesrepublik zu sein. Angetan mit alten und neuen Gesetzesmänteln der Gerechtigkeit, lassen sie sich einzeln auf den hohen, reihenweise auf den mittleren Sesseln der Verwaltung, der Justiz und der Verbände nieder. In der Wirtschaft halten sie ohnehin nicht erst seit heute die Hebel in ihren sicheren, ach so zuverlässigen, so welterfahrenen, so angesehenen Händen.«
Und heute? Verbrecherische Nazi-Organisationen führen Kameradschaftstreffen durch, vor Nazi-Denkmälern werden Kränze niedergelegt, und unsere Flohmärkte sind voll von Nazi-Literatur, Nazi-Orden, Nazi-Emblemen und Nazi-Kinderspielzeug.

Wie Tante Lina nach Würzburg schrieb und ein Paket aus Amerika bekam

Also wirklich! Das muß zu Tante Linas Ehrenrettung gesagt werden. Solche Gefühle wie Neid oder Mißgunst waren Tante Lina fremd. Und alle, die sie gekannt haben, werden das bestätigen. Neid und Mißgunst — das würde zu Tante Lina auch gar nicht passen.

Allerdings — es gab da ein Ereignis, das dann doch dazu führte, daß das allzu Menschliche in Tante Lina hervorbrach, daß sie bestimmte Gefühle nicht mehr zu verbergen wußte. Und dieses Gefühl muß, so leid mir es tut, »Neid« genannt werden. Wenn ich auch sicher bin, daß sie sich dieser übertriebenen und durch nichts zu rechtfertigenden Gefühlsäußerung später sehr geschämt haben wird.

Es war an einem Oktobertag des Jahres 1946. Tante Lina putzte Fenster, soweit das mit klarem Wasser und einem für diesen Zweck eigentlich viel zu wertvollem Stück Zeitungspapier überhaupt möglich war, da kam die Frau Wellpott von gegenüber wie eine Dampfmaschine die Straße entlanggewalzt mit einem Riesen-Paket, das sie auf einem Bollerwagen hinter sich herzog. Und winkte und schrie, gefolgt von einer Schar Kinder, die johlend den Wagen umtanzten.

Die Frauen der Nachbarschaft und auch Tante Lina kamen, angezogen von dem Lärm und neugierig natürlich, aus ihren Häusern, halfen das Paket vom Handkarren heben und in die Wellpottsche Küche tragen. So hilfsbereit waren die sonst nie, die Frauen. Mochten keinen Finger rühren, wenn nachbarschaftliche Unterstützung gefordert war.

Das Paket wurde auf den Küchentisch gestellt. Und dann mußten die Frauen erst einmal einen Vortrag der vor Glück strahlenden Wellpottschen über sich ergehen lassen.

Von der Arbeiterwohlfahrt hatte sie das Paket bekommen, eines der ersten aus Amerika eingetroffenen »Liebespakete«.

»Gesprochen wird das Ding ›Kär-Paket‹, nicht Karree-Paket oder gar Caritas-Paket!« belehrte sie die Frauen.

Vierzig Pfund schwer sollte es sein und vierzigtausend Kalorien enthalten. Und wer wollte, durfte das Paket mal anheben.

Aber dann ging's ans Auspacken. Was da alles zum Vorschein kam! Es war wie in einem Märchen.
Schinken in Scheiben, Corned beef, Rinderpökelfleisch, Schweinefleisch, Mais, lauter Dosen, Kekse, Zucker, Schokolade, Erdnüsse, Kuchen, Plumpudding und Feigenpudding, Marmelade, Bohnenkaffee, Kakao, Milchpulver, Käse, Zigaretten...
Und von den Ananasstücken aus einer Dose mit englischer Aufschrift durfte jeder einmal probieren.
»Schmeckt das nicht wunderbar, ist das nicht himmlisch«, sagten die Frauen zueinander, als sie sich zögernd auf den Heimweg machten und die Wellpottsche in ihrer Küche mit ihrem Glück alleine ließen.
Nicht, daß Tante Lina der Wellpottschen das Paket nicht gegönnt hätte. Die konnte das sicher gut gebrauchen. Sie und ihre große Familie, die konnten sich endlich mal wieder satt essen.
Aber da war es dann, jenes Gefühl in Tante Linas Magengegend. Das bohrte in ihr, schon als sie die Haustür hinter sich zumachte. Mit Fensterputzen war nichts mehr. Und das quälte sie dieses Gefühl, tagelang.
Es gab da allerlei Legenden um die CARE-Pakete, die aus den fernen USA von einer Organisation verschickt wurden, die sich Cooperative for American Remittances to Europe nannte und im Dezember 1945 als Zusammenschluß amerikanischer Wohlfahrtsorganisationen gegründet worden war. Tante Lina hatte davon in der Zeitung gelesen.
So sollte sich in einem der Pakete nur ein riesiger Stein befunden haben, in einem anderen eine goldene Uhr, in einem dritten gar eine Schreibmaschine. Je nachdem, wie gering oder hoch die Absender in den USA die ehemaligen Feinde und baldigen Verbündeten in Deutschland einschätzten.
Es machte in jenen Tagen auch eine Geschichte die Runde, deren Glaubhaftigkeit zumindest aus heutiger Sicht bezweifelt werden muß. Da hatte ein Handwerksmeister aus Erding bei München ein Päckchen von seinen Verwandten aus den USA erhalten. Suppenwürfel, so vermuteten der wackere Bayer und seine Frau nach langem Rätselraten, würde das Päckchen enthalten. Neben der milden Gabe lag ein Zettel »Brief folgt«. Der Inhalt des Päckchens wanderte in die Küche, die Suppe daraus aber schmeckte nicht.
Der nachfolgende Brief brachte die Aufklärung: Die vermeintlichen Suppenwürfel waren die Asche der in Amerika verstorbenen Großmut-

ter, deren letzter Wunsch es war, in Deutschland begraben zu liegen. Ja, ja, solche Geschichten standen in den Zeitungen, und das nicht zu Silvester oder Karneval oder zum 1. April.
Aber nun hatte Tante Lina ein CARE-Paket mit eigenen Augen gesehen. Dosen, Tüten, Kartons...
Dosen aus dem Schlaraffenland Amerika.
Und nach dem Neid auf die Wellpottsche, die so Wundervolles aus der Ferne geschickt bekommen hatte, entstand der Wunsch, nein, die Gier in ihr, auch Dosen und Tüten und Schachteln mit so märchenhaftem Inhalt zu besitzen. Und sie spürte den Geschmack von Ananas auf der Zunge, immer, wenn sie an dieses verflixte Paket dachte. Wochen später noch, als der Paketinhalt schon lange in den Wellpottschen Bäuchen verschwunden war: Ananas!!
Dabei war es gar nicht so schwer, an ein solches Paket zu kommen. Die Verwandten in Amerika mußten nur unter Angabe der Empfängeranschrift fünfzehn Dollar bei irgendeiner Bank einzahlen, und die CARE-Stellen in Amerika würden ein Paket zusammenstellen, dessen Inhalt in Deutschland hochwillkommen wäre. Und fünfzehn Dollar! Was war das schon? Für einen Amerikaner!
Obwohl gesagt werden muß, Tante Lina glaubte durchaus nicht, was viele Deutsche in dieser Zeit taten, daß alle US-Amerikaner reich oder auch nur begütert wären.
Mußten... würden... wäre...!
Es gab keine Verwandten in Amerika, in den Staaten. Das war der Punkt! Tante Lina hatte keine, Kuszmierz hatte keine, die Varenholts nicht, nicht Fabrizius, nicht Kabitz, und die Hellwigs schon gar nicht. Verwandte hatte Tante Lina nur in der von den Amerikanern, den Amis besetzten Zone Deutschlands.
Oft sind es die »niederen Gefühle«, die ungeahnte Kräfte in uns wachrufen. War es die Gier, die in Tante Lina wütete, die sie einen verwegenen Plan schmieden ließ? Wer will das heute sagen...
Tante Lina schrieb einen Brief in die amerikanische Zone, nach Würzburg. Dort lebte ein Neffe soundsovielten Grades von ihr. Ein gewisser Beck, von Beruf Zahnarzt. Der wiederum war verheiratet, und die Schwester seiner Frau arbeitete als Dolmetscherin für die amerikanischen Militärbehörden. Ein bißchen kompliziert das Ganze, aber das sind verwandtschaftliche Verhältnisse in meiner Familie allemal.

Nun war es 1946 nicht ganz einfach (und ungefährlich), Briefe zu schreiben. Zwar war Briefpostverkehr zwischen den verschiedenen Besatzungszonen bereits seit dem 24. Oktober 1945 wieder möglich, aber die Alliierten hatten das Recht, die Post zu öffnen und zu zensieren. Und mit dieser Möglichkeit hatte man zu rechnen.
Also mußte Tante Lina das seltsame Ansinnen, das sie an die ferne angeheiratete Verwandtschaft stellte, mühsam verschlüsselt mitteilen. Wobei sie nicht sicher sein konnte, auch verstanden zu werden.
Leider ließ sich bei unseren Nachforschungen der Brief Tante Linas nicht mehr auffinden.
Böse Zungen behaupten, Tante Lina habe sich zur »Codierung« gewisser Andeutungen gar der Heiligen Schrift bedient. Was ich nicht glauben kann und will.
Tatsache freilich ist, daß einige Zeit danach ein US-amerikanischer Soldat, ein baumlanger Neger, an Tante Linas Haustür klingelte, sie mit strahlend weißen Zähnen anlachte, Uwe Kaugummi, ihr selbst eine Stange Camel und eine Dose Pulverkaffee schenkte und ihr einen Brief aus Würzburg aushändigte.
Der Gast wurde von Tante Lina noch fürstlich bewirtet, bevor er sich zu weiteren Amtsgeschäften nach Münster begeben mußte. Denn er hatte gebracht, was Tante Lina so sehr ersehnt: eine Liste mit Heimatadressen amerikanischer Soldaten, wohl unwissend, was er da transportierte. Woher die Schwester der Frau des Neffen von Tante Lina diese Adressen besorgt hatte, muß im dunklen bleiben, ist auch nicht wichtig.
Was nun folgte, machte Tante Lina zur Pionierin des wiedererwachenden deutschen Postverkehrs mit dem Ausland, will sagen, des internationalen Postverkehrs. Auch dieser Postverkehr mit »Übersee« war seit April 1946 wieder möglich, wurde aber wenig genutzt. Tante Lina nutzte.
Sie setzte einen Bittbrief auf, einen Formbrief an alle, die in Boston, New York, San Franzisko und den vielen anderen Städten im fernen Amerika angeschrieben werden sollten.
Von Hunger wird dieser Brief erzählt haben, von Armut und Elend und kranken Kindern in einem kleinen Land mitten in Europa. Ein Land, dessen Bewohner nicht alle Faschisten gewesen waren. Ein Land, in dem Kinder lebten, die man nicht verantwortlich machen durfte für das, was ihre Eltern an Schrecken über die Welt gebracht hatten.

Und vieles mehr. Und natürlich die Bitte. Eine Bitte um fünfzehn Dollar. Und Adressen natürlich. Die von Kuszmierz, von den Varenholts, den Hellwigs, von Fabrizius und Kabitz und ihre eigene natürlich.
Ein Problem war noch die Sprache.
Keiner von den genannten war der englischen Sprache mächtig. Renate mußte her, meine Mutter. Ihren eigenen Angaben zufolge will sie Tante Linas Bittbrief ins Englische übertragen haben, was mir rätselhaft erscheint, da sie bis heute diese Sprache nicht sprechen, geschweige denn schreiben kann, obwohl sie das immer wieder behauptet und auf dringliche Bitten hin sogar Kostproben eines kaum deutbaren Kauderwelschs zu geben bereit ist.
Also Renate mußte den Brief übersetzen und zwölfmal abschreiben, denn dreizehn Adressen in verschiedenen US-amerikanischen Städten waren Tante Lina geschickt worden.
Tante Linas Organisationstalent konnte sich wieder einmal beweisen. Die Post nach Übersee mußte »breit gestreut« werden. (Sie wird von »dislozieren« gesprochen haben, das war eines ihrer Lieblingsworte, obwohl sie eine überzeugte Pazifistin war.)
Es war damit zu rechnen, daß einige Briefe verschwinden, andere von den Behörden kassiert würden, was möglicherweise noch die Polizei und das englische Militär als für solche, dem Verrat gleich kommenden Delikte zuständig, ins Haus bringen könnte. Andere würden ohne Antwort, sprich: Paket bleiben.
Die Briefe wurden (eine Sammelaktion unter den Hausbewohnern) mit 75-Pfennig-Marken frankiert, mit Anschrift und Absender versehen, der Provinz, Postleitzahl, der Besatzungszone und dem Wort »Deutschland«; nicht vergessen durfte man die Sprache, in der er geschrieben war: »English«.
Und dann hieß es warten. Viele, viele Wochen vergingen. Kuszmierz hatte bereits selbst ein CARE-Paket als Bergarbeiter zugeteilt bekommen, da erhielt Tante Lina die Nachricht, für sie wäre ein Paket eingetroffen. Beim Zoll könnte sie das abholen.
Die Bestimmungen bei Erhalt von Geschenksendungen aus dem Ausland waren inzwischen drastisch verschärft worden. Alles, was den Wert von hundert Mark überstieg, mußte verzollt werden. Die Zigaretten, die auch in dem Paket waren, wurden beschlagnahmt.
Aber trotzdem, die Mühe hatte sich gelohnt.

Tante Lina war und blieb übrigens die einzige, die ein Paket aus den USA erhielt. Was aus den anderen Briefen geworden ist, warum gerade sie es war, die... warum nicht die anderen...? Ich weiß es nicht. Tante Lina soll den Inhalt des Paketes unter die Hausbewohner verteilt haben, auch Renate bekam ein Geschenk für ihre Arbeit: eine Dose mit Nuß-Nougat-Creme, die soll ich gegessen haben. Tante Lina selbst hat sich dem Vernehmen nach einzig eine Dose Ananas aus dem Paket genommen.

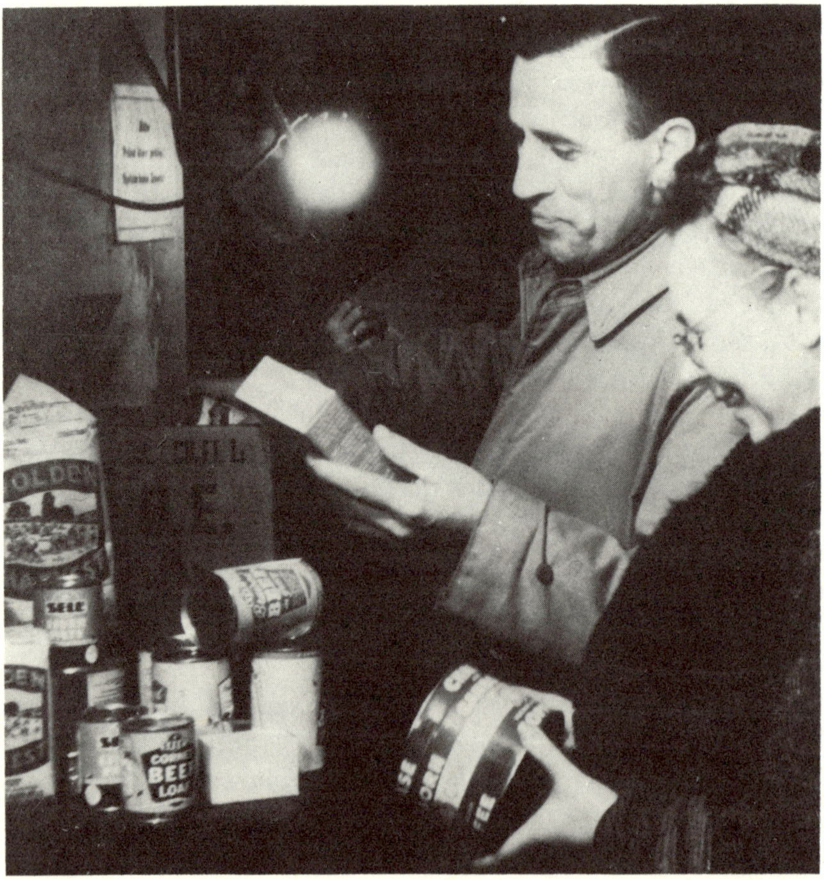

CARE-PAKETE

Für eines der ersten Programme des Düsseldorfer Kabaretts »kom(m)ödchen« dichtete Bert Markus:

»Mein Onkel Hugo schickte mir
ein Care-Paket, der Gute.
Als ich es sah, als ich es sah,
wie war mir da zumute.
Erst blähte ich mich selbst vor Stolz,
dann blähte sich mein Magen.
Als ich es aß, als ich es aß,
konnt' ich es nicht vertragen.
Hab' Dank, du altes USA-Schwein,
daß du den Speck gespendet
und Onkel Hugo, ja auch du,
daß du ihn hast gesendet.
Doch unter uns, vom deutschen Schwein
wär' mir der Speck noch lieber.
Es gibt ihn nicht, es gibt ihn nicht —
na, red'n wir'nicht darüber...«

Was hier angedeutet wird — mit dem Versenden von Päckchen offizielerseits oder von offizieller Seite unterstützt ist Ideologie verbunden. Schon Adolf Hitler versuchte mit einem »Führer-Paket«, dessen Inhalt aus dem Raub in aller Herren Länder stammte, seinen »Garanten der Zukunft« das geknickte Rückgrat zu stärken.
In den fünfziger und sechziger Jahren wurde das »Päckchen nach drüben« als »politisch wichtig« propagiert. Und die Lebensmittelsendungen nach Polen, die bis in unsere Zeit reichen, sind sicher nicht »wertfrei« zu betrachten.
Daß auch die CARE-Pakete, mit einem bestimmten Zweck verbunden, nach Deutschland geschickt wurden, zeigte sich, als neben den reinen »Liebesgaben«-Paketen aus den USA (von Verwandten und Wohlfahrtsorganisationen) CARE-Pakete an die Bergarbeiter verteilt wurden.
Die sollten nicht nur dokumentieren, was schon auf der Rückseite der Lebensmittelmarken aufgedruckt war:

»½ unserer Lebensmittelration liefern noch die USA. So helfen uns die USA, daß wir uns bald selbst erhalten können!«
Die sollten die Kohleförderung steigern. Und ihre Verteilung war an Auflagen gebunden.
In der ersten Phase sollten die Untertagearbeiter in Steinkohlegruben bedacht werden, die sechzehn Wochen lang ihr Produktionsziel erfüllten. Als Förderziel wurde für jedes Bergwerk der jeweils höchste Stand der Vierwochenproduktion seit Beginn der Besatzung festgesetzt. Stichtag war der 28. Juli 1947.
Außerdem sollten CARE-Pakete an alle Arbeiter und Angestellte des Bergwerks verteilt werden, das den Höchstsatz aller Gruben erreichen würde.
Die CARE-Pakete sollten also eindeutig der Leistungssteigerung dienen, und das hatte Gründe.
Der deutsche Export ins Ausland bestand in den ersten Nachkriegsjahren fast ausschließlich aus Kohle und Holz. Die Exportkohle wurde zum Teil als Reparationsleistung verbucht. (Es gab da eine teils abenteuerliche Buchführung.) Die Alliierten mußten also an einer hohen Förderquote von Steinkohle interessiert sein.
Alle Bemühungen, die Kohleförderung zu steigern, waren seit dem Februar 1946, dem Monat mit der bis dato höchsten Produktionsziffer nach dem Kriege, erfolglos geblieben. Über die Gründe herrschte zwischen deutschen und alliierten Stellen Einmütigkeit. Schuld war neben zu hohem Durchschnittsalter der Grubenbelegschaften, fehlenden Arbeitskräften und unzumutbaren Wohnverhältnissen der Arbeiterfamilien vor allem die unzureichende Ernährung der Bergarbeiter. Auf einen Nenner gebracht: Wer hungert, kann nicht dieselbe Arbeitsleistung erbringen, wie jemand, der gut genährt ist.
Der Hungerstreik der Ruhrbergarbeiter am 5. April 1947 hatte den letzten Ausschlag gegeben. Zwischen dem 28. Juli und dem 8. November 1947 wurden 252 940 CARE-Pakete mit je 40 000 Kalorien verteilt. Sie enthielten Büchsenfleisch, Büchsenfett, Kekse, Nährmittel, Dosenmilch, Zucker, Fruchtpudding, Büchsengemüse, Kakao, Büchsenmarmelade, Kaffeepulver, Erdnüsse in Büchsen, Büchsenkäse, Schokolade, Salzkekse und Malzmilchtabletten. Dazu Zigaretten, Streichhölzer, Seife, Salz, Papierhandtücher und Toilettenpapier.
Die zweite Phase des »Anspornprogramms« sollte in Kraft treten, wenn

eine Grube ihr Produktionsziel erreicht hatte, es beibehalten oder überschreiten konnte. Es wurde jedem Beschäftigten garantiert, daß alle ihm zustehenden Lebensmittel mit dem vollen Kalorienwert ausgeliefert würden. Und wieder gab es CARE-Pakete. In der Zeit vom 6. Oktober bis 10. Dezember 1947 kamen 632064 sogenannte C-Rationen und 609500 K-Rationen zur Verteilung, daneben Zigaretten und Bekleidungsgegenstände.

aus: »Westdeutsches Volksecho« vom 6. Januar 1948

Für die Verteilung eines dritten CARE-Paketes (vom 5. Januar bis 31. März 1948) wurde eine weitere 16prozentige Steigerung der Kohleförderung gefordert, die in Wirklichkeit eine 25prozentige sein sollte. Wieder standen C- und K-Rationen zur Verteilung bereit, Zigaretten, Kaffee und anderes mehr.
Aber die Stimmung für die CARE-Pakete war im Ruhrgebiet nicht

mehr ungeteilt. Nicht einmal mehr unter den Bergarbeitern selbst. Über das dritte CARE-Paket gab es auf der Zeche Graf Bismarck in Gelsenkirchen eine Urabstimmung. Von 1505 Belegschaftsmitgliedern lehnten 1275 das Paket ab.
Die Kumpels hatten spitzgekriegt, daß die Pakete nicht die uneigennützige Gabe waren, für die sie ausgegeben wurden, sondern teuer bezahlt werden mußten. Fünf Dollar kostete das CARE-Paket die Deutschen, nicht Reichsmark wohlgemerkt, sondern dringend benötigte Devisen. Unter der Belegschaft hatte es über die Konditionen der Zuteilung böses Blut gegeben: Die Kokereiarbeiter konnten nicht verstehen, wieso sie nicht in den Genuß der begehrten Pakete kommen sollten. Und auch außerhalb der Zechen meldeten Berufsgruppen wie die Eisenbahner Ansprüche auf Zuteilung der CARE-Pakete an.
Die Kumpels fühlten sich ausgebeutet, mit ein paar Lebensmitteln wollten sie sich ihre Gesinnung nicht abkaufen lassen.
Die Bergmannsfrauen waren mit dem Paket-Inhalt (zum Teil sogenannte »Menü-Packungen« aus der amerikanischen Heeresverpflegung) unzufrieden. »Zuviel Dosen, zuviel Blech«, sagte eine von ihnen einem Reporter der »Westfalenpost«. Die Frau hatte sich »deftigere Dinge« vorgestellt.
Die erhoffte Wirkung auf die Kohleförderung blieb weitgehend hinter den Erwartungen der alliierten Behörden (der United Kingdom/United States Coal Control Group) zurück. Nur einmal, am 8. März 1948, war die angestrebte 300 000-Tonnen-Grenze in der Tagesförderung geringfügig überschritten worden.
Manches der schwer erarbeiteten CARE-Pakete wanderte auch auf den Schwarzen Markt. Bis zu 6000 Mark brachte dem Bergmann der Verkauf eines Paketes, das dann für 9000 Mark weiterveräußert wurde. Das Geld wurde gebraucht, um dringend benötigte Waren wie Kleider- oder Anzugstoffe schwarz einkaufen zu können.

REZEPTE ZUR VERWERTUNG VON DOSENFLEISCH

Es waren nicht nur CARE-Pakete, die in den Jahren 1946—48 in Deutschland zur Verteilung kamen. Zu Weihnachten 1946 kamen Päckchen aus der Schweiz. Die Kinder erhielten sogenannte »Pazifiks«, Verpflegungspäckchen, die für die britischen Fernost-Truppen vorgesehen waren. Auch die Schweden schickten Liebesgaben.

Dosenfleisch enthielten diese Päckchen in vier hauptsächlichen Varianten: als reines Fleisch, gemischt mit Gemüse, wobei das Gemüse vorherrschte (ca. 3/4 des Inhalts), als Corned beef oder als Fleischpaste (Leberpaste, Rindfleischpaste usw.).

Bei den folgenden Rezepten ist darauf hingewiesen.

Falsche Rouladen

Zutaten: Vier Brötchen, vier Eßlöffel Dosenfleisch, eine Zwiebel, ein Teelöffel Thymian, ein Teelöffel Petersilie, Salz, Pfeffer, zwei Tassen Gemüsebrühe, ein Eßlöffel Mehl, 10 g Fett.

Die Brötchen werden halbiert und ausgehöhlt. Das weiche Brot zerpflücken und etwas anfeuchten.

Zwiebel, Petersilie und Thymian fein wiegen und mit einer Messerspitze Fett leicht anrösten. Zusammen mit dem eingeweichten Brot und dem Dosenfleisch zu einem Fleischteig verarbeiten. Würzen. Die halbierten Brötchen damit füllen, wieder zusammenlegen und mit einem Faden zusammenbinden.

Fett in eine Pfanne geben. Die Brötchen darin anbraten. Mit der Gemüsebrühe übergießen. Noch 10 bis 15 Minuten dünsten lassen. Dabei muß man darauf achten, daß die falschen Rouladen nicht zerfallen oder zu weich werden.

Mehl mit etwas Wasser anrühren. Den verbliebenen Saft damit zu einer Soße binden.

Büchsenknödel

Zutaten: Drei Brötchen oder die entsprechende Menge Brot, ein Eßlöffel gehackte Petersilie, ein Eßlöffel Grieß (oder Haferflocken), 250 g Dosenfleisch.

Altbackenes Brot oder Brötchen klein schneiden. Mit Petersilie, Grieß und dem Dosenfleisch zu einem Teig verkneten.

Etwa 20 Minuten stehen lassen, damit der Teig eine gewisse Festigkeit bekommt. Kleine Klöße formen.

In kochendes Salzwasser geben. Gar ziehen lassen. Als Beilage sind Sauerkraut oder Salat möglich.

Dosenfleischlaibchen

Zutaten: 250 g Dosenfleisch, 500 g gekochte Kartoffeln, eine Zwiebel, ein Teelöffel Thymian, etwas Fett.

Das Dosenfleisch zur damaligen Zeit mußte — um den unangenehmen Beigeschmack etwas zu neutralisieren — mit etwas Petersilie in einer Pfanne solange gedünstet werden, bis der Saft verdunstet war. Das ist bei den heutigen Fleischkonserven nicht mehr unbedingt nötig.

Die Kartoffeln fein reiben, mit Thymian, der klein geschnittenen Zwiebel und dem Dosenfleisch zu einem Teig vermischen.

Ob gesalzen werden muß, hängt von der Beschaffenheit des Dosenfleisches ab.

Kleine Laibchen formen und in einer gefetteten Pfanne oder auf einem gefetteten Backblech im Ofen backen.

Es gab Leute in den USA, die mit den Büchsen, die für die CARE-Pakete nach Deutschland bestimmt waren (oder als Einsatzrationen für die eigenen Soldaten bestimmt gewesen waren), Geschäfte machten, Geschäfte mit erheblichen Profiten.

In vielen der Büchsen, die glückliche Bergmannsfrauen aus CARE-Paketen holten und in denen sie Fleisch vermuteten, wie die Aufschrift »Braised Beef« verhieß, war nichts als Sehnen und Knochen — Abfälle. War es das, wofür die Männer hart gearbeitet hatten?

Falscher Braten

Zutaten: 450 g Konservengemüsefleisch, zwei Eßlöffel Haferflocken, ein Ei (ein Eßlöffel Trockenei), zwei gekochte Kartoffeln, ein Eßlöffel Semmelbrösel, etwas Fett.

Gemüsefleisch in eine Schüssel geben, das Ei (das Trockenei-Pulver wird, wenn vorhanden, ohne es anzurühren, dazugegeben), die Haferflocken und die Kartoffeln damit durchkneten.

Den Teig 30 bis 40 Minuten lang stehen lassen.

Das Salzen entfällt, wenn der Konserveninhalt bereits gesalzen ist. Aus dem Teig wird dann ein Braten geformt und in Semmelbröseln gewendet.

Mit wenig Fett in einer Pfanne anbraten. In den heißen Ofen stellen und dort fertig garen lassen.

Den Gemüsefleischteig kann man auch als Füllung von Krautwickeln verwenden.

Dosenschmarren

Zutaten: 450 g Gemüsefleisch aus der Konserve, ½ l Wasser, eine Tasse Grieß, ein Ei, etwas Fett zum Backen.

Grieß (oder auch Haferflocken) im Wasser zu einem dicken Brei verkochen. Etwas abkühlen lassen.

Das Ei einrühren.

Das Dosengemüsefleisch mit etwas Wasser verrühren und ebenfalls untermischen. Der Teig muß jetzt dickflüssig sein.

In einer Pfanne mit etwas Fett daraus Pfannkuchen backen.

Haferflocken oder Kosmetik?

Deutsche Paketempfänger sind unzufrieden. Womit? Nun, daß in den Schwedenpaketen statt Haarwasser, Büstenhalter oder Schönheitssalben — Haferflocken waren. So berichten schwedische Absender, die von deutschen Empfängern diese Briefe bekommen haben und der Rundfunk berichtete darüber. Wir glauben schon an diese Beschwerde, denn die Auswahl der Empfänger in Deutschland erfolgt nicht nach Verdienst und Bedürftigkeit. So berichtet der frühere spanische Außenminister Alvarez del Vayo in einer englischen Zeitung, als er von einem Besuch in Deutschland zurückkam, daß über die Verteilung der Spenden die Antifaschisten spotten: „Katholische Lebensmittelpakete aus den USA und protestantische Heringe aus Schweden bestimmen vielfach die Politik."

Wir haben uns umgehört. Von den langjährigen KZ'lern hat noch niemand ein Hilfspaket erhalten. Wir schlagen vor, diese Bedürftigen einmal in den Genuß eines Hilfspaketes kommen zu lassen. Dann werden die Schweden auch echte Dankschreiben erhalten.

aus: »Westdeutsches Volksecho« vom 7. Februar 1947

Corned-beef-Pfannkuchen

Zutaten: Eine Tasse Mehl, zwei Scheiben Corned beef, eine Tasse Milch, ein Ei (ein Eßlöffel Trockenei), eine gekochte Salzkartoffel, Fett zum Backen.

Corned beef zerpflücken. Mit Mehl, Milch, Ei und Salz zu einem Teig verarbeiten. Die Kartoffel hineinreiben.

In einer Pfanne mit wenig Fett kleine Pfannkuchen backen.

Corned-beef-Eintopf

Zutaten: 500 g Kartoffeln, 200 g Corned beef, ein Teelöffel Majoran, eine Stange Lauch, ½ Lorbeerblatt, ein l Wasser, Salz, Pfeffer.

Kartoffeln schälen und in Würfel schneiden. Mit Wasser, Lorbeerblatt und Lauchringen gar kochen.
Das Corned beef ebenfalls zu Würfeln schneiden. In den Eintopf geben. Würzen.

Büchsenfleisch wurde nicht nur als mildtätige Gabe in Paketen aus dem Ausland importiert, es kam auch zum Verkauf in den Lebensmittelgeschäften innerhalb der »normalen« Lebensmittelzuteilungen: Dosen mit Fleischschmalz, Bacon, Gemüsefleischkonserven aus Australien...
Und wer Glück hatte, bekam mehr Dosenfleisch, als ihm auf seinen Lebensmittelmarken zustand.
Eine Metzgerei in Buer war im September 1946 »in der Lage, für 200 Gramm Fleischmarken eine Büchse mit 850 Gramm Fleisch abzugeben«.
Es gab auch die umgekehrte Rechnung. Der Anrechnungssatz für Büchsenfleisch in der 90. Zuteilungsperiode war: Für eine Büchse Fleisch von 850 g Nettogewicht waren 1000 g im Markenwert abzugeben.
Doch was war in solchen Büchsen? Fleisch oder Knochen und Sehnen? In Hamburg hatten geschäftstüchtige Unternehmer gleich ihren amerikanischen Kollegen schnell die möglichen hohen Profite gewittert. Sie spezialisierten sich auf die Herstellung von Büchsenfleisch. Die Rohstoffe besorgten sie sich von einem Abdecker, der ihnen Fleisch krepierter Pferde, Hunde, Katzen, teils mit gefährlichen Krankheiten, und das Fett von Kadavern lieferte. Preis für eine Büchse »Fleisch« auf dem Schwarzmarkt: sechzig bis achtzig Mark.
Daß sich mit dem Büchsenfleisch gute Geschäfte machen ließen, hatte sich bald herumgesprochen, nicht nur bei Deutschen und Amerikanern. Im Herbst 1947 boten die Schweizer der Bizonen-Verwaltung für Ernährung Fett und Büchsenfleisch im Austausch gegen deutsches Vieh an. Zehntausend Stück alte Ochsen und abgemolkene Kühe wollten sie einführen und dafür liefern:
»1.... amerikanische Rindfleischkonserven bester Qualität, 2. Hammel-

fleisch in Weißblechbüchsen, 3. Ia Gefrierfleisch südamerikanischer Herkunft und 4. verschiedene Fette in Büchsen, Fässern und Kisten ...«
Wie ein solcher Tauschhandel ein Geschäft sein konnte? Wie gesagt, was in Büchsen, Fässern und Kisten wirklich ist, kann man von außen nicht sehen.
Zum Schluß noch ein Rezept zur Verwendung von Fleischpaste oder, wie es damals hieß, »Meat-Paste«.

Meat-Grießspeise

Zutaten: 150 g Meat-Paste, eine Zwiebel, eine Tasse Grieß, 3/4 l Brühe, Salz, ein Teelöffel Öl, ein Eßlöffel gehackte Petersilie.
Die kleingehackte Zwiebel läßt man in Öl anbräunen und gibt die Meat-Paste dazu. Etwas anbraten lassen.
Mit heißer Gemüse- oder Fleischbrühe ablöschen, Grieß einrühren. Würzen. Etwa 10 bis 15 Minuten kochen lassen. Auf eine Platte geben. Mit Petersilie bestreuen. Mit Salat servieren.

Gemüsekonserven für Nichtselbstversorger

Nichtselbstversorger (Lebensmittelkarten 11—16) sollen eine Dose Gemüsekonserven erhalten. Der Abschnitt 952 der Lebensmittelkarten 11—16 ist in der Woche vom 11. bis 16. Nov. bei den zum Handel mit Gemüsekonserven zugelassenen Kleinverteilern abzugeben. Der Kleinverteiler setzt seinen Firmenstempel auf den Stammabschnitt der Karten. Die Kleinverteiler rechnen die eingenommenen Abschnitte 952 bis zum 24. Nov. bei der Abrechnungsstelle ab und erhalten Bezugscheine A über die Anzahl der abgegebenen Abschnitte 952. Für Sammelverpflegungen mit Ausnahme der echten Krankenanstalten stellen die Ernährungsämter (Abteilung B) Bezugscheine B über die Zahl der Personen mit dem Zusatz „952 Gemüsekonserven" aus. Die Großverteiler reichen die Bezugscheine A und B bei der Großbezugscheinstelle bis zum 30. Nov. zum Umtausch in Großbezugscheine ein. Die Belieferung des Kleinhandels muß baldmöglichst erfolgen. Ueber den Aufruf zur Belieferung erfolgt eine besondere Mitteilung. Anerkannte Krankenanstalten erhalten Bezugscheine B über Gemüsekonserven unter Zugrundelegung von 10 Dosen für jeden berechtigten Kranken nach der Bedarfsanforderung für die 95. Zut.-Periode.

Gemüsekarten für die 95.—100. Zuteilungsperiode.

Die Gemüsekarte 610 enthält einen Anmeldeabschnitt, der ohne Aufruf des Ernährungsamtes Gelsenkirchen nicht verwandt werden darf.

Kindermilch-Nährmittel.

Als Kindermilch-Nährmittel werden zugelassen: „Immergut" der Firma Dr. Gerhard Löchel & Co., Dauermilchwerk in Ibbenbüren (Westf.), (die Ration wird noch bekannt gegeben); „Hansa-Säuglingsnahrung" der Firma Hansa-Meierei, Lübeck, eine Ration = 7 Dosen a 500 g.

Gelsenkirchen, den 11. November 1946.

Stadt Gelsenkirchen — Der Oberstadtdirektor.

aus: »Bekanntmachungen der Stadt Gelsenkirchen« vom 16. November 1946

Wie Tante Lina aus einer Wurst Kapital schlug, ohne diese zu kapitalisieren

»Hosen runter!« sagte Tante Lina. Kuszmierz grinste. Fabrizius, dem Tante Linas Aufforderung galt, errötete leicht und legte die Karten auf den Tisch.

Sie vermuten richtig. An Tante Linas Küchentisch unter der großen Hängelampe wurde Skat gespielt. Nahe beim Herdfeuer, denn das war in den kalten Wintertagen dieses Jahres der wärmste Platz im Haus. Fabrizius hatte einen »Null ouvert« angesagt, und Tante Lina betrachtete eingehend das »Blatt« in ihrer Hand, linste auch ein wenig zu Kuszmierz hinüber, das Schummeln konnte sie sich nie ganz verkneifen, da gab es einen leisen, kaum vernehmbaren Knall, und das Licht ging aus.

»Was ist das?« fragte Tante Lina ärgerlich und sagte zu Fabrizius gewandt: »Das hättest du nie und nimmer gewonnen mit deiner Kreuz-Acht!«

Fabrizius, der wohl solches geahnt hatte, atmete erleichtert auf und versuchte im Dunklen die Karten zu vertauschen.

»Vielleicht wieder Stromsperre...«

Kuszmierz erhob sich fluchend, stieß dabei ein Glas mit Tante Linas Aufgesetztem um und tastete sich in der Finsternis aus der Küche hin zum Bad.

Stromabschaltungen gab es immer wieder, obwohl Gas und Elektrizität seit 1945 eh' rationiert waren, und somit die Benutzung solcher Energiequellen in Tante Linas Haus einem strengen Reglement und einer komplizierten Buchführung unterlag.

In den Zeitungen und den städtischen Bekanntmachungen waren zwar offizielle Verlautbarungen zu lesen, des Inhalts, daß »nun endlich Schluß« sei mit den Stromsperren, solche euphemistischen Mitteilungen wurden aber einen Tag später schon wieder dementiert. Es müsse »Strom für Nordwestdeutschland abgegeben werden«, hieß es. Und es wurden »neue« Stromabschaltungen angekündigt:

»Bei Durchführung dieser Streckenabschaltungen können die betroffenen Stromabnehmer vorher nicht benachrichtigt werden.«

Während wir solchermaßen unsere Gedanken haben abschweifen lassen, hatte Kuszmierz das Bad und den darin befindlichen Lichtschalter gefunden.
»Licht geht.«
»Dann also die Glühbirne.«
»Das war unsere vorletzte.«
»Wir gehen jetzt ins Bett«, verkündete Tante Lina. Damit waren zwar einige andere, aber dieses spezielle Problem nicht gelöst.
Und so kam das Thema bereits am nächsten Tag erneut auf den Tisch, als alle beim Frühstück saßen.
»Wir brauchen Glühbirnen«, stellte Tante Lina fest mit einer Stimme, die keinen Widerspruch zuließ. »Also müssen welche besorgt werden.«
»Ja«, seufzte Kuszmierz hinter seiner Zeitung hervor. »Das Problem ist nur, nicht wir allein, alle brauchen Glühbirnen. Und es gibt keine. Es gibt auch keine zu kaufen... Auf dem schwarzen Markt vielleicht...«
»... zu diesen unverschämten Preisen, ich denke ja nicht daran...«
»... Es gibt nicht einmal welche zu tauschen. Hört mal...«, sagte Kuszmierz und begann aus der Zeitung vorzulesen:
»Suche: Sechs elektrische Glühbirnen, 220 Volt. Biete: Sechs neue Füllhalter mit Goldfeder... Hoffnungslos — eine solche Anzeige. Rausgeworfenes Geld!« Ratloses Schweigen in der morgendlichen Runde.
»Ich könnte ja«, versuchte es Fabrizius nach einer Weile mit einem Vorschlag, »wenn ich heute abend vom Theater komme und mit der Straßenbahn fahre, da könnte ich...«
»Nein«, sagte Tante Lina und warf ihm einen entrüsteten Blick zu. Und noch einmal: »Nein!«
Was Fabrizius im Sinn hatte, war in Gelsenkirchen mittlerweile zu einem beliebten »Volkssport« geworden: Wer Mut hatte, schraubte die Glühbirnen, die im Inneren der Straßenbahnen zur Beleuchtung dienen sollten, heraus. In einem unbeobachteten Augenblick. In den überfüllten Straßenbahnwagen waren die Schaffner solchen Diebstählen gegenüber meist machtlos. Und die Straßenbahngesellschaften führten beredt Klage ob dieses Treibens, man hatte schon ungenügend beleuchtete Waggons und Triebwagen aus dem Verkehr ziehen müssen, Züge, die dringend benötigt wurden. Hatte Streckenstillegungen angedroht.
Es wurden auch Fensterscheiben gestohlen, alles, was nicht niet- und nagelfest war, Sitzbänke, Holzverschalungen...

Tante Lina lehnte solche Aktionen, die dem, wie sie es nannte, »Gemeinwohl« Schaden zufügten, kategorisch ab.
»Nein. Auf gar keinen Fall so etwas«, sagte sie, überlegte einen Augenblick und stand dann entschlossen vom Frühstückstisch auf.
»Ich gehe zu Hüttermann.«
»Ha!« machte Kuszmierz hinter seiner Zeitung und amüsierte sich. »Ins Elektrogeschäft? Weißt du, was die haben? Lampenschirme haben die, Fassungen haben die, wenn auch nicht viele, aber Glühbirnen...Nee!«
»Du wirst schon sehen«, sagte Tante Lina und verschwand in der Speisekammer.
Die Varenholts und die Hellwigs, Fabrizius, alle, die um den Tisch herum saßen, schauten einander an, und Kuszmierz tippte sich bedeutungsvoll an die Stirn, bevor er sich wieder seiner Morgenlektüre widmete.
Tante Lina kam wieder mit einer Wurst in der Hand. Mit d e r Wurst. Diese Wurst war ein riesiger Schwartenmagen, leicht angeräuchert, wunderbar anzusehen, den ihr die Ossmannsche, eine mit Tante Lina befreundete Bauersfrau aus dem Münsterland, bei einem Besuch in Gelsenkirchen neben anderen Köstlichkeiten zum Geschenk gemacht hatte.
Monat um Monat hing diese Wurst jetzt schon in der Speisekammer. Und Tante Lina hütete sie wie ihren Augapfel. Schon daran zu riechen, den unvergleichlichen Duft dieser Wurst in sich aufnehmen zu dürfen, galt als ein besonderer Gunstbeweis Tante Linas. Und nun...
»Die Wurst!« Ein Schrei, unisono, ein Aufschrei hallte durch die trauten Küchengefilde.
»Du willst doch nicht etwa...«
»Wartet's ab«, sagte Tante Lina mit undurchdringlicher Miene, packte die Wurst zum Entsetzen aller in eine Einkaufstasche und verließ das Haus in Richtung Innenstadt.
Das Elektro-Geschäft Hüttermann war in jenen Tagen ein kleiner Laden an der Horster Straße in Buer. Wenig Kundschaft. Es gab ja nichts zu kaufen.
Und so war Tante Lina auch die einzige Kundin, als sie die Geschäftsräume betrat. Sie schaute sich um und betrachtete prüfend die zum Verkauf stehenden Waren.

»Ich möchte eine Lampe«, sagte sie schließlich.
Eine Frau, vielleicht eine Verkäuferin, vielleicht auch die Frau des Besitzers, das war auf den ersten Blick nicht auszumachen, schaute Tante Lina mißbilligend an.
»Eine Tischlampe? Eine Stehlampe?« fragte sie gelangweilt.
»Eine Tischlampe, bitte«, antwortete Tante Lina höflich.
Die Frau ging widerwillig zu einem der Regale, nahm die einzige im Laden vorhandene Tischlampe herunter und stellte sie vor Tante Lina auf die Verkaufstheke.
Tante Lina hob die Lampe hoch und besah sie sich eingehend.
»Bei der Lampe fehlt ja die Glühbirne und, verstehen Sie, so ist die Lampe für mich wertlos.«
Die Frau nahm Tante Lina die Lampe aus der Hand und stellte sie wieder ins Regal zurück.
»Wir verkaufen Lampen nur so. Glühbirnen müssen Sie woanders auftreiben«, sagte sie beleidigt.
Tante Lina versuchte es erneut.
»Wissen Sie, ich habe eine Lichtleitung, ich habe auch Strom, wenn er nicht gerade abgeschaltet ist, aber ich habe eben keine Lampe und vor allem keine Glühbirnen...«
Bei diesen Worten — sie sprach von der Glühbirne bereits in der Mehrzahl — öffnete sie gedankenverloren ihre Einkaufstasche, nahm die Wurst heraus, besah sie liebevoll, schnupperte daran und legte sie vor sich auf die Glasplatte der Verkaufstheke.
Und der Duft dieses unvergleichlichen Schwartenmagens erfüllte bald den ganzen Geschäftsraum.
Die Frau starrte auf die Wurst, starrte Tante Lina an und dann wieder auf die Wurst. Und die Augen der Frau bekamen einen feuchten Glanz. Und der Duft der Wurst stieg ihr in die Nase, daß sie kaum zu atmen wagte und ihre Stimme fast versagen wollte.
»Und Sie besitzen wirklich keine Glühbirnen?«
Jetzt sprach auch sie in der Mehrzahl.
»Ich versichere es Ihnen!« beteuerte Tante Lina und strich verträumt mit zarter Hand über den Schwartenmagen.
»Warten Sie mal«, sagte da die Frau, ließ Tante Lina und die Wurst, wenn auch ungern, allein und eilte in einen Nebenraum.
»Und nicht nur 15-Watt-Birnen, wenn ich bitten darf«, rief Tante Lina

ihr nach. Es dauerte nur Sekunden, und die Frau war wieder zurück. Drei Glühbirnen stellte sie vor Tante Lina hin, sauber in Kartons verpackt. »Würden die Ihnen recht sein?« erkundigte sich die Frau. Bange Sorge war in ihrer Stimme. Und beeilte sich auch, die Lampe erneut vom Regal zu holen.

Ja, Tante Lina wußte um die Schwächen der Menschen, ihren Geiz, ihre Bestechlichkeit.

Sie erkundigte sich nach dem Preis für die Lampe, nach dem Preis für die Glühbirnen, zahlte nur letzteren. Ließ die Lampe stehen, packte die Glühbirnen ein, packte auch den unvergleichlichen Schwartenmagen in die Einkaufstasche zurück und wandte sich zum Gehen.

»Ja, aber — die Wurst...« stammelte die Frau hinter der Theke verstört. Tante Lina drehte sich verbindlich lächelnd um.

»Ja, die Wurst«, nickte sie. »Es ist eine ausgezeichnete Wurst. Ein Schwartenmagen. Sie ist so etwas wie mein Kapital, wenn Sie verstehen, was ich meine...«

Und bedankte sich und verabschiedete sich und verließ den Elektroladen.

Ja, Tante Lina wußte um die Schwächen der Menschen, und sie beherrschte die Gesetze der Marktwirtschaft, die heute frei und sozial genannt wird.

Die Wurst wurde erst lange Zeit später gegessen, der unvergleichliche Zauber des Schwartenmagens mußte noch in vielen, vielen Geschäften seine Wirkung tun.

»Macht erst mal durch, was wir durchgemacht haben!« Und: »Wir waren es schließlich, die Deutschland aus Trümmern wiederaufgebaut haben!« So oder so ähnlich hört man es oft, meist an die Adresse junger Leute gerichtet, denen man ihr vermeintliches »Nicht«-Tun vorhalten will: Worte, von Menschen einer Generation gesprochen, die sich selbst gern zugute hält, sie habe dieses, unser Land wieder zu Wohlstand und Ansehen in der Welt gebracht.

Diese Menschen — oft sind es Männer, die solches mit derselben Unverschämtheit behaupten, mit der sie auch am Biertisch von ihren »Kriegserlebnissen« berichten — vergessen dabei, daß sie es auch waren, die Deutschland in Schutt und Asche gelegt hatten und daß nicht sie selbst, sondern ihre Frauen es waren, die dafür Sorge getragen hatten, daß aus Ruinen wieder Wohnungen wurden, während die »Helden« des »Dritten Reiches« einen Teil ihrer Kriegsschuld in Gefangenenlagern abtrugen.

Frauen waren es, denen ein verbrecherisches Regime die Hauptlast des Krieges aufgebürdet hatte. Sie hatten unendliches Leid auf sich nehmen müssen, hatten geweint um ihre gefallenen, gemordeten, verschollenen, in Gefangenschaft geratenen, zu Krüppeln geschossenen Männer und Söhne. Sie waren in den Kriegsjahren an die Stelle der Männer getreten als Arbeiterinnen in den Fabriken und auf den Feldern, als Straßenbahnfahrerinnen, als Briefträgerinnen, als Angestellte in den öffentlichen Verwaltungen.

Dabei waren sie nicht ohne Schuld geblieben an dem, was geschehen war. Margarete von Eyern schrieb 1946 in einem Aufsatz für die »Westfälische Rundschau«:

»Das Unheil, das über uns gekommen ist, läßt sich zu einem guten Teil auf die mangelnde politische Reife der Frauen meiner Generation zurückführen...«

Nach den Tagen der Befreiung vom Hitlerfaschismus ließ sich absehen, daß es auch jetzt wieder die Frau würde sein müssen, die die Last der Nachkriegsjahre zu tragen hätte. Neben der Sorge für die vaterlosen Familien, der Sorge um Wohnung und tägliches Brot, war ihr Einsatz im »Arbeitskampf« gefordert. Wieder würden Frauen die Plätze der fehlenden Männer einnehmen müssen.

Aber die Not der Zeit hatte starke Frauen geschaffen. Frauen, die ihren »Mann« stehen konnten, voll innerer Kraft und konsequenter, als Männer dies je vermögen. Und die Frauen waren den Männern auch an Zahl überlegen. Und hatten damit Macht, die Macht, neu zu gestalten, die Chance, die Rolle der Frau neu zu definieren.
Denn daß die Frauen zu einem neuen Selbstverständnis würden finden müssen, daß vor allem Frauen eine politische Verantwortung zu übernehmen hätten, darin waren sich Frauen jenseits aller Ideologie und politischen Richtung einig. Darin und über ein gemeinsames Ziel: Frauen würden eher als die Männer dem Frieden dienen können, würden einen neuen Krieg zu verhindern wissen.
Stimmen von Frauen aus dem Jahre 1946. In der Zeitschrift »Die Frau von heute« schrieb Maria Rentmeister:
»Die alte Losung: ›Die Frau gehört ins Haus‹, die in Deutschland stets besonders eifrig vertreten wurde, fand ihre Verfechter auf der ganzen reaktionären Linie. Das ›Haus‹ bedeutet nicht einfach die Beschränkung auf Kochtopf und Familie, die Losung bezweckte die Desinteressierung der Frau am öffentlichen Leben. Im trüben Tümpel der Ignoranz konnten Kriegshetzer, Reaktionäre und Faschisten am besten fischen.« Und eine unbekannte Autorin in der gleichen Zeitschrift:
»Wohnt in uns Frauen nicht der unerschütterliche Glaube an das Kommende, die Hoffnung an eine bessere Zukunft? Und ist es nicht unsere Pflicht, uns um das Kommende zu kümmern? Denn die Zukunft betrifft uns selbst, unsere Kinder, unsere Familie, unser Leben. Wir müssen da selbst mit Hand anlegen und mit dabeisein, wenn es gilt, unser eigenes Leben zu zimmern.«
Dr. Margarete Groewel (CDU):
»Der Männerstaat von gestern hat Schiffbruch erlitten. Der Staat von morgen wartet auf die entschlossene Mitarbeit von Millionen deutscher Frauen... Wenn wir heute die deutsche Frau aufrütteln wollen aus ihrer politischen Lethargie, dann müssen wir wohl einen Anruf wählen, der nicht genommen ist aus dem Vokabelschatz grauer Politik, sondern der aus der Tiefe des menschlichen Herzens kommt. Laßt uns die Liebe an den Anfang setzen. Nichts ist in diesen entsetzlichen Jahren mit einem solchen Haß verfolgt worden wie die Liebe... und für den Friedensgedanken gibt es keine besseren Künderinnen in der Welt als die Frauen.«
Ähnliche Gedanken verfolgte auch Helene Wessel (damals Zentrum):

»Muß der Staat... ein Staat der Männer sein? Die politischen Frauen stellen heute diese Fragen und antworten mit nein. Und sie fragen weiter: Wäre die Geschichte nicht anders verlaufen — menschlicher — unter dem Rat von Frauen? Frauen lieben die Kriege nicht... Und darum muß die Frau politisch denken und handeln und sich ihres Wertes auch in der Welt draußen bewußter werden, auch in der bedrängenden Fülle des Kleinlichen, das sie alltäglich zu bestehen hat und das ihre Kraft aufzehrt...«

Die Friedensbewegung der Frauen in den Jahren nach dem Zweiten Weltkrieg war nicht allein auf Deutschland beschränkt, sie hatte internationale Ausmaße angenommen.

In einer Rede vor Berliner Gewerkschaftsfunktionärinnen rief I. A. Belajewa, eine sowjetische Gewerkschaftsvorsitzende, ihren Geschlechtsgenossinnen 1946 zu:

»Die Frau als Mutter der jungen Menschen ist an der Erhaltung des Friedens am meisten interessiert... Unsere Frauen wollen die Schaffung eines Friedens, in dem die Völker in Freundschaft miteinander leben und der das Aufblühen von Mutterliebe, die uns über alles geht, allen Frauen der Welt gewährleistet. Für dieses Ziel muß die Frau in der Demokratie kämpfen, dieses Ziel gibt dem Kampf der Demokratie seinen tiefen Sinn, den alle Frauen der Welt verstehen.« Und die Frauen kämpften. Sie traten in demokratische Parteien ein, sie waren es, die die Gewerkschaften mitaufgebaut haben. Und sie organisierten sich.

Am 13. und 14. Juli 1946 fand in Berlin die erste Delegiertenkonferenz der antifaschistischen Frauenausschüsse statt.

Am 7. März 1947 trafen sich über tausend Delegierte aus allen Zonen Deutschlands auf dem »Deutschen Frauenkongreß für den Frieden« in der Berliner Staatsoper. Der »Demokratische Frauenbund Deutschlands« wurde gegründet. Ziel und Zweck dieser Vereinigung beschrieb Professorin Paula Hertwig so:

»Das Bewußtsein von deutscher Schuld und deutscher Not waren... der Anlaß der Gründung des Bundes. Wir wollen die Schuld nicht leugnen, aber versuchen, mit einem Friedensbund deutscher Frauen einen Teil dieser Schuld zu löschen. Einen Beweis unseres Friedenswillens können wir nur selbst geben in unserem Kampf um Beseitigung des Faschismus und Militarismus in Deutschland, für echte Kultur und Humanität. Mitarbeit für die Wiedergutmachung und den Wiederaufbau, aber niemals wieder für die Kriegsindustrie. Ist eine besondere Frauenbewegung für diese Aufgaben notwendig? Nicht alle Frauen sind sich heute bereits der Bedeutung des Einflusses der Frau bewußt. Viele

Alliierte Kontrollbehörde

Kontrollrat

Gesetz Nr. 32

Beschäftigung

von Frauen bei Bau- und Wiederaufbau-Arbeiten

In Anbetracht des großen Mangels an tauglichen männlichen Arbeitskräften in gewissen Teilen Deutschlands, erläßt der Kontrollrat das folgende Gesetz:

ARTIKEL I

Die zuständigen deutschen Behörden dürfen weibliche Arbeitskräfte bei Bau- und Wiederaufbauarbeiten einschließlich Aufräumarbeiten beschäftigen beziehungsweise ihre Beschäftigung genehmigen.

ARTIKEL II

Die Bestimmungen der Verordnung vom 30. April 1938 über die Arbeitszeit (Arbeitszeitordnung) (R.G.Bl. 1938 I 447) und alle sonstigen gesetzlichen Bestimmungen, die im Widerspruch zu diesem Gesetz stehen, werden hiermit aufgehoben oder im Sinne dieses Gesetzes abgeändert.

ARTIKEL III

Dieses Gesetz tritt mit dem Tage seiner Verkündung in Kraft.

Die in den drei offiziellen Sprachen abgefaßten Original-Texte dieses Gesetzes sind von

V. Sokolovski
Marschall der Sowjetunion

Joseph T. McNarney
General

Sholto Douglas
Marschall der Royal Air Force

P. Koenig
General der Armee

unterzeichnet.

Ausgefertigt in Berlin, den 10. Juli 1946

Frauen stehen abseits, arbeiten nur für ihre eigenen Bedürfnisse. Es gilt, diese Frauen zu erfassen, ihnen klarzumachen, daß die Arbeit über die eigenen Bedürfnisse hinaus das Leben erst lebenswert macht.«
Ein wenig von dem neuen Selbstbewußtsein mag der Text eines Liedes vermitteln, das die Berliner Trümmerfrauen sangen:

»Und als die Waffen schwiegen,
da sah man nichts als Schutt,
da war in vielen Straßen
ein jedes Haus kaputt.
Da war in jenen Tagen
so manches Herz verzagt.
Doch wir nahmen Axt und Hammer zur Hand
und haben nicht viel geklagt.
Da räumten wir Frauen die Trümmer weg
und schlugen die Steine glatt.
wir kämpften mit Hunger, mit Kälte und Dreck
für unsere neue Stadt...«

Frauen arbeiteten auf Baustellen, in Industriebetrieben, arbeiteten in Männerberufen, waren wieder Polizistinnen, Straßenbahnfahrerinnen... Sie leisteten qualitativ und quantitativ die gleiche Arbeit wie die Männer. Man sagte ihnen, ohne ihre aktive Hilfe in Verwaltung und Wirtschaft sei ein Wiederaufbau nicht möglich. Nur mit den Männern gleichgestellt waren sie nicht. In einem Bergwerk in Oberbayern erhielt bei gleicher Arbeitsleistung ein Mann 5 Mark pro Tag, eine Frau 2 Mark 80.
Herta Gotthelf 1947 auf einer Frauenkonferenz der SPD in Schwerte: »Wichtig ist, ...den Frauen ihre heutige Bestimmung... aufzuzeigen und nicht nur ihre politische, sondern auch die wirtschaftliche Gleichberechtigung durchzusetzen...«
Die Frauen opferten sich auf, gaben ihr Letztes, am Arbeitsplatz und zu Hause. Bei Reihenuntersuchungen wurde noch 1948 festgestellt, daß 70 Prozent der Frauen in den Städten unterernährt waren. Doch dann kamen die Männer zurück, nach und nach, aus der Kriegsgefangenschaft und den Internierungslagern. Und alles war anders. Die folgenden Leserbriefe haben wir in der »Neuen Westfälischen Zeitung« gefunden.

Gebt den Männern ihre Arbeitsplätze wieder!

Immer noch reiten Mädels und Frauen in Überzahl den Amtsschimmel. Es geht aber heute einfach nicht mehr an, daß sich der heimgekehrte Mann gleich zur Begrüßung dort von den Frauen über den Mund fahren lassen muß! Gewiß, die Damen geben nur Anordnungen ihrer Dienststellen weiter. — Aber auch hier macht „der Ton die Musik". — So kommt es dem Mann hart an, (im Mundwinkel die doch jetzt wirklich überflüssig zugebilligte Zigarette, und in lässiger Haltung) Anordnungen entgegenzunehmen, die an Härte schon so genug in sich bergen.

Gebt den Männern die Arbeitsplätze zurück! Nicht die Frau gründet und ernährt die Familie, sondern der Mann Die Landwirtschaft braucht bald wieder Tausende und da kann auch die junge Dame (ohne Zigarette) einmal tatkräftig zupacken W. Schommer, Siegen.

Nach Ansicht von W Schammer sollen die Frauen, die jetzt in den Büros arbeiten, in der Landwirtschaft eingesetzt werden, damit die Männer an ihre alten Arbeitsplätze zurückkehren können. Sechs Jahre lang haben Frauen Leistungen vollbracht, die fast ihre Kräfte überstiegen, und haben besonders hier im Westen den Krieg in seiner ganzen Härte zu spüren bekommen. Weiß man denn, welche Umstände diese „junge Dame" zwingen, jetzt noch zu arbeiten, nachdem sie nach 6 Jahre langem Arbeitszwang froh sein müßte, aussetzen zu können? Wieviele Frauen sind unverheiratet, wieviele sind Witwen ohne Pension, wieviele haben nebenbei einen versehrten Mann den sie pflegen müssen und sind daher auf Verdienst angewiesen Und Warum soll man der Frau, die nebenbei noch die Sorgen des Haushaltes hat, eine gelegentlich erhaschte Zigarette nicht gönnen?

Elisabeth Gräfin Stolberg, Westheim.

Die zurückkehrenden Männer wollten wieder dahin, von wo sie ausgezogen waren, einen verbrecherischen Krieg zu führen. Die Gleichberechtigung der Frau, die generelle Anerkennung des Rechtes der Frau auf Arbeit in großer Aufmachung als demokratischen Programmpunkt zu verkünden, das war nur in Zeiten von Männerknappheit nützlich und angebracht.

Und aus den Parteien, bald von Männern majorisiert, waren auf einmal andere Töne zu hören, auch von den dort arbeitenden Frauen. Und das verstehe, wer will.

Margarete Selhorst (Zentrum):
»Es ist fraulichem Willen und fraulicher Art trotz aller Mängel der Zeit auch heute noch möglich, den guten Geist der Familie zu erhalten. Im Haus muß beginnen, was erreicht werden soll im Vaterland.«
Maria Sevenich (CDU):
»Der Frauenüberschuß der Gegenwart hat zur Folge, daß ein hoher Prozentsatz der Frauen nicht einmünden kann in die natürliche Erfüllung der Ehe und der Familie. Es wird uns dennoch Grundgesetz sein müssen, die Heiligkeit der Ehe unangetastet zu bewahren. Wo so viel Not ist wie bei uns, geht kein mütterlicher Impuls verloren, wenn er sich verschenken will...«
Die Frauen hatten ihre Schuldigkeit getan. Jetzt sollten sie gehen. Zurück an Kochtopf und Wäschemangel. Es kam zu einer Entlassungswelle. Und die Arbeitsgerichte (wo Männer »Recht« sprachen) unterstützten mit ihren Urteilen solche Bestrebungen.
Von den Parteien hofiert und an ihre Rechte erinnert wurden die Frauen nur noch, wenn es den Parteien um ihre Stimmen als Wählerinnen ging. Auch von »Moral« war da auf einmal die Rede, und es wurden Vorwürfe erhoben von den Männern, so unverblümt, daß das »Westdeutsche Volks-Echo« 1947 in einer Kolumne fragte:
»Werden der Frau, die jahrelang auf ihren im Feld stehenden Mann in Treue wartete und die ihn heute, fast zwei Jahre nach Kriegsende, möglicherweise noch immer hinter Stacheldraht weiß, nicht solch große seelische... Lasten aufgebürdet, daß sie darunter zusammenbrechen muß? Kann man sie verdammen, wenn sie in solcher Not einen Ausweg sucht, der nicht — moralisch ist?«
Und die »neue« Situation der Frau ließ Kurt Dörnemann (!) in einem Feuilleton »Geschichten um Monika« in der »Westfalenpost« (CDU) seine Hauptfigur ihrem Mann gegenüber so beschreiben:
»... die deutsche Frau muß wohnen ohne Wohnung, ein Heim schaffen ohne Möbel, flicken ohne Stoffreste, heizen ohne Kohlen, waschen ohne Seife, kochen, ohne was im Topf zu haben — dann soll sie auch noch hübsch sein, möglichst ohne Lippenstift, stets fröhlich und ohne Kleinmut und zukunftsgläubig ohne Grund dazu, und ihren Arbeitsplatz, ihr selbständiges Leben, das soll sie aufgeben für euch... findest Du nicht, daß Ihr Männer, tapfere Erfinder des Krieges, da etwas viel verlangt an Wiedergutmachung Eurer Experimente?«

Die Frauen ließen sich aus den Positionen drängen, die sie sich so bitter erkämpft hatten. Und sie hielten still, wie sie schon oft stillgehalten hatten in der Geschichte der Frauenbewegung. Nur wenige wehrten sich, wie jene Frau, die im »Westdeutschen Volksecho« schrieb: »Wir sollten uns... die Männer und Parteien merken, die uns dumm machen wollen. Es kann unmöglich besser werden, wenn wir Frauen, die wir in der Mehrzahl sind, weiterhin untätig dastehen.«
Als die Männer wiederkamen, änderte sich vieles, das meiste zum Schlechten.
Ist es vermessen, die Hypothese aufzustellen, daß vieles an Unseligem, zu dem in den Nachkriegsjahren das Fundament gelegt wurde — und ich meine zum Beispiel die Wiederbewaffnung, die deutsche Teilung, die herrschende Wirtschafts- und Gesellschaftsordnung und vieles mehr —, daß dies seine Ursachen hat in männlichem Chauvinismus. Das freilich läßt sich nicht belegen. Aber naheliegend ist es doch?!

GEBÄCK

Die Empörung war groß. Nicht nur in den Zeitungen. Vor allem unter der Bevölkerung. In einer Zeit, da dem »Normalverbraucher« nur täglich etwa sieben Gramm Fett zustanden, waren Gelsenkirchens Konditoren dazu übergegangen, wieder Buttercreme-Torten herzustellen.
Diese »Kunstwerke handwerklichen Könnens« präsentierten sie 1946 in den Schaufenstern ihrer Betriebe staunenden Frauen und Männern, die ansonsten stundenlang für ein Brot anstehen mußten.
Man konnte diese Buttercreme-Torten auch kaufen gegen Abgabe von 320 Gramm Butter, 320 Gramm Zucker und Lebensmittelmarken für 800 Gramm Mehl.
Kommentar in der »Westfälischen Rundschau«: »(Wir) halten... die Herstellung derartiger Luxustorten für absolut unvertretbar und taktlos in einer Zeit, in der die meisten unserer Schulkinder mit trockenem Brot zur Schule gehen müssen.«
Sie werden fragen: Wer konnte es sich im November 1946 überhaupt leisten, soviel Zucker und Fett, so viele Lebensmittelmarken abzugeben? Die meisten Leute kannten solche Fett- und Zuckermengen nicht einmal vom Ansehen.
Ein Schwerstarbeiter vielleicht. Aber würde der seine sauer verdienten Zulagen für ein Stück Buttercreme-Torte hergeben? Wohl kaum. Zumal bei der Herstellung der Torten ein »Fettschwund« von 20 Prozent zulässig war, was die Konditoren händereibend weidlichst ausnutzten.
Aber es gab diese Leute. Leute — so die Beobachtung ihrer hungernden Mitbürger, was per Leserbrief den Zeitungen gemeldet wurde — die mit einer gewissen Regelmäßigkeit in der Lage waren, sich ganze oder halbe Buttercreme-Torten vom Konditor zu holen.
Leute, wie eine gewisse Frau O. (ihr vollständiger Name war nicht aus den Gerichtsakten zu entnehmen), die in Gladbeck ein Zimmer in der Nähe eines Raumes bewohnte, in dem die Zerreißmaschine stand, die die abgerechneten Lebensmittelmarkenbögen der Gladbecker Geschäftsleute zu vernichten hatte, damit sie nicht wieder in den Handel gebracht wurden.
Von diesen Lebensmittelmarken entwendete sie etliche, und so gab es bei der Frau O. zu allen möglichen Anlässen Buttercreme-Torten. Bis sie

und ihr Sohn, der mit den gestohlenen Marken einen schwunghaften Handel betrieben hatte, erwischt wurden.
Oder der Bauer Brinkmann aus Lippramsdorf, der bei einer Hochzeit für seine 140 geladenen Gäste nicht nur ein ausgewachsenes Rind und ein Kalb geschlachtet hatte (schwarz natürlich), sondern zum »echten« Bohnenkaffee auch 18 fette Torten auffahren ließ, wie der herbeigeeilte Bürgermeister erschüttert feststellen mußte.
Das waren Leute, die die feilgebotenen Buttercreme-Torten kaufen konnten, und einige korrupte Beamte, von denen an anderer Stelle noch die Rede sein wird, und Schwarzhändler natürlich.
Einer dieser Schwarzhändler hatte, um zu sparen, den abzuliefernden Zucker mit Arsen durchsetzt. Arsen, das zur Schädlingsbekämpfung eingesetzt wurde, war überall zu haben, und es war bedeutend leichter und billiger daran zu kommen als an Zucker.
23 Personen, die von den »delikaten« Creme-Schnitten gegessen hatten, erkrankten. Darunter der Bäckermeister selbst.
Die allgemeine Empörung der Bevölkerung stieß auf Resonanz bei den Behörden: »Im Einvernehmen mit der Militärregierung« wurde am 13. Dezember 1946 »für den Bezirk des Hauptemährungsamtes Ruhr angeordnet, daß die Herstellung und der Verkauf von Buttercreme-Torten durch Back- und Konditoreibetriebe verboten ist.«
Die Menschen an der Ruhr mußten wieder mit solchen Torten vorlieb nehmen, die »zeitgemäß« waren.

Erbsentorte

Zutaten: 500 g Erbsen, eine Tasse Grieß, 80 g Zucker, ein Backpulver, ein Fläschchen Rum-Aroma, etwas Fett.
Füllung: Eine Tasse Apfelsaft, eine Tasse Zucker, ein Eiweiß, ein Apfel.

Erbsen weich kochen und faschieren. Nach und nach Backpulver, Rum-Aroma, den Zucker und den Grieß einrühren.
In einer gefetteten Tortenform bei 220 Grad ausbacken (etwa 50 bis 60 Minuten). Erkalten lassen.
Mit einem Faden die Torte in der Mitte durchschneiden.
Für die Füllung werden Apfelsaft, Zucker und Eiweiß kalt geschlagen,

bis ein fester, schlagsahneähnlicher Schaum entsteht. Den Apfel roh fein reiben. Vorsichtig unter den Schaum ziehen.
Mit der Füllung wird die eine Tortenhälfte bestrichen. Die Torte wird wieder zusammengesetzt.
Statt der Apfelfüllung kann man auch Erbsenschaum nehmen.

Schwarzbrottorte

Zutaten: ein Ei, zwei Eßlöffel Zucker, eine Tasse Mehl, ein Teelöffel Backpulver, 1/2 Tasse Milch, 200 g Schwarzbrotbrösel, ein Fläschchen Rum-Aroma, 120 g Holundergelee, ein Teelöffel Puderzucker.
Das Eigelb wird mit dem Zucker schaumig geschlagen. Nach und nach Milch und das mit Backpulver vermischte und gesiebte Mehl dazugeben. Den Teig in einer gefetteten und ausgebröselten Tortenform bei 200 Grad etwa 20 Minuten backen.
Die Schwarzbrotbrösel werden mit etwas Milch und dem Gelee verrührt, wobei man von dem Gelee zwei Eßlöffel übrig lassen muß. Aroma dazugeben. Auf dem Tortenboden verteilen.
Eiweiß mit Puderzucker und dem restlichen Gelee steif schlagen. Die Torte damit bestreichen.
Im Rohr 20 Minuten überbacken lassen, bis das Eiweiß bräunlich wird.

Eicheltorte

Zutaten: Zwei Tassen Eichelmehl, eine Tasse Zucker, zwei roh geriebene Kartoffeln, eine Tasse Mehl, ein Päckchen Backpulver, 50 g Fett, ein Ei, 1/4 l Kaffee (oder Ersatzkaffee), ein Eßlöffel Puderzucker, ein Fläschchen Zitronen-Aroma.
Das Fett wird mit dem Eigelb und dem Zucker schaumig geschlagen. Nach und nach das mit Backpulver vermischte und gesiebte Mehl einrühren. Kartoffeln fein reiben und zugeben.
Kaffee aufbrühen. Das Eichelmehl in dem Kaffee glatt rühren und an den Teig geben.
Eiweiß steif schlagen und vorsichtig unterziehen.
Den Teig in eine gefettete Form füllen. Bei mittlerer Hitze 40 bis 50 Minuten backen.

Puderzucker mit Zitronen-Aroma und etwas Wasser anrühren. Damit die fertige Torte glasieren.

Falsche Kastanientorte

Zutaten: 250 g weiße Bohnen, eine Tasse Zucker, ein Päckchen Backpulver, ein Ei.

Die Bohnen werden mit wenig Wasser gar gekocht und durch ein Sieb passiert.

Mit Zucker, Backpulver und dem Eigelb gut verrühren. Das Eiweiß steif schlagen. Unterziehen.

Den Teig in eine gefettete Tortenform geben. Bei 200 Grad etwa 45 Minuten backen.

Nach dem Auskühlen kann man die Torte durchschneiden und mit Marmelade füllen.

Kaum hatten die Behörden dem Buttercreme-Skandal ein Ende gemacht, da kamen die Gelsenkirchener Bäckereien in den Tagen vor dem Weihnachtsfest 1946 erneut ins Gerede durch sogenanntes »gewerbsmäßiges Spekulatius-Backen«.

Diese traditionsreichen Weihnachtsplätzchen wurden allenthalben angeboten. Und die Leute wunderten sich darüber, daß im Gelsenkirchener Stadtgebiet bei den Bäckerein offensichtlich schönes, weißes Mehl vorhanden war, nachdem (angeblich) in den Wochen davor tageweise sämtliche Bäckereien und Mehlverteiler über »totalen Mehlmangel« geklagt hatten und nachdem es immer wieder geheißen hatte, man wäre, was das Mehl anginge, »vollkommen abgebrannt«.

Sollte die Aussicht auf ein gutgehendes »Spekulatius-Geschäft« zu Weihnachten wichtiger gewesen sein, als mit vorhandenen Reserven den Hunger der Bevölkerung zu stillen?

Auch wurde die Frage gestellt, ob ein Pfund dieser Plätzchen wirklich die entsprechende Gegenleistung für die Hergabe von Lebensmittelabschnitten für 500 Gramm Mehl, 250 Gramm Zucker und 80 Gramm Fett wären.

Den Gelsenkirchenern wurde von den Bäckern geraten, wenn ihnen die Abgaben zu hoch wären, sollten sie sich ihre Weihnachtsplätzchen doch selber backen. So eine Frechheit!

Und so schlug zum Weihnachtsfest 1946 (wieder einmal — wie schon in Kriegszeiten und wie auch in späteren Jahren noch) die große Stunde der Firmen, die die Zutaten für das häusliche Backen lieferten. Nahrungsmittelbetriebe wie Deubel, wie Reese, Döhler, Weltkrone und andere. Dr. August Oetker in Bielefeld nicht zu vergessen, der seinen Siegeszug aus den Kriegsjahren fortsetzte und der es heute in seiner Sektion »Nahrungsmittel« auf einen Umsatz von einer Milliarde Mark bringt, davon entfallen 180 Millionen Mark auf »traditionelle Backartikel und Backmischungen«.

Mit Anzeigenkampagnen wurde um die Kundschaft geworben. Die Firma »Weltkrone« aus Bünde in Westfalen ließ unter »Geschäftliches« einrücken: »Wir rufen die deutsche Hausfrau! ... Schreiben Sie uns aus dem Schatz Ihrer Erfahrungen den besten selbsterfundenen Haushaltskniff! Die kleinste Arbeitshilfe, der einfachste Wink, auch Rezeptkniffe (aber keine gewöhnlichen Rezepte!) sind erwünscht. Wir belohnen Sie für Ihre Mitarbeit... Trotz der zeitbedingten Schwierigkeiten haben wir für die besten Einsendungen insgesamt 50000 Päckchen WELTKRONE-Backpulver ausgesetzt.«

Dr. Oetker wandte sich einspaltig und persönlich an die Kunden: »Bei mir gehen jeden Tag große Mengen von Anfragen nach Backvorschriften ein, die ich nicht alle befriedigen kann, da zur Zeit kein Papier für neue Auflagen zur Verfügung steht. — Viele haben aber in den Kriegsjahren ihre Oetker-Rezepte verloren und können ohne sie nicht recht fertig werden. Ich werde jetzt in den Zeitungen unter dem Titel ›Guter Rat fürs Backen‹ eine Reihe wichtiger Winke für die Hausbäckerei und anschließend zeitgemäße Backrezepte veröffentlichen...«

Und Dr. Oetker startete eine Serie von Kleinanzeigen in den Tageszeitungen mit Rezepten für Tortenböden, Waffeln, Sirupgebäck, diverse Plätzchensorten und vieles andere. »Sparsamste« Rezepte, immer unter Verwendung von Dr.-Oetker-Produkten, versteht sich:

Backpulver für die mehl- und butterlosen Hausfrauen und Aromastoffe zum Backen gleich liter- und ballonweise. Um bei der herrschenden Papierknappheit der steigenden Nachfrage gerecht werden zu können, nahm die Firma Reese selbst leere Tütchen und Packungen zurück, um daraus neues Verpackungsmaterial herzustellen.

Die Rezepte, die in Zeitungsanzeigen oder auf Backpulvertütchen zu lesen waren, kannte man aus den Kriegszeiten. Zu Weihnachten 1946 sollte den »Zeitverhältnissen Rechnung getragen werden«: Man sollte möglichst ohne Fett backen, das Mehl sollte mit Kartoffeln oder Eichelmehl gestreckt werden. In der »Westfälischen Rundschau« dichtete »G. K.« in einem »Brief an den Weihnachtsmann«: »Wenn sich Menschen nicht erbarmen, heil'ger Mann, hilf Du den Armen... und bring Kuchen, Backwerk, Brot, dorthin, wo die größte Not.«

Maronenkuchen

Zutaten: 600 g Maronen, 80 g Zucker, zwei Eßlöffel Apfelsaft, zwei Eßlöffel Marmelade (z. B. von Quitten), ein Ei, ein Teelöffel Backpulver, 20 g Fett, Semmelbrösel.

Die Maronen, auch Eßkastanien genannt, werden auf der Oberseite mit einem scharfen Messer kreuzweise eingeschnitten und im vorgeheizten Backofen auf ein Blech gelegt. Bei 220 Grad heiß werden lassen, bis die Schale platzt. Schälen und enthäuten. In einem Mörser zerkleinern. Marmelade mit dem Fruchtsaft glattrühren.

Nach und nach an die Maronen geben. Mit Fett, Zucker, Backpulver und dem Eigelb zu einem Teig verrühren.

Das Eiweiß steif schlagen und vorsichtig unter die Masse ziehen.

Der Teig wird in eine eingefettete, mit Semmelbröseln bestreute Kastenform gefüllt. Bei mittlerer Hitze ausbacken.

Backzeit: etwa eine Stunde.

Kaffeekuchen

Zutaten: Eine Tasse Kaffee-Ersatz, eine Tasse Milch, eine Tasse Wasser, eine Tasse Zucker, eine Tasse Grieß, eine Tasse Haferflocken, eine Tasse Mehl, ein Päckchen Backpulver, etwas Rum-Aroma, zwei Eßlöffel Rübenkraut, ein Teelöffel Puderzucker.

Haferflocken in Wasser einweichen. 20 Minuten quellen lassen. Nach und nach den gesiebten Kaffee-Ersatz, Grieß, Zucker und das mit dem Backpulver vermischte und gesiebte Mehl einrühren. Erst dann die mit Rum aromatisierte Milch zugeben. Glatt rühren.

In eine gefettete Springform füllen. Bei mittlerer Hitze etwa ein Stunde backen.

Mit einem Faden den Kuchen zweimal durchschneiden. Jeweils mit Rübenkraut bestreichen. Wieder zusammensetzen. Mit Puderzucker bestreuen.

Natürlich gab es Cafés in der Nachkriegszeit. Sie erfreuten sich regen Besuchs, waren Treffpunkt, Meinungsbörse. Wie auch heute noch mancherorts. Würden aber wir »Jetzt-Zeit-Menschen«, unversehens in

das Jahr 1946 zurückversetzt, ein solches Café betreten, würde uns so einiges seltsam vorkommen.
Zum Beispiel die Kaffeehausgäste, die dort zur kalten Jahreszeit dick eingepackt in Hut und Mantel, einen Schal umgebunden, an den Tischen sitzen würden. Die Cafés des Jahres 1946 waren nicht beheizt.
Wir würden Kaffee bestellen können, und eine freundliche Serviererin würde uns in den allermeisten Fällen Ersatz-Kaffee kredenzen, von dessen Geschmack wir keine Vorstellung haben dürften, ein Geschmack wie... nein, nicht wie Muckefuck, vollkommen anders, eben nicht mit Worten beschreibbar, weil unvergleichlich.
In dem Café würden wir auch eine Kuchentheke entdecken. Und hinter der Theke würde eine freundliche Dame möglicherweise unsere Bestellung entgegennehmen. Möglicherweise, sage ich, denn zwischen sie und den Kaffeehausbesucher hatte die Bürokratie die Abgabe von Lebensmittelmarken gesetzt.
Welche Arten von Gebäck man denn bestellen, welche man hätte kaufen können, wenn man Lebensmittelmarken zur Verfügung hatte, wollen Sie wissen? Wir haben da einiges aus dem Angebot eines Gelsenkirchener Stadtcafés zusammengestellt. Sie bemerken, ich nenne den Namen dieses Cafés nicht. Das hat natürlich Gründe! Dieses Café existiert heute noch, der Kuchen dort ist einigermaßen eßbar, und ich verbringe jeden Samstag am Vormittag einige Stunden dort und... Sie verstehen?!
Besonders in Mode und beliebt waren damals Amerikaner, wohl auch als Menschen, wenn sie Zigaretten und Kaugummi und Corned beef hatten, aber mehr noch, wenn man sie essen konnte.

Amerikaner

Zutaten: 20 g Fett, 30 g Zucker, ein Ei, eine Tasse Milch, ein Teelöffel Backpulver, zwei Tassen Mehl, ein Eßlöffel Puderzucker, ein Fläschchen Rum-Aroma, etwas Wasser.

Fett mit Zucker und Ei schaumig rühren. Nach und nach die Milch und das mit Backpulver vermischte und gesiebte Mehl zugeben.
Aus dem Teig kleine Häufchen auf ein gefettetes Backblech setzen. Bei 200 Grad so lange backen, bis sie hellbraun sind. Etwas abkühlen lassen.

Ein Eßlöffel Puderzucker wird mit etwas Wasser und dem Aroma verrührt. Die flache Seite der Plätzchen wird mit dem Zuckerguß bestrichen.

Bienenstich aus Erbsen

Zutaten: Teig: 250 g Mehl, 15 g Hefe, 1/8 l Milch (oder Wasser), 50 g Zucker, 40 g Fett.
Bienenstich: 200 g gelbe Erbsen, zwei Eßlöffel Haferflocken, 10 g Fett, etwas (Bitter-)Mandel-Aroma, 75 g Zucker.

Die Erbsen über Nacht einweichen.
Für den Teig Mehl in eine Schüssel sieben, in eine Vertiefung etwas Milch oder Wasser schütten, Hefe hineinbröckeln, mit etwas Mehl vermischen und etwa zehn Minuten gehen lassen.
Dann mit den übrigen Zutaten zu einem Teig schlagen, durchkneten, mit einem Tuch bedecken und erneut gehen lassen.
Die eingeweichten Erbsen abtropfen lassen und durch den Fleischwolf drehen. Mit 50 g Zucker und dem Mandel-Aroma verrühren.
Den Teig auf einem gefetteten Backblech ausrollen. Mit dem Bienenstich (sprich: Erbsenmus) bestreichen und nochmals gehen lassen.
Den Rest Zucker in einem Pfännchen braun werden lassen, unter ständigem Rühren Fett zugeben und die Haferflocken.
Die Masse mit einem Messer vorsichtig auf den Bienenstich streichen.
In den gut vorgeheizten Ofen schieben und bei 200 bis 225 Grad etwa 25 bis 30 Minuten backen. Wenn möglich, vor starker Oberhitze schützen.

Kartoffelhörnchen

Zutaten: 200 g Mehl, 50 g Fett, 80 g Zucker, ein Päckchen Backpulver, ein Päckchen Vanillinzucker, 250 g Kartoffeln, Hagebutten-Marmelade zum Bestreichen.

Einen Tag alte Kartoffeln reiben, mit Fett, Zucker, Mehl und Backpulver zu einem Teig verarbeiten. Gut durchkneten.
Nicht zu dünn ausrollen und in handgroße Vierecke schneiden. Mit Hagebutten-Marmelade bestreichen. Über Eck aufrollen.
Auf ein gefettetes Blech setzen und bei 200 Grad etwa 25 Minuten backen.
Wer will, kann die fertigen Hörnchen mit Puderzucker bestäuben.

Hutzelbrot

Zutaten: 500 g Roggenmehl, 30 g Hefe, je ein Teelöffel Zimt, Anis und zerstoßene Nelken, 5 g Gewürzfenchel, je eine Tasse Zucker und Wasser, je zwei Tassen getrocknete Äpfel, getrocknete Birnen und Dörrpflaumen, zwei cl Obstschnaps, wenn vorhanden.

Das getrocknete Obst einen Tag lang zugedeckt in Schnaps und Wasser einweichen.

Pflaumensteine entfernen. Das Obst grob hacken. Mit Schnaps und Einweichwasser kurz aufkochen und wieder abkühlen lassen.

Die Hefe wird mit etwas warmem Wasser angerührt. Gehen lassen. Gewürze und nach und nach das Mehl, die Obstbrühe und das gehackte Obst einarbeiten.

Zugedeckt muß der Teig an einem warmen Ort einige Stunden lang erneut gehen.

Teig gut durchkneten. Ist er zu feucht, noch etwas Mehl einarbeiten. Ein längliches Brot formen. Mit etwas Zuckerwasser bestreichen. Auf ein Backblech setzen. Gehen lassen.

Bei 150 Grad 60 bis 80 Minuten backen.

Kekse für die Reise

Zutaten: 100 g Haferflocken, 100 g Roggenmehl, 50 g Zucker, eine Prise Salz, eine Tasse Wasser, ein Telöffel Backpulver.

Haferflocken in der Kaffeemühle mahlen. Mit dem Backpulver und dem Roggenmehl mischen. Nach und nach zu dem Wasser geben, in das der Zucker und das Salz eingerührt wurden.

Den daraus hergestellten Teig ausrollen. In kleine Vierecke schneiden. Des Aussehens wegen kann man die Kekse noch mit einer Gabel ein paarmal einstechen.

Bei 200 Grad auf einem gefetteten Backblech etwa 20 Minuten hell- bis dunkelgelb backen.

Wer würzige Kekse haben möchte, läßt den Zucker weg und nimmt statt dessen etwas zerstoßenen Kümmel und eventuell etwas mehr Salz.

HEINZ KAAK
SPEZIALITÄT:
Auswärtige Wurstwaren
Delikatessen

1947

Wir hungern
Wir wollen keine Kalorien, Wir wollen Brot.

Was 1946 in die Wege geleitet worden war, wird 1947 manifest: die Teilung Deutschlands.
Zwar treffen der neue US-Außenminister Marshall, Molotow (UdSSR), Bevin (Großbritannien) und Bidault (Frankreich) auf zwei Konferenzen, im März in Moskau und im November in London, zusammen, um über die »deutsche Frage« zu beraten, aber die Politiker sind offenbar nicht mehr willens, über die deutsche Ostgrenze und die politische Einheit Deutschlands eine Einigung zu erzielen.
Einziges Ergebnis der Konferenz von Moskau: Am 24. April 1947 wird die Auflösung des preußischen Staates bestätigt. Und auch die Konferenz von London, von Bidault als »Konferenz der letzten Chance« bezeichnet und in der Presse als »Konferenz, die über die Zukunft der Menschheit entscheidet« angezeigt, scheitert. Und es gelingt, was Bevin schon 1946 gefordert hatte: »Sollten wir zu der Überzeugung gelangen, die Idee von der Einheit Deutschlands — selbst wenn dieses föderalistisch strukturiert ist — aufgeben zu müssen, ist es außerordentlich wichtig, sicherzustellen, daß die Verantwortung für diesen Bruch unzweideutig den Russen zur Last gelegt wird...«
Die USA schwenken auf die Politik Großbritanniens ein, die da heißt: Eindämmung des sowjetischen Einflusses um jeden Preis. Am 12. März 1947 hält US-Präsident Truman vor dem Kongreß eine Rede, deren Kernsätze als »Truman-Doktrin« in die Geschichte eingegangen sind, eine mäßige Rede von schlichter Denkungsart, wie man das bis heute von US-Präsidenten immer wieder vorgeführt bekommt, aber einprägsam. Er sagt: »Im gegenwärtigen Abschnitt der Weltgeschichte muß fast jede Nation ihre Wahl in bezug auf ihre Lebensweise treffen... Die eine Lebensweise gründet sich auf den Willen der Mehrheit und zeichnet sich durch... Garantie der individuellen Freiheit... und Freiheit vor politischer Unterdrückung aus. Die zweite Lebensweise gründet sich auf den Willen einer Minderheit, der der Mehrheit aufgezwungen wird... Ich bin der Ansicht, daß es die Politik der Vereinigten Staaten sein muß, die freien Völker zu unterstützen..., sich ihr eigenes Geschick nach ihrer eigenen Art zu gestalten. Ich bin der Ansicht, daß unsere Hilfe in erster Linie in Form wirtschaftlicher und finanzieller Unterstützung gegeben werden sollte, die für eine wirtschaftliche Stabilität und geordnete politische Vorgänge wesentlich ist...«
Die Einteilung der Welt in zwei »Lebensweisen«, in »Ost« und »West«,

die Proklamierung dieser Doktrin, hat, wie bei den USA nicht anders zu erwarten, vor allem wirtschaftliche Gründe. Das erkennt man auch in Deutschland. Ein Kommentator in der »Westfälischen Rundschau« 1947: »Die amerikanische Wirtschaft braucht den Weltmarkt, einen gesunden und offenen Weltmarkt... Überall aber, wo die Sowjetunion mit ihrem Einfluß auftritt, geht der Eiserne Vorhang vor der Freiheit des Handels nieder... Die Welt muß sich wirtschaftlich erholen, wenn nicht auch Amerika in den Strudel des Elends hineingezogen werden soll, und der Anfang muß in Europa gemacht werden.«

aus: »Westdeutsches Volksecho«

Am 5. Juni 1947 schlägt der US-Außenminister in einer Rede an der Harvard-Universität ein wirtschaftliches Hilfsprogramm der Vereinigten Staten für Europa vor, den »Marshall-Plan«. Die US-amerikanische Offerte wird nicht um der schönen Augen der Europäer willen gemacht. Die Amerikaner sind Geschäftsleute. Zweck des Marshall-Planes ist — so Bernt Engelmann — »eine wesentliche Stärkung des amerikanischen Einflusses in den Empfängerländern, die Aufrechterhaltung bürgerlicher Demokratien mit kapitalistischem Wirtschaftssystem und die Abkehr von allen Sozialisierungs- und Bodenreform-Plänen«.
Um Marshalls Pläne in die Tat umzusetzen, treffen sich die Außenminister der Besatzungsmächte am 27. Juni 1947 zu einer weiteren Konferenz, die Molotow Anfang Juli verläßt. Er befürchtet, »der Marshall-Plan stelle eine Beschränkung der nationalen Souveränität dar und führe zur Aufhebung der wirtschaftlichen Unabhängigkeit«.
Das Programm, das vor allem Großbritannien, Frankreich, Italien und Deutschland zugute kommen soll, wird ohne die Sowjetunion beschlos-

sen. Frankreich, auf die US-Milliarden angewiesen, wird sich, das ist absehbar, auf Dauer den Plänen zur Institutionalisierung eines westdeutschen Staates nicht verschließen können.

Am 29. Mai 1947 wird in einem »Abkommen über die Neugestaltung der bizonalen Wirtschaftsverwaltung« zwischen den USA und Großbritannien beschlossen, den Deutschen »ein Höchstmaß von Verantwortung in Erfüllung bizonaler Aufgaben von der Militärregierung zu übertragen«, wobei die Alliierten sich natürlich letzte Entscheidungen vorbehalten.

»Ein Organ, genannt Wirtschaftsrat, ist von den Landtagen der verschiedenen Länder zu wählen.«

Der bizonale Wirtschaftsrat tritt am 25. Juni 1947 zu seiner konstituierenden Sitzung in Frankfurt zusammen und hält am 22. Juli seine erste Vollversammlung ab, in Anwesenheit des britischen und US-amerikanischen Oberbefehlshabers versteht sich.

Die CDU/CSU gewinnt in diesem sogenannten »parlamentarischen Gremium« eine entscheidende Stellung. Nach den Ergebnissen aller Landtagswahlen werden ihr in dieser Versammlung 21 Sitze zugewiesen, der SPD 20, der FDP 4, der KPD 3. Die restlichen 4 Sitze entfallen auf kleine Parteien.

Der Wirtschaftsrat ist zuständig für Wirtschaft, Verkehr, Post, Finanzen und Landwirtschaft. Die Verwaltung dieser Abteilungen wird Direktoren übertragen. Mit ihrem Verlangen, den Posten des Wirtschaftsdirektors mit dem Sozialdemokraten Viktor Agartz, der auch das Mißtrauen des US-Oberbefehlshabers Clay genießt, zu besetzen, kann sich die SPD gegen CDU/CSU und FDP nicht durchsetzen. Sie entschließt sich daraufhin zu einer »konstruktiven Opposition« und verspielt damit die Chance, die Wirtschaftspolitik der Bizone mitzugestalten.

Die bürgerlichen Parteien sind die entscheidenden Partner der Westalliierten bei der weiteren Entwicklung.

Die Errichtung der Bizone bringt den Deutschen zunächst neue Zweizonen-Lebensmittelmarken, die in der britischen und der US-Zone mit Beginn der 97. Lebensmittelzuteilungsperiode Gültigkeit haben und die alten Marken ablösen. Und sonst wenig.

Die Würfel für einen separaten westdeutschen Staat sind gefallen. Wie reagieren Deutsche auf die sich nunmehr deutlich abzeichnende Teilung ihres Landes?

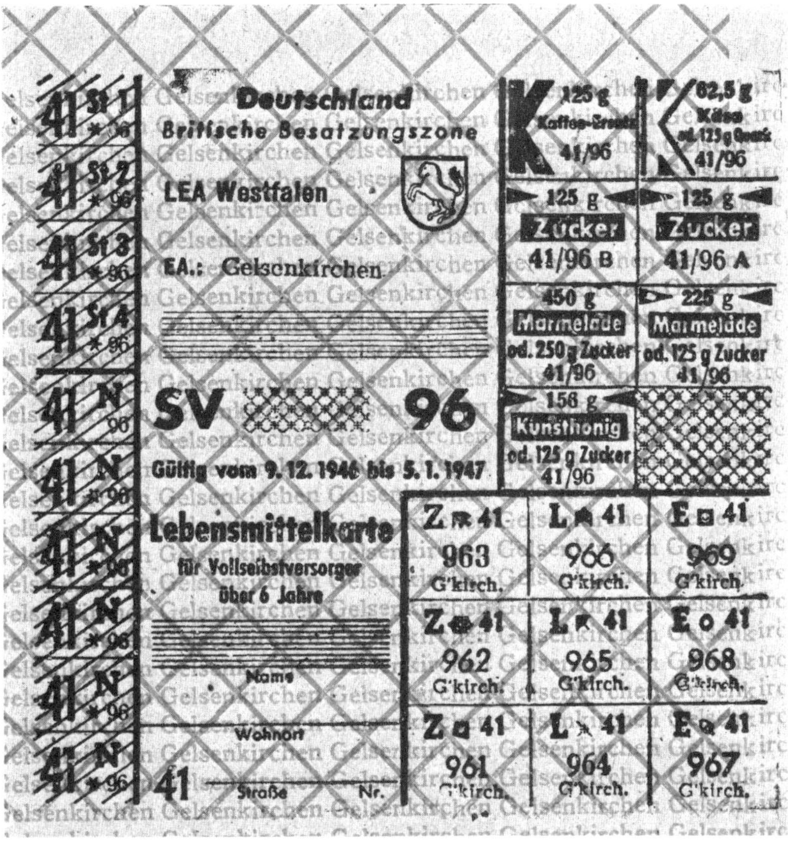

Deutschland
Britische Besatzungszone
LEA Westfalen
EA.: Gelsenkirchen
SV 96
Gültig vom 9.12.1946 bis 5.1.1947
Lebensmittelkarte
für Vollselbstversorger
über 6 Jahre
Name
Wohnort
41 Straße Nr.

41 St 1 96
41 St 2 96
41 St 3 96
41 St 4 96
41 N 96
41 N 96
41 N 96
41 N 96
41 N 96
41 N 96

125 g Kaffee-Ersatz 41/96
62,5 g Käse od. 125 g Quark 41/96
125 g Zucker 41/96 B
125 g Zucker 41/96 A
450 g Marmelade od. 250 g Zucker 41/96
225 g Marmelade od. 125 g Zucker 41/96
156 g Kunsthonig od. 125 g Zucker 41/96

Z 41 963 G'kirch.	L 41 966 G'kirch.	E 41 969 G'kirch.
Z 41 962 G'kirch.	L 41 965 G'kirch.	E 41 968 G'kirch.
Z 41 961 G'kirch.	L 41 964 G'kirch.	E 41 967 G'kirch.

Sicher — die Deutschen hatten nicht die Macht, eine Teilung ihres Landes zu verhindern, aber den Willen hätte man bekunden können, die Einheit Deutschlands zu erhalten. Daß das gemeinsames Bestreben aller Deutschen sei, behaupteten zumindest die Politiker, Politiker aller Parteien. Doch das tatsächliche Handeln der Politiker straft solcher Art Lippenbekenntnisse Lügen.
Es gibt 1947 einen »gesamtdeutschen Vorgang«, der dieses deutlich macht. Am 7. Mai lädt der bayerische Ministerpräsident Ehard die Regierungschefs aller anderen deutschen Länder für den 6. und 7. Juni zu einer gemeinsamen Konferenz nach München ein, wohl in der Annahme (oder mit der heimlichen Hoffnung?), daß die Länderchefs aus der sowjetischen Besatzungszone nicht erscheinen würden. Ein ähnlicher Versuch war bereits im Oktober 1946 in Bremen gescheitert.

Der Historiker Rolf Steininger: »Bei der Einladung an die Ministerpräsidenten der Ostzone spielte zunächst auch der Gedanke eine Rolle, wie ein Vertrauter Ehards es formulierte, daß ›Rußland damit in die unangenehme Lage versetzt (wird), die Teilnahme... verbieten zu müssen, und das Odium auf sich zu nehmen, die gesamtdeutsche Wirtschaftseinheit, die die völlige Verelendung des deutschen Volkes verhindern soll, unmöglich zu machen‹.« Doch wider Erwarten reisen die fünf Ministerpräsidenten aus der sowjetischen Besatzungszone an, und es kommt zum Eklat. Noch bevor die Konferenz beginnt, fahren die ostzonalen Regierungschefs wieder ab. Ehard in seiner Eröffnungsansprache:
»Wir empfinden es als geradezu tragisch und mit uns sicher das ganze deutsche Volk, daß die Vertreter der Länder im Osten Deutschlands..., nachdem sie erst im allerletzten Abschnitt der umfangreichen Vorarbeiten erschienen waren, ihre Mitarbeit schon wieder versagten, als bei der gemeinsamen Bearbeitung der Tagesordnung eine von ihnen ausgesprochene kategorische Forderung von den anderen Konferenzteilnehmern nicht in der vorgeschlagenen Form angenommen werden konnte.« Der bayerische Ministerpräsident sagt in mehreren Punkten die Unwahrheit und verschweigt bewußt Tatsachen. Das belegen auch die als »geheim« deklarierten Protokolle der Konferenz.
Am 23. Mai bereits trifft sich Ehard mit seinem sächsischen Kollegen Friedrichs zu einem Gespräch in Hof, das die Konferenz vorbereitet. Als die ostzonalen Ministerpräsidenten in München ankommen, wird von ihnen verlangt, eine ohne sie ausgearbeitete Tagesordnung bedingungslos zu akzeptieren. Sie selbst schlagen lediglich vor, die »Bildung einer deutschen Zentralverwaltung durch Verständigung der demokratischen deutschen Parteien und Gewerkschaften zur Schaffung eines deutschen Einheitsstaates" als Punkt auf die Tagesordnung zu setzen. Hierbei handelt es sich nicht um eine »kategorische« Forderung oder ein Ultimatum. Rolf Steininger:
»Die ostzonalen Ministerpräsidenten beharrten keineswegs bedingungslos auf ihrer Forderung; sie reduzierten sie vielmehr auf den Wunsch, lediglich eine Erklärung ›entsprechend dem Antrag‹ verlesen zu dürfen... Aber nicht einmal dies wurde ihnen zugestanden.«
Die Vermutung liegt nahe: In München wird kein Gespräch gesucht, sondern Konfrontation.

Wichtig zu wissen: Von den zwölf Westzonen-Ministerpräsidenten, die in München weiter konferieren, gehören sieben der SPD an.
Was die SPD im Sinn hat, erklärt ihr Vorsitzender Kurt Schumacher wenige Tage vor der Münchener Konferenz:
»Man muß soziale und ökonomische Tatsachen schaffen, die das Übergewicht der drei Westzonen über die Ostzone deklarieren. Die Prosperität der Westzonen... kann den Westen zum ökonomischen Magneten machen. Es ist... kein anderer Weg zur Erringung der deutschen Einheit möglich als diese ökonomische Magnetisierung des Westens, die ihre Anziehungskraft auf den Osten so stark ausüben muß, daß auf die Dauer die bloße Innehabung des Machtapparates dagegen kein sicheres Mittel ist.« Der als wirtschaftliches Hilfsprogramm angekündigte Marshallplan würde eine solche ökonomische Überlegenheit möglich machen, hoffte man.
Die Verkündung des Marshallplanes kommt genau zur rechten Zeit, um die immer lauter werdenden Forderungen in der deutschen Bevölkerung nach grundlegenden gesellschaftlichen Reformen zu unterdrücken. Forderungen, die nicht im Interesse der Westalliierten, zumindest nicht im Interesse der US-Amerikaner liegen konnten.
Im Frühjahr 1947 kommt es vor allem in Nordrhein-Westfalen zu Streiks und Demonstrationen. 35000 Menschen gehen in Wuppertal auf die Straße. In Hagen sind es 20000. Im Ruhrgebiet legen 300000 Bergarbeiter die Arbeit nieder.
Sie demonstrieren nicht nur gegen Hunger und Ernährungspolitik, sie fordern auch die Enteignung der Bergwerksbesitzer, die Verstaatlichung der Großindustrie und die Durchführung einer Bodenreform. Diese Forderungen hatten in einigen Ländern schon Gesetzescharakter angenommen. Landgüter über 150 ha Grundfläche sollen demzufolge aufgeteilt werden. In Hessen hatte ein Volksentscheid über Verstaatlichung von Schlüsselindustrien und staatlicher Kontrolle über Banken und Versicherungen eine breite Mehrheit erbracht. 70 Prozent der Bevölkerung hatten dafür gestimmt. In Nordrhein-Westfalen beschließt der Landtag ein Gesetz zur Verstaatlichung, zur Sozialisierung des Kohlebergbaus. Aber die britische Militärregierung verweigert zu diesem Gesetz ihre Zustimmung.
»Meiner Ansicht nach sollte man sie mit vorgehaltenem Bajonett zur Arbeit antreiben«, regt der US-Abgeordnete Richards die alliierten Mi-

ICH REPARIERE MEINE WOHNUNG!

WARUM NICHT?

Der Winter geht zu Ende. Wir haben uns mit engstem Wohnraum begnügt, nicht nur wegen der Heizmittelersparnis, sondern auch in vieltausend Fällen, weil wir nur noch den einen Raum haben. Aber wie oft wären im Hause noch weitere Räume zu gewinnen, wenn — ja, wenn die Beschuß- und Bombenschäden nicht allzu groß oder wenn genügend Handwerker, genügend Materialien zu haben wären!

Wir wollen uns nicht selbst täuschen. Arbeitskräfte und Material werden im Frühjahr noch knapper werden, weil die Bautätigkeit sich außerordentlich beleben wird. Wir sind also ganz auf uns selbst angewiesen. Das ist kein Grund zum Verzagen. Wir können es, wenn wir nur wollen. Wir haben schon Schwereres gekonnt.

Besichtigen wir doch noch einmal das zerbombte oder zerschossene Zimmer nebenan! Gewiß, es sieht zunächst trostlos aus, das Loch in der Wand erscheint riesig; vielleicht fehlt sogar eine ganze Wand, oder, was noch problematischer erscheint, eine Ecke ist völlig zerstört. Dennoch! Wenn wir überlegen, müssen wir uns sagen: Es ist nur mehr, aber keine schwierigere Arbeit, ein kleines Loch zu flicken, als eine Mauer hochzuziehen. Die Anordnung der Steine bleibt genau die gleiche. Und ein unten mit einem Eisenstück beschwerter Bindfaden ist ein Lot im einen Fall wie im andern. Gehen wir also ans Werk.

Brechen wir zunächst alle brüchigen Ziegelsteine fort, so daß ein klar gezacktes Loch entsteht, in das sich die „neuen" Steine passend einfügen lassen. Wie viele es sein müssen, ist leicht zu errechnen. Besorgen wir sie uns rechtzeitig, bald werden auch sie nicht mehr zu leicht und billig zu haben sein wie heute noch.

Was verwenden wir als Bindemittel? Wo wir Mörtel bekommen können, ist das Problem gelöst. Sonst aber müssen wir Lehm verwenden. Das geht ganz gut, wir dürfen ihn nur nicht zu dünn verrühren; er muß immer geschmeidig bleiben. Ein weiterer Ersatz ist Braunkohlen-Brikettasche, zur Hälfte mit Sand gemischt. Da sich jedoch nicht alle Arten der Asche eignen, macht man vorher eine Probe: der Mörtelersatz, etwa zentimeterdick irgendwo aufgetragen, muß in einigen Tagen hart sein, sonst ist er unbrauchbar.

Zögern wir nicht länger. Wenn die Tage wärmer und die Abende länger werden, müssen wir beginnen. So sichern wir uns und unserer Familie schon für den Sommer und erst recht für den kommenden Winter ein besseres Wohnen.

Bevor man, wie diese Frau, mit der Reparatur beginnt, muß das ganze Loch — nicht bloß, wie hier, die rechte Hälfte! — von allen Bruchstücken gesäubert sein. Auch sollte man nicht ohne Lot arbeiten

aus: »Die Frau von heute«

litärbehörden im Hinblick auf die streikenden Arbeiter im Ruhrgebiet an. Es gibt da freilich weniger martialische, wenn auch ähnlich wirksame Möglichkeiten.
Der Marshallplan, in dessen Rahmen auch Nahrungsmittel, Saatgut und Düngemittel im Wert von 1,6 Milliarden Dollar nach Deutschland geliefert werden sollen, handelt der hungernden Bevölkerung ihre gesellschaftspolitischen Forderungen ab. Mit Hunger wird Politik gemacht, mit Ernährungsversprechen Willfährigkeit erzwungen: Peitsche und Zuckerbrot.
Die Ernährungslage hat 1947 katastrophale Formen angenommen. Nach der Kältewelle des Winters kommt ein viel zu trockener Sommer. Die Dürre verhindert eine gute Ernte.
Der Brennstoffmangel des Winters bei Minustemperaturen von 20 Grad und mehr führt zur Einrichtung von Wärmehallen und Suppenküchen. Trotzdem erfrieren in Hamburg von Jahresanfang bis Mitte Februar 65 Menschen.
»Hoffnung muß den Magen füllen, Wärme ist nur Illusion; doch selbst mit dem besten Willen lebt ein Mensch nicht lang davon.« Solch »geflügelte Worte« machen die Runde.
Wer zum Tanzvergnügen will, geht mit einem »Päckchen« zum Swing: zwei eingewickelte Briketts — das Eintrittsgeld zum Tanzsaal.
Zur Kälte kommt der Hunger. Trotz gegenteiliger Versprechungen der Regierenden (»Im Sommer sind 1800 Tageskalorien zu erwarten!«) bleiben die Lebensmittel das ganze Jahr über knapp.
In Essen erhält ein Normalverbraucher 1947 durchschnittlich pro Tag 338 Gramm Brot, 46 Gramm Nährmittel, 4,4 Gramm Kaffee-Ersatz, 14,2 Gramm Fleisch, 6 Gramm Fett, 4 Gramm Käse, 20 Gramm Zucker, 100 Gramm Kartoffeln, 19,3 Gramm Fisch und für das ganze Jahr 7 (in Worten: sieben) Eier zugeteilt.
Im Januar und Februar gibt es in den westdeutschen Großstädten wochenlang keine Nährmittel, so daß der Rückstand im Februar 2,3 Millionen Zentner beträgt.
Die Fleischversorgung, besonders mit Rindfleisch, ist etwas besser als in den Vorjahren. Zu Jahresbeginn ordnet die Militärregierung Rindvieh- und Schweineabschlachtungen an, das Weideland soll als Ackerland zum Anbau von Feldfrüchten genutzt werden. Die Dürre des Sommers und das fehlende Viehfutter führen zu weiteren Schlachtungen. Wo das

nicht geschieht, verhungern die Tiere, allein in Schleswig-Holstein sind es 9000 Stück Vieh.
Im Frühjahr können statt der nunmehr angekündigten 1500 Tageskalorien nicht einmal mehr die »Mindestbedarfsmenge« von 1050 Tageskalorien geliefert werden.
Die Fettrationen erfahren eine weitere Kürzung. Infolge der Rinderschlachtungen fehlt Milch. Die Rapsernte ist um die Hälfte niedriger als im Vorjahr.
Die Menschen sammeln Bucheckern, pressen Sonnenblumenkerne aus. In einer Detmolder Stadtküche behalten die dort angestellten Frauen die für das Essen bestimmte Butter für sich. Statt dessen »fetten« sie die Mahlzeiten mit einer Topfreinigungsemulsion.

„Kartoffeln schon geerntet?"
„Ja, — — — möcht' nur wissen, wer!"

„Ich glaube, ich muß unbedingt mal ein paar Tage aussetzen." — „So,. was fehlt dir denn?" — „Kartoffeln!"

aus: »Westfälische Rundschau« 1947

Im Mai 1947 bricht erstmals die Kartoffelversorgung zusammen. Trockenkartoffeln werden nur an Zulageempfänger abgegeben. Der angekündigte »Frühkartoffelsegen« im August bleibt aus. Die Kartoffelernte 1947 läßt einen Minderertrag von 40 Prozent gegenüber dem Vorjahr erwarten, auch das eine Folge der Trockenheit.
Die Menschen im Ruhrgebiet versuchen, sich auf eigene Faust mit Kartoffeln zu versorgen, bauen selber an oder versuchen, sich die Knollen auf Hamstertouren zu besorgen.
Allerdings — das Hamstern ist schwerer geworden. In einer Verord-

nung vom 7. Mai 1947 erklärt der Minister für Ernährung und Landwirtschaft des Landes Nordrhein-Westfalen, Heinrich Lübke, die »Einführung von Sperrgebieten zur Erntesicherung«. In bestimmten landwirtschaftlichen Anbaugebieten (z. B. den Dortmunder Rieselfeldern oder der Soester Börde) dürfen sich zum Teil bis in den November hinein »nur solche Personen aufhalten, die in diesem Gebiet ansässig sind oder in diesem ihre Arbeitsstätte haben«.
Wer auf abgeernteten Feldern »stoppeln« oder Kartoffeln lesen will, braucht dafür einen Erlaubnisschein. Ja, es werden sogar Vorschriften fürs Ährenlesen erlassen. Aber selbst gelesene Kartoffeln sollen nach dem Willen des Frankfurter Wirtschaftsrates beschlagnahmt werden. Trotz dieser Maßnahmen gibt es im Herbst lediglich einen halben Zent-

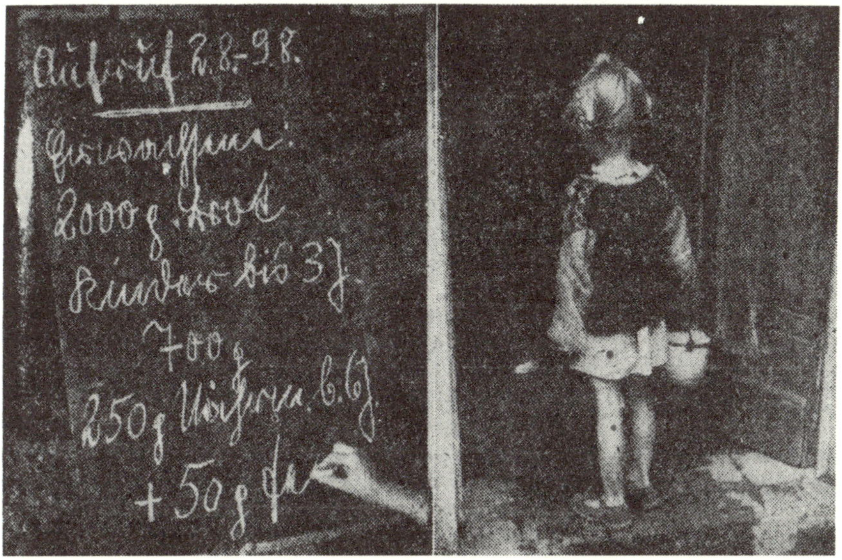

ner Kartoffeln pro Person zum Einkellern, 50 Pfund, die ein halbes Jahr hinreichen sollen.
Was bleibt den Hungernden, als sich an die Landwirte selbst zu wenden. Auch 1947 schlagen die Bauern aus der Lebensmittelnot der Städter Gewinn, sind zu manchem Tauschgeschäft bereit. Denn trotz strengster Ablieferungskontrollen haben sie natürlich Kartoffeln zurückbehalten. Allein im Kreis Brilon findet eine Kontrollkommission im November dieses Jahres 22 000 Zentner solcher Kartoffeln.
Und das ist bei anderen Lebensmitteln ähnlich. Bekommen kann man

alles, wenn man bezahlen kann. Dicke Bohnen gegen Bohnenkaffee, Speck gegen »Lucky Strikes«, Eier gegen Schmuck.
Zur gleichen Zeit, da in Deutschland Hungernde auf dem Lande die Felder und in den Städten die Mülltonnen nach Eßbarem absuchen, pflügt man in den USA, am Red River, Kartoffeln um, werden in Holland 10 Millionen Kilo Gemüse vernichtet, das man ins Ruhrgebiet hätte liefern wollen, wenn es mit Dollars hätte bezahlt werden können.
Es wird Ackerland von den britischen Militärs beschlagnahmt als Truppenübungsplatz. Und es wird immer wieder berichtet von Lebensmittelschiebungen, von Veruntreuung, von »Vitamin«-Korruption.
Im Januar 1947 wird in Frankfurt der »König der Blutspender« verhaftet. Für angeblich gespendetes Blut erschwindelte er sich als »Lebensmittelgabe« vom Ernährungsamt im Laufe eines Vierteljahres 436 Pfund Brot, 409 Pfund Fleisch, 110 Pfund Butter, 120 Pfund Nährmittel, 103 Pfund Käse und 1525 Liter Vollmilch.
In Minden werden drei Angestellte des Verwaltungsamtes für Wirtschaft verhaftet, die eine Großschiebung mit Bezugsscheinen für Papier, Holz und Eisenblech zum Schwarzmarktpreis von 150000 Mark durchführen wollten.
Am 24. September 1947 treffen sich in Bayern, im schönen Ruhpolding, für drei Tage Ernährungsfachleute, meist Beamte, aus den drei Westzonen, um über die Verbesserung der deutschen Lebensmittellage zu beraten. 43 Fachleute sind es, und an Nahrungsmitteln stehen den Ernährungsspezialisten während der Tagungszeit unter anderem zur Verfügung: 37 Kilo Fleisch, 258 Eier, 10 Kilo Butter, 9 Kilo Käse, 7,5 Kilo Lachs, 4 Kilo Eiscremepulver, 37,5 Kilo Kirschen, 50 Dosen Fruchtsaft, 20,5 Kilo Zucker, 5 Kilo Bohnenkaffee... Die Liste geht noch weiter und umfaßt insgesamt 19 Posten.
Die Menschen im Ruhrgebiet, die hungern, die diese Leckerbissen nur noch dem Namen nach kennen, vernehmen solches mit ungläubigem Staunen. Erfahren auch von »Schlemmerlokalen«, die von der Polizei in Nord- und Ostseebädern ausgehoben werden, in Westerland, Timmendorf, Niendorf, Scharbeutz oder Borkum. Dort trägt man Frack, Smoking und Abendkleid, bestellt sich Gänseleberpastete für 285,60 Mark, trinkt Sekt, die Flasche für 1000 Mark. Auf Borkum kostet eine Zigarette 10 Mark, eine Tasse Bohnenkaffee 11 Mark; in Timmendorf gibt der Besitzer des Lokals »Insel« zu, in zwei Wochen rund 160000

Mark Umsatz bei 10 000 Mark eigenen Kosten gemacht zu haben. Und selbst in Gelsenkirchen gibt es Menschen, die offenbar nicht »auf die Mark schauen müssen«, davon zeugen die Millionenumsätze, die an jedem Renntag am Totalisator der Trabrennbahn erzielt werden.

Und die Menschen, die Not leiden müssen, obwohl sie hart arbeiten, ahnen, daß es da eine andere Welt gibt, sehr unterschiedlich von der ihren, eine Welt, in der kein Mangel herrscht, und das 1947 mitten in Deutschland. Sie lesen in den Zeitungen, daß da Menschen sind in diesem Lande, die in Luxus leben, nicht nur Schwarzhändler und Schieber, auch Gemüse- und Kohlenhändler, Juweliere und Transportunternehmer, Industrielle und vor allem Beamte, in ihrer Mehrzahl bestechlich und

Wenn man essen wollte wie 1937 ...

Ein „Normalverbraucher-Ehepaar" müßte monatlich über 3000 Mark ausgeben

Hamburg, 24. Nov. (DPD) Ein „Normalverbraucher-Ehepaar" müßte monatlich 3 170,— Mark ausgeben, wenn es sich heute so ernähren will wie 1937. Diesen handgreiflichen Unterschied zwischen Vorkriegs- und Nachkriegszeit hat das Statistische Landesamt der Hansestadt Hamburg festgestellt.

Der etwas wehmütige Vergleich mit der Friedenszeit hat im Statistischen Landesamt noch zu anderen Errechnungen geführt. Im Frieden soll der Durchschnittsmensch täglich 2 863 Kalorien aufgegessen haben, auch wenn er damals davon noch nichts wußte. Will der Normalverbraucher heute die gleiche Anzahl Kalorien verzehren, dann muß er sich eine Schwerarbeiterkarte dazukaufen, die nach den Feststellungen des Statistischen Landesamtes „schwarz" 460 Mark kostet. Aber die Annahme, daß sich auch mit Hilfe dieser Schwerarbeiterkarte ein friedensmäßiges Essen kochen läßt, erweist sich als weit gefehlt. Das Statistische Landesamt weist darauf hin, daß es auf Lebensmittelkarten hauptsächlich „billige" Lebensmittel gibt Brot, Nährmittel oder Kartoffeln — an Zukker, Eiern, Speck, Schinken, Fett und Obst haben wir vor 10 Jahren ein Vielfaches mehr verbraucht als es heute selbst mit allen Zulagekarten möglich sein kann.

Vergleicht man den Verbrauch an Lebensmitteln im Jahre 1937 mit der Jetztzeit, so ergibt sich folgendes Bild: Der Verbrauch an Fett und Fleisch ist um 90 Prozent zurückgegangen, und nur noch ein Fünftel des Zuckers von 1937 wird heute umgesetzt. Bei Eiern, Obst, Kakao und Süßigkeiten nimmt der Rückgang 99 Prozent an. Der Kartoffelverbrauch beträgt heute 60 Prozent, der Brotverbrauch 90 Prozent des Friedensstandes. Nährmittel und Marmelade werden heute mehr gegessen als vor 10 Jahren, und zwar um 30 oder 40 Prozent mehr.

aus: »Westfalenpost« vom 25. November 1947

nicht gefeit gegen die Versuchung einer »vitaminreichen« Zuwendung für entsprechende »Dienste« als Gegenleistung.

Das Vertrauen in die Verwaltungsbehörden von Stadt und Land ist bei der Bevölkerung 1947 auf dem Nullpunkt angelangt.

Einige greifen zur Selbsthilfe. Als Frauen und Kinder, die um Steckrüben anstehen, im Februar 1947 einen Lastwagen voll feinstem Tafelobst entdecken, den das Landesernährungsamt Unna der Schnapsbrennerei Meinberg »zugewiesen« hat, stürmen sie, vom Hunger getrieben, den Transporter und bringen die Äpfel in ihren Besitz.

Andere gehen auf die Straße und demonstrieren wieder, legen stundenweise die Arbeit nieder.

Der Druck auf die Politiker wird so stark, daß der nordrhein-westfälische Landtag am 2. Oktober 1947 beschließt, die Landesregierung solle einen Staatskommissar zur Bekämpfung von Korruption und Mißwirtschaft in Verwaltung und Wirtschaft ernennen. Ernannt wird der Iserlohner Oberbürgermeister Jacobi. Bezirksbeauftragte werden eingesetzt und Beschwerdeausschüsse auf lokaler Ebene. 30 Beamte sollen Jacobi bei seiner Aufgabe unterstützen. Bürokratie entsteht, mit der bürokratische Auswüchse bekämpft werden sollen. Jacobi:
»Jene mit den feisten Hamsterbacken wollen wir jagen, den Berufsschiebern gilt unser unnachsichtiger Kampf in erster Linie ... Delikte von Beamten und Angestellten werden immer dann das Interesse meiner Dienststelle erregen, falls sich herausstellt, daß pflichtgemäße Dienste, auf die das Publikum Anspruch hat, von einer Gegenleistung abhängig gemacht werden.«
Das Staatskommissariat zeigt wenig Effektivität. Beamte können nun einmal nicht Beamte überwachen. Eine Maßnahme also, eine Einrichtung, die lediglich die Bevölkerung beruhigen soll. Denn Politiker und Beamte müssen Ende 1947 mit neuen Hiobsbotschaften an die Öffentlichkeit treten.
Ein dritter Hungerwinter droht. Im Dezember 1947 schon gibt es in Duisburg wochenlang kein Fett, kein Gemüse, kein Mehl und kein frisches Fleisch zu kaufen. Als der für Ernährung zuständige Minister Heinrich Lübke sein Versprechen, im Zuge einer Weihnachtssonderzuteilung Bohnenkaffee, Mehl und Zucker an die Bevölkerung zu verteilen, nicht einlösen kann, weil die Verhandlungen darüber beim Wirtschaftsrat in Frankfurt scheitern, bietet er seinen Rücktritt an. Zwei Tage vor Weihnachten zieht er seine Demission zurück: Die Notlage auf dem Ernährungssektor zwinge ihn, auf seinem Posten zu verbleiben.
Wie schon zu Beginn des Jahres gibt es Hungertote. Allein im Gelsenkirchener Stadtteil Buer sterben 1947 an Unterernährung und Schwäche 14 Menschen. Die Säuglingssterblichkeit steigt drastisch an, 544 sind es in der gesamten Stadt, die tot sind, bevor sie das erste Lebensjahr erreichen.
»Allgemeine Körperschwäche« heißt die neue Volkskrankheit. In Gelsenkirchen sind bereits im Januar dieses Jahres 7500 Personen unterernährt, in Berlin sind im Februar 16000 Menschen in akuter Lebensgefahr. Schon als die ersten Fälle von Hungertod bekannt werden, wen-

den sich die Gelsenkirchener Stadtverordneten in zwei Protestentschließungen an die Weltöffentlichkeit: »Kälte und Armut treiben zahllose Einwohner zur Verzweiflung. Tuberkulose und Siechtum durch andere Krankheiten greifen um sich und erfassen täglich mehr ausgehungerte Menschen unserer Stadt...« wird im Januar die Lage beschrieben, und im April heißt es: »In diesen Stunden übermächtiger Sorgen um das Dasein unseres Volkes drängt uns die Pflicht zu lautem Protest gegen das immer tiefere Absinken unserer Stadtbewohner in den Abgrund menschlichen Elends... Die Aufgaben, die wir lösen sollen, sind die schwersten, die seit Menschengedenken gestellt wurden. Die Lage hat eine Zuspitzung erfahren, die nicht länger tragbar ist... Wir fordern dringend Sofortmaßnahmen zur Linderung der schlimmsten Notstände...«
Im Juni 1947 verfassen die deutschen Ärzte eine Resolution zur Ernährungslage: »Die deutsche Ärzteschaft appelliert an das Weltgewissen, den bereits weit fortgeschrittenen körperlichen Verfall des deutschen Volkes nicht weiter zuzulassen... Die... bestehende chronische Unterernährung hat bereits zum weitgehenden Abbau der Körpersubstanz des Deutschen geführt und nicht nur seine körperliche Leistungsfähigkeit extrem herabgesetzt, sondern auch seine geistige Spannkraft vermindert und sein seelisches Gefüge verändert. Der hungernde Mensch ist antriebslos, reizbar, überkritisch und untauglich für Aufbau und staatsbürgerliche Betätigung. Die Ärzteschaft warnt vor den Gefahren, die diese unvermeidbaren physiologischen Folgen des chronischen Hungerns in jedem davon betroffenen Volk für die übrige Welt, für die Ethik, für die Sicherheit der übrigen Menschheit in sich bergen...«
Ein deutlicher Hinweis also auf die Unberechenbarkeit des hungernden Deutschen. Und wieder wird die Verbindung hergestellt zwischen Ernährungslage und Politik.
In einer Untersuchung des Ernährungsrates der deutschen Ärzte werden Belege geliefert: Krankheitsbilder werden geschildert, die auf Hunger und Unterernährung zurückzuführen sind, Sterblichkeitsziffern genannt: Neben Tuberkulose und anderen Krankheiten haben vor allem die Hauterkrankungen zugenommen. Sie sind um das 10fache gestiegen. Die Sterblichkeit liegt dreimal so hoch wie vor dem Krieg. Vor möglichen Folgen weiterer schlechter Ernährung wird gewarnt:
»Die Normalverbraucherrationen des Frühjahres 1947 sind so niedrig,

daß sie nur 1/3 des Bedarfs decken und in der Zeit von einigen Monaten zum Tode führen würden. Nur mit äußersten Anstrengungen und unter Einsatz aller Ersparnisse aus früheren Jahren, oft unter Preisgabe des mühsam geretteten Restes beweglicher Habe, unter Mißachtung von Gesetzen und behördlichen Bestimmungen sind die auf diese Rationen angewiesenen Menschen in der Lage, ihre Ernährung auf ein Niveau zu heben, das sie eben an der Grenze schwerer klinischer Unterernährungserscheinungen hält... Ein Mensch, der seine Ernährungsbedingungen nicht mehr sichern kann, wird asozial, unter Umständen zum Verbrecher... An die Stelle fleißiger Arbeit ist in den deutschen Betrieben ein stumpfes Herumsitzen getreten, unterbrochen von einer minimalen Arbeitsleistung, die unter normalen Verhältnissen in ein bis drei Stunden geleistet wird. Und auch diese Arbeitsleistung ist nur dadurch aufrechtzuerhalten, daß die Arbeiter bedingungslos und skrupellos alle Möglichkeiten der zusätzlichen Nahrungsbeschaffung ausschöpfen...«
Worauf die Ärzte hier zuletzt hinweisen, ist ein Teufelskreis, in den die deutsche Bevölkerung einzutreten droht.
Seit September 1946 ist die Arbeitsunfähigkeit infolge Unterernährung ständig angestiegen und steigt 1947 weiter. Nachgelassen hat die Arbeitsleistung. Zwei Beispiele: 1936 schachtete ein Arbeiter acht Kubikmeter Erdreich an einem Arbeitstag aus. 1946 sind es nur drei Kubikmeter. Um zwei Kubikmeter Mauerwerk an einem Arbeitstag herzustellen, wurden 1936 zwei Maurer und ein Hilfsarbeiter benötigt, 1946 sechs Maurer und zwölf Hilfsarbeiter.
Arbeitskräfte fehlen 1947. Aber nur durch den Export von in Deutschland geförderten Rohstoffen und in Deutschland hergestellten Industriegütern ins Ausland können die für den Import von Lebensmitteln benötigten Devisen beschafft werden. Sinkt die Arbeitsleistung, verringert sich folglich auch die dadurch erwirtschaftete Lebensmittelmenge, was die Ernährungslage weiter verschlechtert, wodurch wieder die Arbeitsleistung absinkt.
Eine Schlüsselstellung nimmt dabei die Kohleförderung ein. Kohle ist das wichtigste Ausfuhrprodukt. Dabei stehen Exportleistung und Import in einem krassen Mißverhältnis zueinander.
Vier Tonnen Kohle müssen gefördert und ausgeführt werden, um für den Erlös eine Tonne kanadischen Weizen einführen zu können.
Trotzdem — das erkennen nicht nur die alliierten Behörden, sondern

auch deutsche »Ernährungsfachleute« — muß vor allen anderen der Kumpel an der Ruhr ausreichend ernährt werden, will man überhaupt aus dem tödlichen Kreislauf herauskommen.
Anfang des Jahres 1947 wird ein Bergmannspunktesystem eingeführt, das die Ernährungssituation der Kumpels an der Ruhr verbessern soll. Bereits in den Vorjahren war mancherlei geschehen, um den Bergleuten mehr Lebensmittel zukommen zu lassen. Es gab Schwer- und Schwerstarbeiterzulagen, CARE-Pakete wurden und werden verteilt. Vor Schichtbeginn bekommen die Zechenarbeiter Butterbrote, die sie »Doppelts« nennen, bei Schichtende wird ein Eintopfgericht ausgegeben.
Dennoch — als im Februar 480 Kumpel einer Gelsenkirchener Schachtanlage untersucht werden, haben 95 Prozent von ihnen Untergewicht, 168 von ihnen mehr als 20 Prozent.
Das Punktesystem soll Abhilfe schaffen.
Am 20. Februar beginnt die erste Verteilung von Bergmannspunkten entsprechend der Leistung der Arbeiter vom 16. bis 31. Januar. Für jede

Mark des durchschnittlichen Schichtlohnes eines Monats erhalten die im Bergbau Beschäftigten 10 Punkte, mindestens aber 50, höchstens 150 Punkte. Bei nicht voller Arbeitsleistung, zum Beispiel Fehlschichten, finden Kürzungen statt. Da Lebens- und Genußmittel vor allem denen zusätzlich zugute kommen sollen, die die schwerste Arbeit verrichten, werden Bergarbeiter und Angestellte in acht Klassen eingeteilt.
Nach dieser Regelung erhält ein Gedingearbeiter unter Tage monatlich 750 Gramm Speck, ein Pfund Bohnenkaffee, 250 Gramm Zucker, zwei Flaschen Schnaps und 100 Zigaretten zusätzlich. Im übrigen werden keine Unterschiede zwischen den verschiedenen Gruppen von Betriebsangehörigen im Kohlebergbau gemacht.
Die Abgabe der Lebens- oder Genußmittel erfolgt in den Geschäften gegen Abtrennung der Bezugskartenabschnitte und gleichzeitiger Abgabe von Punkten. Von den Bergmannspunkten können, wenn sie nicht für den Bezug von Lebensmitteln benötigt werden, auch Konsumgüter »gekauft« werden: Schuhe (50 Punkte), Textilien (ein Wintermantel 230 Punkte) oder Haushaltswaren (ein Kochtopf 10 Punkte).
Eine Art neuer Währung entsteht, eine »Währung«, die höher im Kurs steht als die Reichsmark und für die man auch den Gegenwert »Ware« bekommt: Die Schaufenster füllen sich, die Preise sind in »Bergmannspunkten« ausgezeichnet.
Eine solche Maßnahme muß zu Unruhe in der Bevölkerung führen, besonders in der angespannten Lage des Jahres 1947 und vor allem bei denen, die nicht in den Genuß dieser Sonderbewirtschaftung kommen können. Eine Anzeigenkampagne in den Zeitungen soll aufklären und für Verständnis werben. Das Punktesystem wird ein Erfolg, die Kohleförderung steigt leicht an. Natürlich wird mit den Bergmannspunkten auch ein schwunghafter Schwarzhandel getrieben. Ein Kaufmann in Gelsenkirchen ergaunert 1947 immerhin 201 000 Punkte und wird zu einer Gefängnisstrafe von drei Jahren verurteilt.
Was gibt es sonst noch aus diesem Jahr 1947 zu berichten?
Statt des bisherigen Bezugsscheinsystems werden Textil-Punktmarken eingeführt, aber nicht beliefert.
Für Kraftfahrzeuge in der britischen Zone gibt es neue Nummernschilder, schwarze Ziffern auf hellblauem Grund, aber kaum Benzin.
Und wie ein Alltagsmorgen 1947 verläuft, lassen wir einen Gelsenkirchener Zeitungsreporter berichten:

»Sieben Uhr morgens. Aufstehen. Waschen mit einem Händchen voll flüssiger Seife. Frühstück: Brot mit Salz und zwei gehamsterten Tomaten. Blick durchs Fenster. Eine Portion frischer Roßäpfel auf der Straße. Rasch einkassiert, ehe der Nachbar drangeht... Dringend zum Schuster. Hin. Pech gehabt. ›Heute keine Annahme.‹ Auf dem Heimweg Schlange mit Obstkunden. Es gibt prima Birnen allerletzter Qualität. Gut, daß ich die Karten bei mir habe... Also ran an die Schlange. Als ich drankomme (nach 53 Minuten und 14 Sekunden)...: ›Sind Sie bei uns in die Kartoffelliste eingetragen?‹ Antwort: ›Nein!‹ ›Dann kriegen Sie auch kein Obst.‹ Aha, eine Straßenbahn! ›Haben Sie Kleingeld?‹ Nöh. Ergebnis: für eine Mark Fahrscheine. Beim Blick ins Portemonnaie entdecke ich einen Schirmreparaturschein. Hm, kann man auch mal nachfragen. Nee, noch nicht fertig... ›Vielleicht nächste Woche‹... Was, schon zwölf Uhr? Nun aber rasch zum Mittagessen nach Hause. Es gibt eine Handvoll Salzkartoffeln mit Aussicht auf bessere Zeiten garniert...«

Man kennt seine eigene Heimat nicht wieder

Gelsenkirchener Heimkehrer erzählt seine Eindrücke

Ein Gelsenkirchener, der seit langen Jahren zum ersten Male wieder den Boden der Heimatstadt betrat, erzählt uns von seinen ersten Eindrücken, d. h. vor allem von dem, was ihm besonders auffiel:

Ich kam bei Regen an. Im Hauptbahnhofsgebäude bekam ich durchnässe Füße — nachher aber, auf der Straße, war es halb so schlimm.

Gegenüber dem zertrümmerten Hauptbahnhof sind die Straßenbahnhaltestellen Was für ein Geschiebe, Gedränge, Gestoße und Geschrei! Sollte man in all den Jahren nicht doch ein Rezept gefunden haben, wie man diesen Zustand beseitigen kann? Vielleicht durch Schlangenreihen?

Uebrigens: worüber die Menschen an den Haltestellen sprachen? Man machte seine Witze über das Speisekammergesetz. Man schimpfte über die „dicken Bauern". über Schieben und Kompensieren und darüber daß weiß Gott was alles nicht zu haben ist.

Dann ging ich durch die Bahnhofstraße. Herrlich volle Schaufenster. „Nur auf Bergmannspunkte!" Soviel Bergleute und soviel Punkte gibt es ganz bestimmt nicht, wie sich da auf Bergmannspunkte anbietet! Und warum gibt man den „Punktlosen" nichts? Ein kritischer Punkt.

In einem Schnellbüfett schütte ich mir ein markenfreies Tellergericht in den leeren Magen: graues Wasser mit Steckrübenschnitzeln. Reicht nicht; ein Teller Graupensuppe mit 50 Gramm Nährmitteln (eine Hausfrau macht die dreifache Portion davon) muß dahinterher. Und jetzt noch einen markenfreien Gemüsesalat dazu: Rote Beten mit schamrotem Runkelgemüse dazu und rings herum als Garnierung Steckrübenschnitzel. Noch nicht satt, ziehe ich weiter. In einem anderen Restaurant kriege ich für 50 Gramm Nährmittel eine ganze Terrine Graupensuppe, mindestens drei Teller voll. Man sieht: das eine geht, aber das andere geht auch. Heute geht eben alles!

Also: ich bin nun satt. Eine dunkle Existenz scheint gemerkt zu haben, daß ich nun ganz gern vielleicht auch noch ein Schnäpschen . . . Aber das gibt es in diesem Lokal nicht. Dezent kommt der Fremdling auf mich zu und empfiehlt sich als Schlepper für ein Lokal, wo man Schnaps, Wein Kaffee, alles haben kann. „Mit einem kleinen Aufschlag natürlich", sagt er augenzwinkernd. Ich sehe ihn ungläubig an. „Haben Sie Angst?" meint er. „Brauchen Sie nicht zu haben. Bei uns ist die Luft rein! Nein, ich danke, Wirklich.

Zuletzt geriet ich noch in eine Straße, auf der hier und da kleine Menschenknäuel zusammenstanden — gleich hinterm Bahnhof rechts. Vorn an der Straßenecke stand ein Schutzmann und etwas weiter wurde gekungelt: Deutsche und Amis — man sah es an den frischangesteckten Stäbchen, mit denen sich einzelne Personen unauffällig aus den Knäueln lösten. Eine Stunde später saß ich mit einem Freunde in einem Gasthaus Wir unterhielten uns natürlich auch über den Gelsenkirchener Schwarzmarkt. Und mein Freund meinte: „Deswegen braucht man nicht mehr zum Bahnhof zu laufen. Zigaretten kann man schwarz heute in jedem anständigen Lokal haben."

Das wäre es für heute. Vielleicht fällt mir nochmal was auf.

aus: »Westfälische Rundschau«

Wie Tante Lina Lysistrata gleich Männermacht den Kampf ansagte

Kaum jemand heute ist in der Lage, sich auch nur vorzustellen, unter welchen Umständen die Menschen 1947 gezwungen waren zu leben. Die beißende Kälte des Winters, die man nicht bannen konnte, weil Holz und Kohlen fehlten, um die Wohnungen zu heizen, die strapaziösen Hamsterfahrten in überfüllten Eisenbahnzügen, das ewige, oft vergebliche Anstehen um Lebensmittel, um irgend etwas Eßbares zu ergattern, ein paar Steckrüben, ein bißchen Mehl oder Eier...

In einer solchen, fast hundert Meter langen Schlange stand Tante Lina irgendwann in den Februartagen des Jahres 1947. Kartoffeln sollte es geben. Das hatte sich in Windeseile herumgesprochen in der Stadt. Aber es war schon abzusehen, daß die zur Verteilung stehende Menge an Kartoffeln nicht für alle reichen würde, die in der Schlange warteten. Und wer etwas bekam, würde mit Kartoffeln vorliebnehmen müssen, die Frost gekriegt hatten. Die Kartoffeln hatten in Eisenbahnwagen ohne Abdeckung und ohne daß sich jemand dafür zuständig gefühlt hatte, die Waggons etwa abzuladen, in Eiseskälte tagelang auf dem Gelsenkirchener Hauptbahnhof gestanden.

Nur langsam rückte die Schlange vor.

Als ein Wagen auf den Hof des Gemüseladens fuhr, gerieten die Leute in Bewegung. Alles drückte und schob nach vorn. Kisten wurden abgeladen: Kohl, Spitzkohl, Rosenkohl, Salat, zwei Säcke mit »dicken« Bohnen. »Treibhausware aus Holland«, raunten sich die Frauen in der Schlange zu, reckten die Hände mit den Lebensmittelkarten hoch und bestürmten den Händler. »Sogar Schlangengurken...«

»Beruhigt euch, Leute«, sagte der Gemüsehändler. »Ihr könnt das alles gar nicht kaufen, auch wenn ich wollte. Das ist fürs Krankenhaus. Wird heute abend noch abgeholt! Nur von dem Salat, da kann ich was abgeben.« Tante Lina hatte Uwe mitgenommen. Der schlotterte vor Kälte und maulte vor sich hin. Und nachdem Tante Lina zum dritten Mal sein

»Ich hab' so'n Hunger« sich hatte anhören müssen, hatte sie aus ihrer Einkaufstasche ein Stück Brot hervorgekramt, hatte ihm das gegeben und hatte ihn weggeschickt:
»Geh mal nach vorn und schau nach, ob die überhaupt noch genügend Kartoffeln haben oder Salat, daß sich das Warten lohnt.«
Uwe war mit seinem Stück Brot in der Hand die Schlange entlang bis vor zum Gemüseladen getrottet, hatte sich durch ein paar murrende Leute gedrängt, um einen Blick ins Ladeninnere werfen zu können. Und gerade als er wieder zu Tante Lina zurück wollte, da stürzte plötzlich ein Mann auf ihn zu. Er riß Uwe das Brot aus der Hand und fraß es auf.
Ja, man verzeihe mir den Ausdruck, aber so wie dieser Mann seine Zähne in den Kanten Brot schlug, wie er biß und schluckte und herunterschlang, dafür gibt es kein anderes Wort, das dies beschreiben würde. Ein Mensch, der vom Hunger gequält war.
Uwe schrie erschrocken auf.
Tante Lina hatte die Szene stumm beobachtet, war aus der Schlange herausgetreten, hatte Uwe an der Hand genommen wie einen kleinen Jungen und war mit ihm nach Hause gegangen.
Später, als es schon dunkel war und der Gemüseladen »ausverkauft« und lange geschlossen, war sie wohl noch einmal wiedergekommen, hatte beobachtet, wie der Wagen eines stadtbekannten Bäckermeisters auf den Hof gefahren kam, wie das »für das Krankenhaus bestimmte« Gemüse den Besitzer gewechselt hatte.
Mag das den Ausschlag gegeben haben, mag das der Anlaß gewesen sein, daß Tante Lina noch am selben Abend alle Hausbewohner um sich versammelte, von dem verbrecherischen Gemüsehändler berichtete und von Uwes Erlebnis, durchaus voller Verständnis für den vom Hunger ausgezehrten Brotdieb, und sagte:
»Es muß etwas geschehen!«
Und:
»So kann das nicht weitergehen!«
Hillary erbot sich sofort, für zusätzliche Lebensmittel zu sorgen, aber Tante Lina winkte ab.
»Das ist sehr lieb. Aber das meine ich nicht. Du kannst uns helfen, vielleicht kannst du das, aber nicht den vielen anderen, die auch Hunger leiden.«

Und wandte sich Kuszmierz zu. »Ihr müßt etwas tun. Ihr seid die einzigen, die den Behörden, den deutschen und den britischen Behörden gegenüber ein Druckmittel in der Hand haben. Die brauchen eure Kohle. Und deswegen könnt ihr was tun. Ihr müßt streiken.«
»Streiken...?! Wie du dir das vorstellst. Abwesenheit wegen Streik wird wie unentschuldigtes Fehlen bewertet. Weißt du, was das heißt? Bei nur einer versäumten Schicht verfallen ein Fünftel der Punkte des gesamten Monats und die Abschnitte für Tabak und Schnaps. Willst du das einem schwer arbeitenden Familienvater mit Kindern zumuten?«
Was Kuszmierz meinte, waren die Bergmannspunkte. Die North German Coal Control, eine Behörde der britischen Besatzungsmacht, hatte rigide Maßnahmen gegen Bergarbeiterstreiks verfügt. Bei nur drei versäumten Schichten wurden überhaupt keine Bergmannspunkte ausgehändigt. Streikende Bergarbeiter erhielten auch keine Sonderverpflegung. Wozu man wissen muß, daß 1947 ein Drittel aller Bergleute mehr als 20 Prozent Untergewicht hatten.
Die Bergarbeiter hatten bereits 1946 wegen der Versorgungslage gestreikt. Auf der Zeche »Consolidation« in Gelsenkirchen waren 147 Kumpel wegen schlechten Essens nicht angefahren und waren verurteilt worden zu Gefängnisstrafen zwischen sechs und zwölf Monaten.
Und Kuszmierz redete und redete, wie Gewerkschafter manchmal reden, und zerredete und brachte tausenderlei Gründe vor, die zwar alle richtig waren, aber eben nicht in Tante Linas Konzept paßten. Und hielt der Tante einen langen Vortrag über die Aufgaben der Gewerkschaft. Und sprach von Solidarität mit den Arbeitern anderer Industriezweige, die ohne Kohlen nicht produzieren könnten. Und sprach von Verantwortung der Gesellschaft gegenüber: Was wäre, wenn Krankenhäuser und Schulen mit einem Mal ohne Kohlen, die Häuser ohne Hausbrand dastünden. Und redete so lange, bis Tante Lina verächtlich »Männer!« sagte, in einem Ton, den wiederzugeben mir mein Geschlecht verbietet, und das Zimmer verließ.
Als Fabrizius nächtens aus dem Theater heimkam, fand er eine in Tränen aufgelöste Tante Lina am Küchentisch sitzen, sah sie mit Fäusten auf den Tisch hämmern und hörte sie immer wieder sagen:
»Wenn wir doch bloß nicht so hilflos wären.« Voller Wut sagte sie das:
»Wenn wir doch bloß nicht so hilflos wären!!«
Fabrizius war baß erstaunt, denn so hatte er Tante Lina noch nie erlebt.

Und ließ sich alles erzählen. Psychologisch einfühlsam das, denn dabei beruhigte sich Tante Lina. Und als Tante Lina mit ihrer Geschichte und ihren Ideen, mit denen sie bei Kuszmierz kein Gehör gefunden hatte, zu Ende gekommen war, da schwiegen sie erst einmal beide.
Dann wiegte Fabrizius den Kopf hin und her, lächelte ein wenig verschmitzt in sich hinein und sagte schließlich:
»Ein Fall für Lysistrata.«
»Wer ist Lysistrata?«
»War, Lina, war.«
Und Fabrizius erzählte ihr die Geschichte der Lysistrata, die Komödie des Aristophanes. Erzählte, wie die Frauen im alten Griechenland, des ewigen Krieges zwischen Athen und Sparta müde, unter Führung von Lysistrata beschließen, in den Liebesstreik zu treten. Was Fabrizius wortgewaltig und so blumig zu umschreiben versuchte, daß Tante Lina ihn erst gar nicht verstand. Erzählte, wie sich den Athener Frauen, die mit dem Streik begonnen, auch die Frauen aus Sparta anschließen. Erzählte, wie die Männer gezwungenermaßen Frieden machen miteinander und dann auch zu ihren Frauen zurückkehren dürfen.
Tante Lina hatte ihm mit wachsendem Interesse zugehört.
»Habt ihr das Stück in eurer Theaterbibliothek? Kannst du mir das mal mitbringen?«
Ob Tante Lina wirklich die »Lysistrata« des Aristophanes studiert hat, ist schwer zu sagen, aber doch wohl zu vermuten, wenn man die Ereignisse der folgenden Tage Revue passieren läßt.
Da kluckte die Tante Lina zunächst mit der Martha Varenholt zusammen, die ja auch mit einem Bergmann verheiratet war und eigentlich Kabitz hieß. Konspirative Gespräche hinter verschlossener Tür.
Dann war Tante Lina tagelang nicht zu Hause.
Dann wurde der Kreis erweitert. Gespräche mit lauter Bergmannsfrauen, die Wellpottsche von gegenüber und noch ein paar.
Was wurde da ausgeheckt? Welche dunklen Pläne geschmiedet?
An einem der folgenden Tage war es dann soweit. Um vier Uhr morgens sah man in Gelsenkirchen hinter einigen Fenstern allerlei Lichter angehen. Und Minuten später sah man Frauen aus ihren Häusern treten, der Kälte wegen vermummte Gestalten. Und man konnte einen stummen Zug durch die Nacht marschieren sehen auf die Zeche Ewald in Resse zu.

Dreißig mögen es zu Anfang gewesen sein, vielleicht fünfzig. Aber was sie taten, sprach sich in Windeseile in den Zechensiedlungen der Umgebung herum, und bald waren es hundert und mehr, die sich vor den Zechentoren versammelten, eine menschliche Mauer bildeten, immer noch stumm, nur ihr Atem sichtbar in der beißenden Kälte. Frauen jeden Alters mit Einkaufstaschen in der Hand.
Laut wurde es erst, als die Männer zur Morgenschicht anrückten, vollkommen überrascht von dem Aufmarsch der Frauen.
»Hier kommt ihr nicht durch!« schallte es ihnen entgegen.
»Heute wird nicht gearbeitet, erst wollen wir das zum Leben Notwendige einkaufen können.«
»Wir sind es leid! Immer und immer Versprechungen, die nicht gehalten werden.«
»Du kannst heute mal putzen und den Haushalt machen und die Kinder auf den Topf setzen!« schrie die Wellpottsche unter dem Gelächter der Frauen ihrem Mann über den ganzen Platz zu, und der bekam prompt einen roten Kopf, was man aber in der Dunkelheit nicht sehen konnte. Einem Arbeitslustigen, der sich mit Gewalt durch die Masse der Frauen drängen wollte, erging es übel. Mit einem blauen Auge und blutender Nase mußte er den Heimweg antreten. Und danach versuchte es keiner mehr, die Mauer der Frauen zu durchbrechen.
»Wir können nicht mehr kochen, bei dem wenigen Fett, das man uns gelassen hat«, ertönte es.
»Wenn wir vorige Woche in den Fischhandlungen nur Fischköpfe bekommen haben, so möchten wir doch wirklich wissen, wer die Fische bekommen hat?«
»Sind wir wirklich soweit, daß wir uns mit Abfall begnügen müssen?«
Schreiende Frauen, vom Mut dieser Frauen beschämte Kumpel, unschlüssig, wie sie sich verhalten sollten, eine ratlose Zechenleitung.
Der Kontroll-Offizier wird aus dem Bett geholt. Der wiederum benachrichtigt die Stadtverwaltung, den Oberbürgermeister, schließlich den Stadtkommandanten, der schlecht gelaunt angefahren kommt, weil er auf sein Frühstück verzichten muß.
Und die Räumung der Zechentore befehlen will, notfalls mit allen zur Verfügung stehen Mitteln.
»Wie stellen Sie sich das vor? Gewalt gegen Frauen? Keine sehr populäre Maßnahme. Die Presse ist auch schon da. Wenn die Polizei oder die

Soldaten ihre Schlagstöcke benutzen müssen, das ist ein gefundenes Fressen für die Fotografen...«

»Dann muß den Bergleuten gedroht werden, daß ihnen die Schicht nicht angerechnet wird.«

»Dafür gibt es keine Handhabe. Schließlich streiken die Kumpels ja nicht, sondern ihre Frauen.«

»Also...?«

Als eine Delegation der Frauen vom Stadtkommandanten und vom Oberbürgermeister empfangen wurde, wußten die Frauen, daß sie gewonnen hatten.

Zwar erklärte der Stadtkommandant ihnen noch, als sie ihm ihre Notlage geschildert hatten, daß sie, wenn sich in Zukunft solche Mißstände ergeben sollten, sich sofort an ihn wenden sollten. Ihm sei die Versorgungslage und die daraus resultierenden Verhältnisse nicht in ihrer ganzen Tragweite bekannt. Verantwortlich seien deutsche Stellen, und wenn sie selbst triftige Gründe für verantwortungsloses Verhalten auf deutscher Seite bei der Verteilung von Lebensmitteln aufzeigten, dann würde er selbst Sorge tragen, daß bei den betreffenden Instanzen Ordnung geschaffen würde. Bei der derzeitigen Lebensmittellage müßte niemand Hunger leiden.

Das erklärte er den Frauen, aber er mußte den Frauen auch versprechen, schnell und unbürokratisch für Lebensmittel zu sorgen, die zur sofortigen Verteilung kommen konnten.

»Noch im Laufe des Sonntags wird Brot angeliefert.«

»Sonntag. Wir haben das alle gehört. Wenn nicht — wir kommen wieder!«

Die Frauen zogen ab. Singend zogen sie ab: »Wir haben Hunger, Hunger, Hunger, brauchen Brot! Unser Kind hat nichts zu essen, unser Mann hat nichts zu essen, brauchen Brot...«

Am folgenden Sonntag wurde Brot geliefert. Auch wenn das die Ernährungslage nicht entscheidend verbesserte, die Protestaktion hatte Erfolg gehabt, und die Frauen brauchten zum letzten Mittel, zum Liebesentzug, nicht zu greifen, brauchten nicht in den Liebesstreik treten. Denn auch das hatten sie — so Tante Lina — durchaus vor.

Ihr Beispiel machte im übrigen Schule. Auf mehreren Zechen in Gelsenkirchen zogen Frauen auf, versperrten die Zechentore, und die Belegschaften der Zechen erklärten sich mit ihren Frauen solidarisch. Und verweigerten die Anfahrt zur Schicht. Kuszmierz war von der Tat der Frauen tief beeindruckt und soll gar auf einer Delegiertenversammlung ernsthaft den Antrag gestellt haben, die Bergarbeiterfrauen in die Gewerkschaft aufzunehmen. Ein Antrag, der mit knapper Mehrheit abgelehnt wurde.

Fabrizius machte seinem Intendanten den Vorschlag, die »Lysistrata« neu zu inszenieren, den Text, angelehnt an die Aktion der Bergarbeiterfrauen in Gelsenkirchen, zu aktualisieren und die Schauspieler in zeitgemäßen Gewändern auftreten zu lassen. Er stieß freilich auf taube Ohren. Gelsenkirchen war damals nach Meinung der »Künstler« am Theater nicht reif für derartige Stücke. Man spielte »Der fidele Bauer«, »Hanneles Himmelfahrt« und »Wiener Blut«.

Und an diesem Spielplan hat sich bis heute wenig geändert, aber das ist ein anderes Thema.

Ein ganzer Haushalt „auf Pump"

Leihanstalt für „Gerätelose" — Eine Einrichtung, die vielen Nutzen bringt

Köln, im Januar.

Millionen von Familien der Westzonen, vor allem Ostvertriebenen und Ausgebombten, fehlt es am nötigsten Hausrat. Rund zehn Millionen Haushalte müssen heute auf Gegenstände verzichten, die früher als unentbehrlich galten. Das, was aus den Kanälen der behördlichen Planwirtschaft kommt, ist nicht mehr als der bekannte Tropfen auf den heißen Stein.

Diesem großen Notstand wenigstens in kleinem Umfange zu begegnen, kam ein junger Akademiker in Bad Honnef am Rhein auf eine gute Idee. Er richtete ein Leihgeschäft ein, in dem man sozusagen einen ganzen Hausstand „auf Pump" haben kann. Kurz oder langfristig, so berichtet die CDU-Zeitung „Neue Zeit" über diese bisher einzigartige Einrichtung, sind hier alle Garten-, Haushalts- und Wirtschaftsgeräte gegen geringe Leihgebühren zu haben. Ob man ein Jauchefaß, eine Waschmaschine oder eine Fruchtpresse, eine Säge oder einen Einkochkessel benötigt, ob man eine Farbspritzpistole oder eine Tabakschneidemaschine braucht, hier kann jedem geholfen werden. Die Leihgebühr für ein Waschbrett beträgt täglich 50 Pfg., für ein Waffeleisen 35 Pfg., für eine elektrische Kochplatte 50 Pfg. Ein Eimer kostet monatlich 90 Pfg., ein großer Topf 2,40 RM. Bei manchen Gegenständen muß ein Pfand hinterlegt werden.

Flüchtlinge und Ausgebombte stellen naturgemäß den Hauptteil der sich ständig mehrenden Kunden. Schon kommen sie auch aus der weiteren Umgebung von Honnef, aus den großen Städten an Rhein und Ruhr und aus dem Norden der französischen Zone, um hier ohne langes Bitten und Betteln das zu bekommen, was für sie sonst unerreichbar bliebe. Natürlich geben alle gern ein Pfand, oft leider freilich mit dem Hintergedanken, es nie wieder einzulösen und so den begehrten Artikel als ihr Eigentum zu betrachten. „Damit mußten wir rechnen. Zum Glück konnte bisher jeder im Leihbetrieb nicht zurückgebrachte Artikel ersetzt werden. Der Nachschub wird auch weiter funktionieren," so hofft der Begründer des Unternehmens.

Ein Großhändler aus Hamburg beliefert den einfallsreichen Mann in Honnef mit Waren aus München, Solingen, Andernach und anderen Städten der Westzonen. Er „kompensiert" sie bei den Fabriken mit freigegebenem Altmaterial, für das man sonst keine Verwendung mehr hat. Wenn sich das Verfahren bewährt, die finanzielle Basis gesichert ist und die Materialfrage auch weiter gelöst werden kann, sollen in allen drei Westzonen ähnliche Geschäfte eingerichtet werden.

Möglichen Einwendungen der Behörden ist dadurch begegnet worden, daß in Honnef nur „nicht handelsübliche" (also „gebrauchte") Ware verliehen wird, die nicht als bewirtschaftet gilt.

aus: »Westfalenpost«

MAISREZEPTE

Eigentlich war alles ein Mißverständnis, beruhte auf einem Übersetzungsfehler.
Auf die Frage der für ausländische Hilfeleistungen zuständigen Besatzungsoffiziere, was am nötigsten für die Ernährung der Bevölkerung in der britischen und amerikanischen Besatzungszone gebraucht werde, hatten deutsche Experten »Korn« gesagt und Getreide gemeint. Der Dolmetscher hatte »Korn« mit »corn« übersetzt und damit recht getan, was die Engländer anging. Dort bedeutet »corn« durchaus auch »Getreide«. Die Amerikaner allerdings verbinden mit dem Begriff »corn« ausschließlich Mais. Sie hatten sich gewundert, aber nicht nachgefragt. Die Händler und Erzeuger in den USA hatten sich auch gewundert, hatten sich vor Freude die Hände gerieben, und hatten natürlich nicht nachgefragt, sondern geliefert.
Ende 1946, Anfang 1947 trafen erste Schiffsladungen mit Mais ein, zu einer Zeit, da Deutschland in eine neue Hungerkatastrophe stürzte. Was wiederum ein gewisser Herr Semler (CDU/CSU), seines Zeichens Direktor des Bizonen-Wirtschaftsamtes, in einer berühmt gewordenen Rede im Januar 1948 zum Anlaß nahm, die Amerikaner ob ihrer Hilfeleistungen für die Deutschen zu beschimpfen: Aus den USA habe man im wesentlichen Mais und Hühnerfutter geschickt, und dafür müßten die Deutschen auch noch teuer bezahlen.
»Chicken feed« sagte er, und — kein Wunder — die US-Amerikaner waren tief beleidigt, dieser Ausdruck war verstanden worden. Der Direktor wurde von den Militärgouverneuren entlassen. Aber so weit ist es noch nicht. Es kam also Mais nach Deutschland. Und man konnte Mais kaufen, Maiskolben, Maiskörner, Maismehl, Maisgrieß, Mais in Dosen und in Tüten...
Als im Ruhrgebiet das Brotgetreide knapp wird, als in Essen die Katastrophenverpflegung in den Backprozeß gegeben wird und die Stadtverwaltung Lautsprecherwagen durch die Straßen schickt, um die aufgebrachten Menschen zu beruhigen, wird auch Maismehl verbacken. Es gibt Maismischbrot zu kaufen, wenn es überhaupt Brot zu kaufen gibt. Mit reinem Maisbrot und Maisbrötchen wird »experimentiert«. Bereits in der dritten und vierten Woche der 99. Zuteilungsperiode (März 1947) war Maismehl anstelle von Speisekartoffeln zur Verteilung gekommen.

Aber auch hierfür, als Ausgleich für fehlende Kartoffeln, steht der Mais bald nicht mehr zur Verfügung »infolge Inanspruchnahme der Maisvorräte für die Brotherstellung«, wie es amtlich heißt.
Mit fünf Pfund Maisbrot, einem halben Pfund Maisgrieß und zwei Heringen pro Kopf soll die Gelsenkirchener Bevölkerung in einer Woche auskommen.
»Das goldene Zeitalter« sei im Ruhrgebiet ausgebrochen, lästern die Zeitungskolumnisten mit bitterem Humor. In der Westfälischen Rundschau dichtet gar einer:

»Der Mais ist gekommen.
Das Brot sieht herrlich aus,
so goldgelb und lieblich,
als wär's ein Eierschmaus.
Wir essen es gerne,
doch wär es furchtbar nett,
wir hätten außer Maisbrot
auch wieder Fleisch und Fett.«

In den Kochbüchern des Jahres 1947 erschienen folgerichtig allerlei Anleitungen, was man mit dem ungewohnten Mais anfangen könnte.
So wurde zum Beispiel angeregt, die Maiskolben einfach in Salzwasser zu kochen, 10 bis 20 Minuten lang, je nach Größe, nachdem man sie von den Hülsen befreit hatte. Dann sollten sie, mit etwas Fett bestrichen, gegessen werden.
Oder ein Rezept, direkt aus dem Erzeugerland:

Popcorn (selbstgemacht)

Zutaten: getrocknete Maiskörner, Zucker.
Einen Eisen- oder Kupfertopf sehr heiß werden lassen. Die Maiskörner unter ständigem Rühren in den Topf geben.
Solange rösten, bis die Maiskörner platzen. Dabei Vorsicht! Sie »springen« leicht aus dem Topf.
Zucker in den Topf streuen. Diesen leicht karamelisieren lassen. Den Mais darin wenden.
Neben solchen, eher exotisch anmutenden Rezepten gab es auch ernsthafte Anregungen, an denen sich auch per Inserat die Firma Oetker beteiligte.

Maiskuchen

Zutaten: Zwei Tassen Maisgrieß, eine Prise Salz, eine Tasse Haferflocken, ein Teelöffel Backpulver, 50 g Zucker, eine Tasse Milch, eine Tasse Rübenkraut.

Zucker in die Milch einrühren. Nach und nach Haferflocken, Salz, Backpulver und Maisgrieß zugeben und daraus einen Teig herstellen.
Eine Springform ausfetten. Die Hälfte des Teiges einfüllen. Mit Rübenkraut bedecken. Den Rest des Teiges darüberstreichen.
Bei 200 Grad 30 Minuten backen.
Der Maiskuchen wird am besten noch warm gegessen.

Maisplätzchen

Zutaten: Zwei Tassen Maisgrieß, zwei Eßlöffel Zucker, ein Teelöffel Backpulver, eine Tasse Milch, 50 g Fett.

Fett mit Zucker schaumig rühren. Mit Backpulver gemischten Maisgrieß in die Milch einstreuen und zu Fett und Zucker geben.
30 Minuten stehen lassen.
Auf ein gefettetes Backblech kleine Häufchen setzen. Bei guter Mittelhitze goldgelb backen.

Vom Maisbrot in die Traufe

Ich wußte nicht, ob der Kloß im Hals saß oder im Magen, auf alle Fälle war irgendwo etwas verstopft. Die Kinnladen hatten Muskelkater, solchen Anstrengungen waren sie eben nicht gewachsen. Meine Frau schimpfte über das abgebrochene Küchenmesser, dem kleinen Klaus schmerzte die große Zehe . . . da war ihm eine Doppelschnitte draufgefallen.

Auf dem Tisch sah es so verlockend aus, goldgelb, wie der eierreiche Friedenskuchen, aber nach dem ersten Biß in die feste Masse wußte man: das war kein Brot, das war ein Gegner. — Das ewige Klingeln nebenan machte mich verrückt. Aber wer war schuld? . . . das Maisbrot. Mein Nachbar ist nämlich Zahnarzt, er hat seine Sprechstunden verdoppelt.

„Gibt es denn — hick — gar kein — hick — anderes Brot?" — Auch das noch! Der Schlucken nahm heftige Ausmaße an. Meine Frau versuchte es mit Wasser, auf den Rücken klopfen, tief atmen, sechs Kniebeugen, Arme hochhalten, heißen Kaffee und „Aaaaaah"-sagen. Erschöpft sank ich in die Sofaecke. „Ist dir besser?" — „Ja, danke, meine Liebe, jetzt ist es — hick — nein, noch — hick — nicht." — Früher habe ich immer eine Zigarette geraucht, das half. Aber meine Frau hatte auch keine mehr, so mußte ich — hick — eben warten bis — hick — . . . Es klingelte. „Aaaaaah, guten Tag, mein — hick — Lieber, entschuldige, aber ich — hick — habe . . ." „Macht nichts, macht nichts. Freue mich, dich mal wiederzusehen. — Aber mit deinem „hick" ist ja unangenehm. Da hilft am besten . . . hast du eine Pfeife da? — Großartige Marke, mit Pflaumenmus und Veilchenblättern fermentiert." — Es ist wunderbar, wie eine Erlösung. Tief saugte ich den Rauch ein. Der gute Freund schmunzelte über meine Zufriedenheit. „Na, das ist ne Sorte, was?" — „Also, Karlchen, der Ta — hickhick — bak bekommt mir ausge — hick — Entschuldige, aber mir — hickhick — wird ganz — hick — . . das liegt sicher an den Veilchen — hickhick — blättern." W. Sch.

aus: »Westfälische Rundschau« vom 3. Mai 1947

Maisgrießauflauf

Zutaten: 3/4 l Magermilch, zwei Tassen Maisgrieß, ein Ei, 50 g Zucker, 30 g Butter, ein Teelöffel Backpulver, etwas Zitronen-Aroma,

Man bringt die Milch zum Kochen, rührt den Grieß ein und stellt, wenn alles gut durchgekocht ist, die Masse kalt.

Butter oder Fett mit Zucker und dem Eidotter schaumig rühren, den fast erkalteten Maisgrieß dazugeben, ebenso Backpulver und Aromastoff. Eiweiß steif schlagen. Leicht unterziehen.

In einer gefetteten Form wird der Auflauf schön braun gebacken. Mit süßer Frucht- oder Vanillesoße servieren.

Maispuffer

Zutaten: 1/2 l Wasser, eine Tasse Maisgrieß, Salz, eine Möhre, ein Stück Sellerie, eine Stange Lauch, ein Eßlöffel Petersiliengrün, Fett zum Backen.

Wasser zum Kochen bringen. Unter ständigem Rühren den Maisgrieß einstreuen. 10 Minuten kochen lassen. In eine Schüssel geben.

Möhre und Sellerie fein reiben. Lauch in dünne Streifen schneiden. Das Gemüse mit dem Maisgrieß, gehackter Petersilie und Salz zu einem Teig verrühren.

In heißem Fett kleine Puffer backen.

Mais-Chratzete

Zutaten: 1/4 l Wasser, 1/4 l Milch, 150 g Maisgrieß, ein Teelöffel Salz, eine Zwiebel, ein Eßlöffel Öl.

Die Zwiebel klein schneiden und in einem Topf ohne Fett die Zwiebelwürfelchen anrösten. Nach und nach Wasser, Milch und Salz einrühren. Den Maisgrieß einstreuen. Zu einem dicken Brei kochen.

Kalt werden lassen.

In einer Pfanne etwas Öl heiß werden lassen. Eine dünne Schicht Brei in die Pfanne geben. Goldgelb backen. Falls möglich, wenden.

Mit Eßlöffel und Gabel in kleine Stücke zerreißen, wieder anbacken, wieder zerreißen, bis die Chratzete knusprig gebacken ist.

Mit dem restlichen Brei in derselben Weise verfahren.

Die Menschen im Ruhrgebiet taten sich trotz der zahlreichen Rezepturen schwer mit der Verwendung von Mais, und man war froh, als es hieß, der hohe Anteil von Mais im Brotgetreide werde allmählich wieder abgebaut. Ein Versprechen im übrigen, das nicht erfüllt wurde. In anderen Ländern werden sogar Nationalgerichte mit Hilfe von Mais hergestellt: die Polenta in Italien zum Beispiel oder die Mamaliga in Rumänien, beides eigentlich Arme-Leute-Essen, die heute in Nobelrestaurants teuer bezahlt werden müssen, damals freilich bittere Notwendigkeit waren.

Polenta

Zutaten: Zwei Tassen Maismehl oder Maisgrieß, ein l Wasser, ein Teelöffel Salz.

Wasser und Salz in einem Kochtopf zum Kochen bringen. Den Maisgrieß oder das Maismehl einrühren, wobei das Wasser weiter sprudeln muß. Dabei ständig rühren, damit sich keine Klumpen bilden. Etwa 10 Minuten kochen lassen.

Dann die Hitze unter häufigem Umrühren verringern und etwa 20 Minuten sieden lassen. Die Polenta ist richtig, wenn sie so dick ist, daß der Löffel darin aufrecht stehen bleibt.

Man kann sie heiß mit verschiedenen Soßen anrichten. Man kann sie aber auch in eine mit Wasser ausgeschwenkte Kastenform füllen, erkalten lassen, später stürzen und davon Scheiben abschneiden.

Diese Scheiben können in etwas Fett auch angebraten werden.

Mamaliga

Zutaten: 250 g Maismehl oder Maisgrieß, ½ l Magermilch, Salz, ein Eßlöffel Öl, zwei Eßlöffel geriebener Käse, ein Eßlöffel Semmelbrösel.

Maismehl oder -grieß in kochende Milch unter ständigem Rühren einstreuen, bis ein dicker Brei entstanden ist. Salzen. Etwas abkühlen lassen. Dann streicht man die Masse etwa daumendick in eine gefettete Pfanne oder Backform, bestreut sie mit Käse (am besten schmeckt Räucherkäse), streicht wieder eine Schicht Polenta auf, gibt Käse darüber und deckt zuoberst mit Polenta zu. Den Rest Öl in einer Pfanne heiß werden lassen. Darin die Semmelbrösel so eben anbräunen lassen. Über die Mamaliga streuen. Im Rohr etwa 20 Minuten überbacken lassen.

MODE

Mode? Gar neue Mode? In den Nachkriegsjahren? In Deutschland?
Es gab sie. Es gab Modeseiten in Frauenzeitschriften und Zeitungen. Die Zeichnungen auf dieser Seite mögen einen Eindruck davon vermitteln. Sie sind aus der Zeitschrift »Die Frau von heute«.
Die Zeichnung links hatte die folgende Bildunterschrift: »Wir können nicht immer nur an das Schmückende bei unserer Kleidung denken, wir müssen auch praktisch sein, zumal die Seife eine Kostbarkeit geworden ist. Deshalb ist dieses Kleid aus einem gedeckten Karostoff gearbeitet...«

Die beiden Blusen darunter wurden als Modell empfohlen, weil zu ihrer Herstellung Stoff »von einem schadhaft gewordenen Kleid«, von dem »noch gewisse Stücke brauchbar sind«, Verwendung finden konnte.
Die Ratschläge, die den Frauen in den Zeitschriften gegeben wurden, zielten also darauf, aus vorhandenen Dingen Neues zu gestalten. »Aus zwei mach eins« — hieß eine der Lösungen. Und man propagierte jene »alte Weisheit«, nach der Not (angeblich) erfinderisch mache. Aus einer Portiere ließen sich ein Rock mit Gürtel, eine Handtasche und »wärmende« Gamaschen herstellen. Aus Bettkattun und »bunten Stores« konnte man Röcke schneidern, aus einer Wolldecke wurde ein warmer Wintermantel, aus kaputten Strümpfen oder einem alten Schal konnte ein neuer Pullover gestrickt werden. Und es wurde natürlich repariert, soweit möglich. Die Frauen (leider vor allem sie — wieder einmal!) entwickelten sich zu wahren Kunst-Stopferinnen. Wem das Stopfgarn fehlte, dem wurde geraten, nicht mehr tragfähige Seidenstrümpfe am »oberen, doppelten Strumpfrand vorsichtig aufzutrennen und dann sorgfältig die feinen Maschen aufzuziehen«. Das so gewonnene Garn sollte man auf einen kleinen Karton wickeln.
»Wenig Kleider — aber die richtigen. So heißt das Gebot unserer Zeit. Wer es versteht, einzelne Kleidungsstücke farblich passend aufeinander abzustimmen, wird auch mit geringen Mitteln gut und geschmackvoll angezogen sein und die Atmosphäre solider Eleganz um sich verbreiten, die nun einmal zu einer gepflegten Frau gehört.« Wer keine Kleidungsstücke hatte, die farblich zueinander paßten, der färbte.
Muß ich erwähnen, daß Tante Lina eine Meisterin im Umfärben von Kleidungsstücken war? Und ich erinnere mich noch gut, wie mindestens einmal pro Woche ein riesiger Kessel auf ihrem Herd unheimlich brodelte und übelriechende Dämpfe ausstieß. Darin wurde gefärbt.
Und ein Ausspruch von Tante Lina aus dem Jahre 1948 ist in unserer Familie allgemein gebräuchlich geworden. Damals, als es wieder einmal keine Waschmittel- und keine Seifenzuteilung gab, meinte Tante Lina bitter: »Am besten ist, ich färbe gleich alles schwarz!«
Fortan hieß es, wenn ich einmal wieder mit schmutzigen Kleidern aus den Gebüschen am Löschteich oder um das Rathaus herum auftauchte (das war damals unser »Abenteuer-Spielplatz«) und nach Hause zurückkehrte, von meiner Mutter: »Soll ich waschen oder lieber gleich schwarz färben?«

Tante Lina stellte per Kartoffeldruck mit Hilfe ihrer Färbemittel auch bunte Gardinen her: Eine Kartoffel wurde in der Mitte durchgeteilt, ein Muster herausgeschnitten (ein Dreieck, eine Raute o. ä.), die Kartoffelhälfte in Farbe getaucht und damit der zu bedruckende Stoff gestempelt.
Sie werden fragen, womit Tante Lina denn überhaupt färben konnte. Und Sie haben recht mit der Vermutung, daß es Färbemittel nicht zu kaufen gab. Die chemische Industrie hatte begreiflicherweise in dieser Zeit wichtigere Aufgaben.
Und so will ich Ihnen einige von Tante Linas Rezepturen verraten.
Zum Beispiel ist rote oder blaue Tinte ein gutes Färbemittel. Je nach der gewünschten Farbnuance verdünnt man die Tinte mit mehr oder weniger Wasser. Man kann damit »kalt« oder auf warmem Wege färben.
Ausgekochte Zwiebelschalen ergeben einen ockergelben Farbstoff. Baumwollene oder kunstseidene Stoffe können damit ordentlich durchgekocht werden.
Karminrot kann man aus den gekochten Schalen von roten Rüben (Rote Bete) gewinnen. Man gießt die Flüssigkeit ab und verdünnt je nach Farbwunsch mit Wasser.
Übermangansaureres Kali, das als stäbchenförmige lila Körnchen in den Handel kommt, ist ein gutes Färbemittel für braune Kleidungsstücke. Die Körnchen werden sorgfältig in Wasser aufgelöst. Die Farbbrühe wird durch ein Tuch abgegossen.
Wenn man ein Stück Kopierstift vom Holz befreit, fein reibt und in Wasser auflöst, bekommt man einen blauen oder lila Farbton.
Spinat hilft hellgrün einzufärben. Tante Lina nahm schlechte, zum Essen unbrauchbare Spinatblätter, goß kochendes Wasser darüber, so daß die Blätter zusammenfielen, goß den Saft ab und gab das Färbegut hinein.
Gelb schließlich kann man mit Hilfe von Sauerampfer färben. Etwa ein halbes Pfund Sauerampferblätter kocht man in zwei Litern Wasser aus. Etwa 50 bis 100 Gramm Färbegut (je nachdem, wie intensiv die Farbe sein soll) werden in zwei Litern Wasser mit 10 Gramm Alaun (bekommt man in der Apotheke) gebeizt und eine Stunde lang in der Brühe gekocht.
Ob färben oder schneidern, was zu tun war, um sich kleiden zu können, mußte man selbst machen.

Die Textil-, die Bekleidungsindustrie lag in den ersten Nachkriegsjahren danieder. Und das hatte Gründe.

Rücksichtslos war seit 1943 auch die Textilindustrie in den Dienst des »totalen Krieges« gestellt worden. Die Fabriken stellten nicht Stoffe für Sommerkleider her, sondern Uniformen und Fallschirmseide. Und rücksichtslos wurden die vorhandenen Rohstoffe dafür aufgebraucht. Die Textilkonzerne hatten an den Heereslieferungen profitiert. Gertrud Berger in »Die Frau von heute:«

»Heute haben wir in Deutschland, dafür hat Hitlers Raubkrieg gesorgt, weder Rohstoffe noch eine verarbeitende Industrie, die die Grundlage für eine Mode sein könnte...Nein, eine Mode im bisherigen Sinne gibt es bei uns nicht mehr und wird es auf Jahre hinaus nicht geben. Aber was tritt an ihre Stelle? Wir wollen uns, soweit irgend möglich, bei aller Zweckmäßigkeit schön kleiden. Das ist ein neues Problem. Zu seiner Lösung beizutragen, wird eine der Aufgaben unserer Frauen von heute... sein.«

Erst langsam, sehr langsam erholte sich die Bekleidungsindustrie von den Fehlplanungen, die der Krieg bewirkt hatte. Gelsenkirchen war 1947 eines der Bekleidungszentren des Ruhrgebiets. Verhandlungen des Wiederaufbauausschusses hatten dazu geführt, daß in unserer Stadt 18 Bekleidungsfirmen aus Breslau ansässig und tätig waren.

Mit ihren Produkten trat die Arbeitsgemeinschaft der Gelsenkirchener Bekleidungsindustrie erstmals 1947 auf der Kölner Messe an die Öffentlichkeit. Vom Morgenanzug bis zum Abendkleid defilierten auf einer Modenschau all jene Kleidungsstücke vorbei, mit denen sich auch Gelsenkirchener Frauen gern geschmückt hätten. Aber das, was dort an Modischem gezeigt wurde, war ausschließlich für den Export bestimmt. Die im Ruhrgebiet gefertigten Kleider sollten die so bitter benötigten Devisen herbeischaffen.

Die deutschen Frauen mußten sich mit dem begnügen, was ihnen das Spinnstoffzuteilungsprogramm zuwies. Und damit war es nicht weit her. Witzbolde rechneten 1947 aus, daß nach der Zuteilungspraxis jede Frau alle 90 Jahre einen Rock und alle 400 Jahre einen neuen Schlüpfer erhalten würde. Und den Männern erging es nicht besser.

Wer einen Anzug dringend brauchte, mußte den Stoff dafür auf dem schwarzen Markt kaufen. Und den mußte man dann zum Schneider bringen. Aber dann...

Es gibt da diese Geschichte zweier stadtbekannter Gelsenkirchener Schneidermeister. Trägt zu dem einen ein gewisser Böhm seinen Stoff: »Können Sie mir einen Anzug daraus machen?«
»Wieviel Stoff? Wie lang? Wie breit?« fragt der Schneider.
»Drei Meter auf einhundertsechzig Zentimeter.«
Der Schneider rechnet und rechnet. Es geht nicht. Böhm sucht einen zweiten Schneider auf. Dieselben Fragen, dieselben Antworten. Der Schneider rechnet und rechnet. Es geht.
Der Anzug wird fertig. Der Anzug paßt. Zwar ist er hinten, vorne, oben und unten etwas knapp, aber er paßt.
Als Böhm gehen will, sieht er den Sohn des Schneiders: »Aber Ihr Junge hat ja eine Hose aus meinem Stoff?!«
»Nur aus den Abfällen vom Zuschneiden«, sagt der Schneider etwas verlegen. Böhm ist nicht böse, aber fragen tut er dann doch:
»Sagen Sie, wieso konnte Ihr Kollege mir aus dem Stoff eigentlich keinen Anzug machen?«
Sagt der Schneider: »Ganz einfach: Sein Sohn ist vier Jahre älter als meiner. Bei ihm brauchen Sie zu einem Anzug drei Meter dreißig auf einhundertsechzig Zentimeter.«
Ja, es gab Mode in den Nachkriegsjahren. Es gab auch Modenschauen. Und das, obwohl die meisten Frauen glücklich waren, überhaupt etwas zum Anziehen zu haben: einen Mantel für den Winter, ein paar Schuhe, deren Sohlen keine Löcher hatten.
Modenschauen gab es bereits 1945 wieder. In Paris, wo sonst. Und da die Pariser Modehäuser wegen Stoffmangels ihre Modelle, den »dernier cri« à la 1945 nicht herstellen konnten, zeigten sie ihre Creationen in Miniaturform und kleideten damit Drahtpuppen ein, Mannequins en miniature. Modelle, die sie aus Flicken und Resten kostbaren Materials zugeschnitten und genäht hatten.
Als »Phantasieschau der Mode« wurden die kleinen Kunstwerke auf die Reise durch alle europäischen Hauptstädte geschickt und sollen auch in Deutschland zu sehen gewesen sein.
Mode in den Nachkriegsjahren: Man improvisierte, man wußte sich zu helfen.
Und ich will Ihnen, meine Damen, die Sie diese Zeilen lesen, nun auch nicht länger vorenthalten, was damals Mode war, was die Frauen im Nachkriegsdeutschland in ihrer großen Mehrzahl zwar nicht kaufen

konnten, aber dennoch anziehen sollten. Und das ist bei dem, was wir bisher über die Not und den Hunger, der in diesem Land herrschte, berichtet haben, natürlich ein bißchen pervers.
Zumal es auch wenige »Damen« gab in Deutschland, die einmal ausgenommen, die einer bestimmten Tätigkeit nachgingen. Es gab Frauen, und die arbeiteten. Die hatten die damenhaften Ambitionen der dreißiger Jahre ad acta gelegt: »Für die in technischen und handwerklichen Berufen arbeitende Frau ist die Hose der praktischste Anzug schlechthin. Wenn noch ein Stoffrest vorhanden ist, aus dem eine Weste gefertigt werden kann, so ist der Wunsch nach einem zweckentsprechenden und zugleich hübschen Arbeitsanzug glücklich gelöst.«
Man trug also Hose und Hut. Ja, Hut. Das wundert heute noch viele, die die Zeit nicht selbst miterlebt haben und die Frauen von damals in alten Wochenschaufilmen »behütet« über Trümmer steigen sehen. Und wer keinen Hut hatte, trug als Kopfbedeckung ein Tuch, was für die Zeit so typisch war und für dessen Verwendung wir hier zwei Beispiele geben.

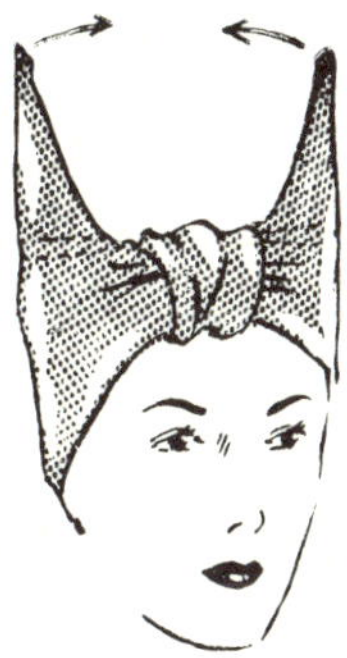

Aus einem gestreiften Wolltuch formt sich mühelos diese hohe Kappe, passend zum Jackenkleid oder zum Wettermantel

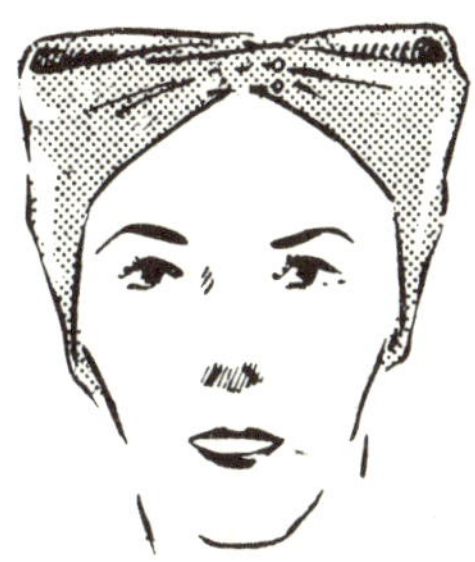

Eine getupfte Foulardseide, der Rest eines Sommerkleides, ergibt das kleine Hütchen. Ein einfacher Knoten bildet die Grundform

aus: »Die Frau von heute« Nr. 8/1946

Wer »Dame« war, mußte 1947 eine modische Trendwende mitmachen: Der sportliche Typ war passé, keine wattierten Schultern mehr, sondern oben schmal, Wespentaille, dreiviertellange Röcke und breite Hüften. Wer nicht hatte, polsterte. Mit »Cul«, einem kleinen Kissen für den Hintern.

BIG DINNER IN GERMAN STYLE

Die 100. und die 101. Zuteilungsperiode brachte im Frühjahr 1947 einen neuen Tiefpunkt in der Lebensmittelversorgung der britischen Zone. Die Gelsenkirchener Bevölkerung erhielt während der 100. Zuteilungsperiode pro Kopf täglich 44,6 g Nährmittel, 339,2 g Brot, 4,9 g Fett, 14,3 g Fleisch, 12,6 g Zucker, 16 g Marmelade, 35,7 g Gemüse, 4,4 g Kaffee-Ersatz, 26,7 g Fisch und 4,4 g Käse. Dabei sind Nachlieferungen aus der 99. Zuteilungsperiode berücksichtigt.

Jeder Gelsenkirchener Normalverbraucher erhielt 826,8 Kalorien täglich. Und damit konnte man noch zufrieden sein. Die Menschen in anderen Städten waren weit schlimmer dran. In Wuppertal gab es täglich nur 650 Kalorien, im Landkreis Konstanz kamen Anfang dieses Jahres 629 Kalorien »zur Verteilung«: Rationen, die den Mindestforderungen des menschlichen Körpers in keiner Weise gerecht wurden und zu schweren gesundheitlichen Schäden führen mußten.

Zur gleichen Zeit notierte der Schwarze Markt übrigens 250,— Mark für ein Pfund Butter.

In diesen Tagen schwerster Not bekam Oberst Newman, der Direktor der US-amerikanischen Militärregierung für Großhessen, Gäste zum Mittagessen: Senatoren und Abgeordnete aus den USA. Und denen wollte er nun einen »Begriff von der deutschen Ernährungslage« geben, wie er sagte (auf englisch natürlich). Er ließ ihnen ein »Big Dinner in German Style« servieren. Zynismus? Ein Gag? Oder ehrliches Anliegen?

Der (deutsche) Koch war angewiesen, pro Person Lebensmittel von etwa 600 Kalorien Wert zu verkochen. Die Speisefolge:

— Gemüsewassersuppe
— Kartoffeltörtchen mit Lauchringen
— Schwarzbrotapfelschaum

und zum Abschluß eine Tasse Kaffee-Ersatz.

Selbstverständlich ist es uns gelungen, die Rezepte, nach denen dieses Mittagessen zubereitet wurde, in Erfahrung zu bringen. US-amerikanische Zeitungen und Zeitschriften hatten in großer Aufmachung darüber berichtet.

Dabei ist uns allerdings aufgefallen, daß die Kalorienrechnung des, wie gesagt, deutschen Kochs nicht so ganz gestimmt haben kann. Was hier

für ein Mittagessen verbraucht wurde, stand der deutschen Bevölkerung nicht einmal für einen ganzen Tag zur Verfügung.
Wir geben die Rezepte umgerechnet auf vier Personen wieder.

Gemüsewassersuppe

Zutaten: Eine Stange Lauch, zwei Möhren, ein Stück Sellerie, 1/4 Kopf Wirsing, ein Stück Liebstöckelwurzel, eine Kartoffel, 3/4 l Wasser, Salz, Pfefferersatz, ein Eßlöffel kleingehackte Petersilie.

Das geputzte und gewaschene Gemüse (außer der Petersilie) wird durch den Fleischwolf gedreht.
In einen heißen Topf geben. Mit kochendem Wasser auffüllen. Würzen.
Die rohe Kartoffel hineinreiben.
Etwa 20 Minuten köcheln lassen.
In Tassen füllen. Mit Petersilie bestreuen.

Kartoffeltörtchen mit Lauchringen

Zutaten: Acht Kartoffeln, eine Stange Lauch, eine Zwiebel, Salz, Pfeffer, Majoran, ein Teelöffel Paprikapulver, 20 g Margarine, eine Tasse Brühe, 200 g Schweinefleisch.

Fleisch in dünne Scheibchen schneiden und in etwas Fett zusammen mit der kleingeschnittenen Zwiebel leicht anbräunen lassen. Mit Brühe auffüllen. Salzen. In der geschlossenen Pfanne 10 Minuten dünsten lassen.
Mit Pfeffer und Majoran abschmecken.
Die frisch gekochten Kartoffeln werden gepellt, der Länge nach durchgeschnitten und mit einem Löffel etwas ausgehöhlt.
Mit dem Fleisch füllen.
Die Kartoffelreste durch ein Haarsieb in die Fleischsoße streichen, damit diese etwas Bindung bekommt.
Das Fleisch mit Soße übergießen.
Lauch in Ringe schneiden und in etwas Fett leicht anschwitzen. Mit einer Prise Salz abschmecken.
Die gefüllten Kartoffeln mit Lauchringen belegen, mit Paprikapulver bestreuen.

Schwarzbrotapfelschaum

Zutaten: Vier Scheiben Schwarzbrot, 1/2 Tasse Wasser, ein Eßlöffel Zucker, ein Teelöffel Zimt, zwei Äpfel, ein Eiweiß.

Die Äpfel werden fein gerieben und mit Zimt und Zucker verrührt. Brotscheiben mit Wasser anfeuchten, mit einer Gabel zerdrücken und mit dem Apfelbrei mischen.

Eiweiß steif schlagen und vorsichtig unter die Apfelmasse ziehen. Mit der Masse werden vier kleine Auflaufförmchen gefüllt, die man etwas eingefettet hat.

Im heißen Ofen bei 200 Grad ca. 15 bis 20 Minuten überbacken lassen. In der Form servieren.

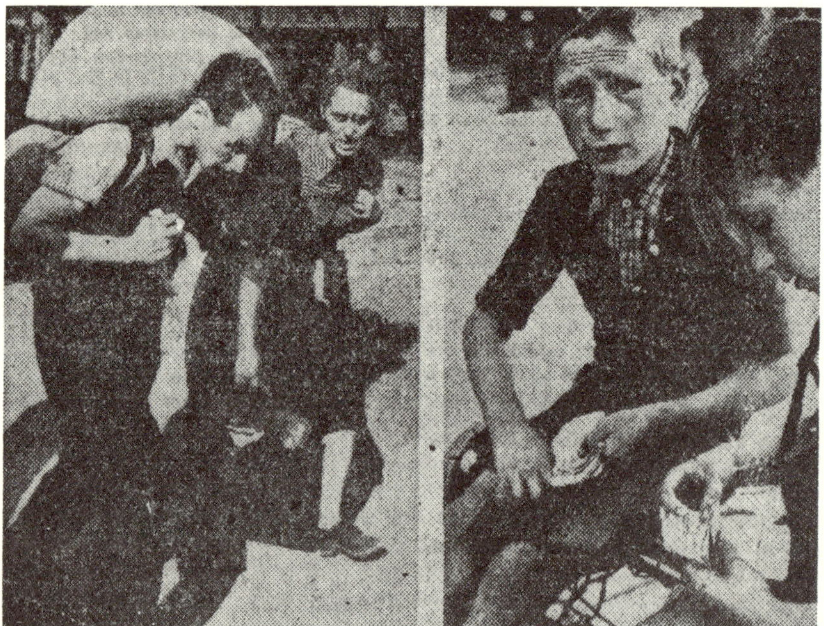

20. **Abgabe von Lebensmittelbedarfsnachweisen in Gaststätten.** Bei der Abgabe von Speisen in Gaststätten dürfen Lebensmittelbedarfsnachweise (Kartenabschnitte, Reisemarken) nur in Höhe der tatsächlich verwendeten Lebensmittel erhoben werden. Jede darüber hinausgehende Forderung ist unzulässig und strafbar. Andererseits dürfen markenpflichtige Lebensmittel ohne die Abgabe entsprechender gleichwertiger Marken nicht verabfolgt werden. Im einzelnen dürfen folgende Bedarfsnachweise gefordert werden:

1. **Suppen:** Klare Suppen markenfrei, 1 Teller gebundene Suppe 25 g Nährmittel, 1 Suppentopf (gebundene Suppe 2½ Teller) 50 g Nährmittel. Sofern Suppenerzeugnisse an Gaststätten frei zugeteilt werden, sind die daraus hergestellten Suppen markenfrei abzugeben. Für Suppen (auch Suppeneintopf) dürfen Fettmarken nicht gefordert werden.

2. **Fleischgerichte:** Gekochtes Fleisch, 25, 50 oder 100 g fettmarkenfrei, gebratenes Fleisch 25, 50 oder 100 g 5 g Fett, Pfannensachen 25, 50 g (z. B. Deutsches Beefsteak) 5 g Fett, Pfannensachen 100 g 10 g Fett. Mit Fleisch zusammen gekochte Speisen, soweit sie mit Fleisch verabreicht werden, fettmarkenfrei.

3. **Fischspeisen:** Heringe, Marinaden, Räucherfische und Fischvollkonserven fettmarkenfrei, gekochter Fisch ohne Tunke fettmarkenfrei, mit Tunke 5 g Fett. Gebratener Fisch: Fischfilet oder Fischscheiben 10 g Fett, im ganzen gebratener Fisch, z. B. Seezunge, Rotzunge 15 g Fett, Bratheringe 10 g Fett.

4. **Gemüsegerichte** 5 g Fett. Die Forderung von Brot- und Nährmittelmarken für Gemüsegerichte ist unzulässig. Werden Gemüsegerichte als Beilage zu Fisch, Fleisch oder fleischfreien Speisen verabreicht, so erhöhen sich die für diese Speisen vorgesehenen Fettmarken um die für das Gemüsegericht abzugebenden 5 g.

5. **Fettmarkenfreie Gerichte (ohne Fleisch):** Die Verpflegungsbetriebe müssen mindestens 1 fettmarkenfreies Gericht führen gegen Abgabe von Kartoffeln-, Brot- oder Nährmittelmarken. Als fettmarkenfreies Gericht gilt auch der Suppeneintopf.

6. **Nährmittelgerichte:** Teigwaren gekocht 5 g Fett, sonstige nährmittelhaltige Speisen gekocht fettmarkenfrei. Aus Nährmitteln hergestellte, gebratene Speisen je 50 g Nährmittel 5 g Fett.

7. **Kartoffelgerichte:** Röst-, Brat- und Schwenkkartoffeln sowie Kartoffelplätzchen für je ½ Tagesration 5 g Fett. Speisekartoffeln — Salz- oder Pellkartoffeln — (fettmarkenfrei) müssen auch in ½ Tagesmengen angeboten werden. ½ Tagesmenge entspricht $^1/_{14}$ der jeweiligen Wochenration.

8. **Tunken.** Für Tunken (mit Ausnahme von 5 g Fett für Tunke zu gekochtem Fisch) dürfen Fett- und Nährmittelmarken nicht verlangt werden.

9. **Salate** sind markenfrei abzugeben.

10. **Nachspeisen.** Nährmittelhaltige Nachspeisen 25—50 g Nährmittel. Bei Süßspeisen (auch Mehlspeisen gegen Abgabe von Brotmarken) im Werte von 50 g Nährmittel dürfen 10 g Zucker gefordert werden.

11. Die Höchstforderung an Fettmarken beträgt für 1 vollständiges Gericht 15 g. Die Zusammenstellung der Gerichte ist deshalb so zu treffen, daß sich keine höhere Fettmarkenforderung ergibt.

Diese Anordnung tritt mit Beginn der 100. Zuteilungsperiode (31. März) in Kraft.

aus: »Bekanntmachungen der Stadt Gelsenkirchen« vom 29. März 1947

Tante Lina macht Geschäfte: Blaues Fleisch und warme Unterhosen

An einem jener gemütlichen Abende, da Tante Lina in ihrem Ohrensessel thronte, da Kuszmierz und Fabrizius die Köpfe zusammensteckten und sich gegenseitig (der Art ihres Lachens nach zu urteilen, offensichtlich wenig anständige) Geschichten aus ihrem mit Erlebnissen reich gesegneten Leben erzählten, an einem jener Abende, da man es mit einigen Schaufeln Deputatkohle warm im Wohnzimmer gemacht hatte, da auch eine Flasche Wein aus einer von Tante Linas verborgenen Quellen auf dem Tisch stand, an einem jener Abende klopfte es ein wenig zaghaft an die Tür, und die Gesine Hellwig trat ins Zimmer und druckste herum.

»Ob ich dich wohl mal allein sprechen kann?« fragte sie Tante Lina und schaute so sonderbar, daß Tante Lina die beiden Männer in die Küche schickte, was die sich auch nach einigen anzüglichen Bemerkungen und darauf folgendem Gelächter gefallen ließen.

Als Tante Lina der Gesine dann mitten ins Gesicht sah, bekam die erst einmal einen puterroten Kopf und wußte vor Verlegenheit gar nicht, wohin mit den Händen.

»Das ist nämlich so«, fing sie an und hörte auch gleich wieder auf.

»Was ist so?« ermunterte Tante Lina sie.

»Da war diese Anzeige in der Zeitung, weißt du, vor zwei Wochen am Donnerstag«, sagte sie immer noch zögerlich. Und betete den Text der Anzeige herunter, den konnte sie schon auswendig:

»Bergmann, verwitwet, 37 Jahre, Vier-Zimmer-Wohnung, mit Sohn, sucht ehrliche, anständige und saubere Haushälterin, welche auch mit Näh- und Gartenarbeit vertraut ist, im Alter von 25 bis 30 Jahren zwecks späterer Heirat, eventuell mit eigenem Kind. Angebote...«

»Ja, und?« unterbrach Tante Lina sie. Gesines Gesichtsfarbe war jetzt tieflila. Nun mußte es heraus.

»Ich habe auf die Anzeige geantwortet: Weißt du, weil...«

»Du brauchst mir nichts zu erklären.«

Der Tante Lina brauchte also nichts erklärt zu werden, aber Ihnen bin ich an dieser Stelle doch einige Erläuterungen schuldig.

Anzeigen, wie die, die Gesine beantwortet hatte, waren in Zeitungen, vor allem aber auch auf Wandanschlägen und Wandzeitungen wie auf dem Foto oben in Ermangelung anderer Kommunikationssysteme zu finden.

Der Hintergrund: ein wohl tiefes Bedürfnis der Menschen in dieser Zeit nach Zweisamkeit und der »Frauenüberschuß«, wie die Statistiker so etwas zu nennen pflegen.

1946 wurden in Westfalen und Lippe 5,8 Millionen Einwohner gezählt, davon waren 3,2 Millionen Frauen.

Der Einsamkeit der Frauen sollte abgeholfen werden. Heiratsinstitute, Ehevermittlungen schossen wie Pilze aus dem Boden. Heiraten war Trumpf damals.

Besonders bevorzugt von den Damen waren, man höre und staune, Bergleute. Und das hatte vor allem Ernährungsgründe. Liebe geht bekanntlich durch den Magen. In diesem Falle einmal anders herum.

Bergleute, heute neuesten Umfragen nach nicht unbedingt gesuchte Ehemänner, waren damals aufgrund von Sonderzuteilungen von Lebensmitteln eindeutig im Vorteil.

Der Chefredakteur der »Westfälischen Rundschau« in Gelsenkirchen dichtete noch 1947:

»Errötend folgt sie seinen
Spuren
und ist vom Deputat beglückt;
das Schönste sucht sie auf den
Fluren,
womit sie seine Punkte schmückt.
O zarte Sehnsucht, süßes Hoffen!
Des ersten Kaffees gold'ne Zeit!
Der Zucker macht den Himmel
offen,
es schwelgt das Herz in
Fettigkeit!
O, daß sie ewig grünen bliebe
die schöne Zeit der
Bergmannsliebe!«

Eine andere, bei heiratswilligen deutschen Frauen besonders beliebte Gruppe von Männern waren Angehörige der Besatzungsmächte, wobei US-Amerikaner sich einer eindeutigen Präfenz erfreuen konnten: eine Liebe, die ähnliche, nämlich ernährungstechnische Ursachen hatte; eine Liebe, die aber bisweilen auf Gegenseitigkeit beruhte. Das »deutsche Fräulein-Wunder«, Sie wissen schon... Das deutsche Fräulein zog es auf wundersame Weise ins Wunderland Amerika. So groß war die Sehnsucht, daß die 21jährige Doris von Knoblock sich, in eine Kiste verpackt, an Bord eines Flugzeuges schmuggeln wollte, um nach den USA zu kommen. Als Proviant hatte sie vier Scheiben Brot und einen viertel Liter Tee bei sich. Und ebenfalls 1947 sang Lore Lorentz im Düsseldorfer »kom(m)ödchen«:

»Das Wandern ist des Müllers Lust —
jetzt woll'n sie alle rüber:
Wir wandern aus, wir wandern aus —
schrei'n sie im Wanderfieber.
Sie haben Deutschland furchtbar satt,
weil sie nicht satt hier werden.
Zum Konsulat, zum Konsulat
zieh'n ganze Mädchenherden.
Denn Eddy schrieb: ›Ach, komm doch du!‹
Sie kannten sich sechs Wochen.
Das macht ja nichts, das macht ja nichts.
Sie kommen angekrochen.
Doch unter uns, sie blieben wohl
in Germany viel lieber,
wenn eben nicht, wenn eben nicht —
Na, red'n wir nicht drüber...«

Natürlich gab es unter den vielen, die da nach Amerika wollten, auch die berühmte Ausnahme, das heißt, eine Ausnahme war das gar nicht, sondern...
Dieses »Fräulein« hieß Ursula Bauer, und der wurde eines Tages eröffnet, daß jenseits des Ozeans eine Millionenerbschaft ihrer harre, dazu eine gutgehende Fabrik. Diese Erbschaft konnte aber Ursula nicht antreten, da diese dann deutsches Eigentum würde und damit automatisch der Beschlagnahme verfiele. Es sei denn, sie würde amerikanische Staatsbürgerin. Und wie wird man das? Man heiratet. Als die Sache bekannt wurde, häuften sich bei ihr entsprechende Angebote. Aber das »brave deutsche Mädchen« winkte ab: ihr Herz sei vergeben, und nie-

mand könne von ihr verlangen, daß sie ihr »german engagement« der Dollars wegen löse.

Soweit diese schier unglaubliche Geschichte. Gesine hatte sich eh' für einen Bergmann entschieden, so daß das auch nur am Rande hierher gehört.

Die in der zitierten Annonce gestellten Bedingungen erfüllte sie alle: Sie war 25 Jahre alt, war sauber, und anständig war sie auch, soweit man das in dieser Zeit sein konnte, sie war des Nähens kundig, und da sie aus Ostpreußen kam, verstand sie auch etwas von Landarbeit. Zudem war sie ledig. Kurz bevor sie sich mit ihrer Schwester und deren Kindern einem Flüchtlingstreck angeschlossen hatte, war ihr die Nachricht zugestellt worden, daß ihr Verlobter an der »Westfront gefallen« war.

Ende des (viel zu langen, aber wichtigen) Exkurses. Also Gesine hatte auf die Annonce hin geschrieben, der unbekannte Adressat hatte geantwortet, und nun sollte ein Treffen stattfinden zwischen Gesine und dem hoffnungsvollen Witwer, und zwar am nächsten Tag bereits.

»Und was soll ich nun dabei?« ließ sich Tante Lina mit einer an dieser Stelle durchaus berechtigten Frage vernehmen. »Doch nicht etwa...«

»Nein!« beeilte sich Gesine zu sagen. Das fehlte gerade noch, daß Tante Lina den Witwer auf Freiersfüßen auch nur beäugte, die mit ihrem losen Mundwerk.

»Es ist nur so, daß... Also, die Martha hat gesagt, du hättest so Wäsche...«

»So Wäsche?« echote Tante Lina.

»Du weißt schon, so mit Spitzen und Rüschen und...«

»Auch, du meinst Seidenunterwäsche?!«

»Ja.«

»Ja, der Walter Kaminski, der, den die Nazis ermordet haben, der mochte so etwas. Und schwarz mußten sie sein, die Dessous, da war der wie verrückt...«

Und Tante Lina schmunzelte erst, lachte dann dröhnend auf, wohl weil sie sich an gewisse Erlebnisse erinnerte, lachte wider jede emanzipatorische Logik und sagte schließlich:

»Ja, die habe ich noch!«

»Und ich hab' nur«, fing die Gesine wieder an, »ich hab' doch nur so wollene Dinger, selbst gestrickt, so Liebestöter, und da hab' ich gedacht...«

»Und da hast du gedacht, ich könnte dir die meinen mal ausleihen?!«
Da nickte die Gesine. Tante Lina aber fragte:
»Hast du dir das auch gut überlegt, Mädchen? Gleich am ersten Tag und dann...«
»Man muß mit allem rechnen, weißt du!« sagte die Gesine keck. »Und auch was riskieren, bei der Konkurrenz.«
»Na, du gehst ja ganz schön ran«, meinte Tante Lina kopfschüttelnd. »Aber das mußt du selbst wissen, alt genug dafür bist du wohl.«
»Und außerdem habe ich mir Pillen besorgt.«
»Was für Pillen denn?«
»Na — als Verhütungsmittel — aus Amerika!«
»Diese amerikanischen Wunderpillen, die zeig mir mal«, befahl Tante Lina.
Und während Gesine das Zimmer verläßt, um die Pillen zu holen, sei für jüngere Leser erwähnt, daß die sogenannten »Anti-Baby-Pillen« erst zu einem viel späteren Zeitpunkt erfunden wurden.
Also Gesine raus aus dem Zimmer, die Treppe rauf und war schon wieder da mit den Pillen, die sie in einem Döschen aufbewahrte.
Tante Lina beäugte die Pillen von allen Seite, nahm sogar eine Lupe zur Hand, leckte auch daran und fragte dann:
»Sag' mal, was hast du denn gegeben für diese Pillen?«
»Speck und Kartoffeln«, gab die Gesine zu, weil's doch amerikanische Pillen waren.
»Also, erstens sind die Pillen nicht amerikanisch, sondern deutsch. Und zweitens ist das Acetylsalicylsäure, wenn du weißt, was das ist.«
»Ja, gegen Kinder, nicht wahr...«
»Nein«, sagte Tante Lina, »gegen Kopfschmerzen. Das ist Aspirin.«
Und dann mußte die Gesine erst einmal einen mehrstündigen Aufklärungsunterricht über sich ergehen lassen, Aufklärung für bestimmte Lebenslagen. Und da war nicht von Bienen und von Blütenstempeln die Rede.
Aber danach war es dann soweit: Tante Lina öffnete ihren Wäscheschrank, und da lagen sie, wunderschöne Dessous mit Spitzen und Rüschen, seidene Unterwäsche für die Dame aus einer besseren Zeit, wohlverpackt und mit Schleifchen versehen.
Wie sich die Sache dann herumgesprochen hatte, läßt sich nur schwerlich klären. Vielleicht hatte Gesine mit ihren Leihunterhosen geprahlt,

Zeichnung: Nebel

Liebe im Ruhrgebiet

„Sieh mal — ich bin zwar nichts und wir haben beide nichts. Und die Wohnungen werden bei diesem Tempo auch die ersten 10 Jahre nicht fertig. — Da könnten wir doch eigentlich heiraten!"

aus: »Westdeutsches Volksecho«

die sie allerdings vergebens angelegt hatte, ebenso wie sie sich vergeblich in Ermangelung damals sehr begehrter Nylons einen schwarzen Strich auf die Waden ihrer Beine gemalt hatte. Der verwitwete Bergmann war zu dem Rendezvous gar nicht erschienen. Gesine hatte für ihr Zusammentreffen einen schlechten Zeitpunkt gewählt, auf der Zeche hatte es Schnapszuteilung gegeben.

Vielleicht hatte auch Fabrizius, ganz intriganter Schauspieler, an der Tür gelauscht und seinen Mund nicht halten können.

Auf jeden Fall, kaum eine Woche war es her, daß Gesine ihr Ansinnen an Tante Lina gestellt hatte, da kam wieder ein junges Mädchen, das Tante Lina unter vier Augen zu sprechen wünschte. Und bald war Tante

ROMEO UND JULIA 1946

Es waren nur noch wenige Minuten bis zu den unvermeidlichen Sirenenklängen (sprich: Curfew-Alarm). Ich schlenderte gemächlich nach Hause, als ich · vor einem ebenso innigen wie selbstvergessenen Bild betroffen verharrte. Das Bild war eine Szene, eine Liebesszene, und die Szene wurde zum Tribunal: Romeo und Julia 1946.

Der Mond schaute versonnen auf die Glücklichen, und die Pappeln erschimmerten wie sie in seinem bedächtigen Glanze. Romeo hielt Julia innig umschlungen, aber nur mit einem Arm, denn von dem andern baumelte ein Etwas herab, das ich als einen ganz gewöhnlichen Eimer identifizierte. O, dachte ich, Liebenden ist alles recht. Dann nahm ich Julia in Augenschein. Julia lächelte selig zu Romeo auf, aber es verdroß mich, daß sie so andächtig einen kleinen Gegenstand vor die Brust gepreßt hielt. Denn Frauen sollten doch, wenn sie sich geliebt wissen, ganz Gefühl sein.

Doch ich wurde aus meiner poesievollen Betrachtung gerissen: die Sirenen ließen die beiden auseinanderfahren. Ich mußte mich beeilen und ging an ihnen vorbei. Julia hob sich auf die Zehenspitzen, und Romeo küßte Julia. Ich hörte Julia zärtlich sagen: „So, nun mach' es Dir morgen recht, recht warm zu Hause." Und Romeo antwortete gerührt: „Ja, Liebes, weil Du Dich so mit den Kohlen abgeschleppt hast und — laß Dir dafür den Hering gut schmecken."

Nun sage einer, es gäbe Romeo und Julia nicht mehr. Denn was ich sah, war die klassische Liebesszene von 1946. R. T.

aus: »Ruhrzeitung«

Linas Wäscheschrank zu einer Art Ausleihstation in Sachen Liebe geworden.
Und es gab Erfolge zu melden. Mit Hilfe der ausgeliehenen Dessous sollen tatsächlich etliche Ehen gestiftet worden sein. Es soll auch zu sichtbaren Erfolgen gekommen sein. Die standesamtlichen Mitteilungen der Stadt Gelsenkirchen aus dem Jahre 1948, hier: Geburten, mögen darüber Auskunft geben.

Aber es hat auch Mißerfolge gegeben. Zwei junge Mädchen haben sich nichts als Schnupfen und Erkältung bei der ganzen Sache geholt. Der Winter 1947 war kalt, und sie hätten besser Tante Linas Rat befolgt und wollene, warme Unterwäsche getragen, als sie eine Zusammen-

kunft mit zwei Herren aus dem Baugewerbe im Buerschen Stadtwald in einem zwar überdachten, aber ansonsten zugigen Pavillon vereinbart hatten.
Fabrizius wurde mit der Sache befaßt, als Tante Linas Wäscheschrankangebot und ihre Waschkraft mit der gestiegenen Nachfrage nicht mehr Schritt halten konnte.
Im Stadttheater wurden »Professor Mamlock«, »Der Strom« von Max Halbe und »Hedda Gabler« gespielt zu dieser Zeit, »Wiener Blut« nur an einigen Tagen, was Fabrizius die Gelegenheit verschaffte (nachdem er eine Garderobiere mittels Dosenfleisch bestochen hatte), aus dem Kostümfundus hier mal einen Biedermeierunterrock, dort mal ein Rüschenhemdchen mitgehen zu lassen.
Martha Varenholt und Gesine Hellwig, die fleißig weiter auf Heiratsanzeigen schrieb, arbeiteten das dann um, damit es dem Verleihgeschäft zugeführt werden konnte.
Ja, ein Geschäft war mittlerweile daraus geworden, seit Fabrizius mit im Spiel war. Der hatte klipp und klar in seiner unübertrefflichen Art gesagt, als Tante Lina gestöhnt hatte, weil sie über die Ausleihungen bereits Buch zu führen gezwungen war:
»Wir könnten ja für die Ausleihungen eine Gegenleistung verlangen, nicht wahr, das könnten wir...«
Und legte den an dem Verleihungsgeschäft Beteiligten eine detaillierte Liste vor, gestaffelt nach Verleihdauer und Anzahl der Kostümteile: eine Garnitur Seidenunterwäsche mit Unterrock und Oberteil ohne Strümpfe sollte pro Tag Ausleihung zwei Eier oder ein Pfund Kartoffeln wert sein.
Schließlich müsse man die Seife zum Waschen selbst kochen oder auf dem Schwarzen Markt für teueres Geld oder Tauschgut erwerben. So sagte er. Und hatte mit diesem Argument Tante Lina überzeugt, nicht ganz, aber es genügte.
Wie man selbst Seife kocht, wollen Sie wissen? Tante Lina hatte hierzu wochenlang jeden Fettrest gesammelt, dieses ausgekocht und fest werden lassen.
Dann werden 2 1/2 Pfund festes Fett mit einem Pfund Seifenstein (gibt es in der Apotheke) mit 5 Litern Wasser in einem unglasierten Topf zum Sieden gebracht und etwa eine Stunde lang gekocht. Ein weiterer Liter Wasser wird nach und nach dazugeschüttet. Dabei wird die Seife häufig

umgerührt. Das Ganze muß ununterbrochen zwei bis drei Stunden lang kochen. Wird die Masse leimig und ist nicht mehr fettig, streut man 80 Gramm Salz hinein und gibt nochmals 2 Liter Wasser zu. Dann muß die Seife noch einmal eine halbe Stunde lang kochen.
Im Kochkessel erkalten lassen, in Stücke schneiden und längere Zeit an der Luft trocknen lassen.
Die Geschäfte mit der Liebe blühten in Tante Linas Haus.
Tante Lina hatte das Gefühl, ein gutes Werk zu tun, wenn ihr auch dieses gute Werk doch eigentlich aus tiefster feministischer Seele widerstreben mußte. Und Fabrizius, der ansonsten kein Tauschgut hatte, konnte sich in der Gewißheit sonnen, daß auch er mit beigetragen habe zur Verbesserung der Ernährungssituation.
Den schönsten Erfolg konnten die beiden bei der Frau Karloweit verbuchen, denn dort gelang, was Gesine nicht gelungen war.
Die Frau Karloweit hatte Tante Lina eines Tages auf der Straße angesprochen. Sie habe da so einen Bergmann von der Zeche Dahlbusch kennengelernt, aus Franken sei der. Und sie habe gehört, Tante Lina hätte... Nun ja, das Vier-Augen-Gespräch, wie üblich!
Ein Problem war da allerdings — die Leih-»Gebühr«. Zu Tauschen hatte die gute Frau Karloweit nichts, aber auch rein gar nichts. Oder vielleicht doch?
Die Frau Karloweit war Verkäuferin in einer Verkaufsstelle, von der auch Freibankfleisch vertrieben wurde, das nur an Schutzhundebesitzer abgegeben werden durfte.
Tante Lina kannte dieses Fleisch, kannte auch den Laden und die Frau Karloweit, denn sie hatte es fertig gebracht, daß Uwes Hund Felix (der glücklichste Hund von Gelsenkirchen), eine Mischung aus Pudel und Cockerspaniel (nach Kuszmierz' fachkundigem Urteil), der Tante Lina in den Nachkriegsmonaten zugelaufen war, zum Schutzhund erhoben worden war, obwohl er alles andere, nur nicht das war.
Sie hatte den zuständigen Beamten nur an seine ihr nur allzu gut bekannte Nazi-Vergangenheit erinnern müssen, und alles war »paletti« gewesen.
Nur sogenannten »Schutzhunden« nämlich stand monatlich eine Fleischration zu. Andere, »normale« Hunde mußten von den menschlichen Rationen miternährt werden und waren in der Nachkriegszeit vom Aussterben bedroht, da sie bisweilen auch selbst gegessen wurden.

Und damit dieses »Schutzhundefleisch« nicht menschlichen Bedürfnissen zugeführt werden konnte, hatte man es tiefblau eingefärbt.
»Aber die Farbe schadet nicht«, sagte die Frau Karloweit. »Was den Tieren nicht schadet, schadet den Menschen auch nicht.« Und fragte, ob man mit Hundefleisch, nein, nicht Hundefleisch, sondern Fleisch für die Schutzhunde natürlich, als Gegenleistung für die Ausleihung von Dessous einverstanden wäre.
Man war.
Der Frau Karloweit gelang es, in den geliehenen Dessous den zur Verheiratung anstehenden Bergmann zu... überzeugen.
Die Ehe wurde glücklich und bereits neun Monate später auch mit Nachwuchs gesegnet.
Aus dem blauen Gegenleistungsfleisch wurden, nachdem ein gehöriger Teil davon für Felix abgezweigt worden war, unter sachkundiger Anleitung von Tante Lina Würstchen hergestellt, die in Wasser, Essig und unter Hinzufügung von Zwiebelringen gekocht wurden und denen die Tante, bezugnehmend auf ein berühmtes fränkisches Gericht, den Namen »blaue Zipfel« gab.

BROTREZEPTE

»Während auf dem Lande das Brotbacken noch allgemein üblich ist, haben es die Hausfrauen in den Städten meist nicht mehr versucht. Es kann aber heute vorkommen, daß der Bäcker nicht liefern kann, im Haushalt ist aber etwas Brotmehl zur Verfügung...« So leiten die (unbekannten) Autoren des Buches »Endlich! Das Kochbuch für jetzt«, 1946 erschienen, das Kapitel »Brot- und Kleingebäck im Haushalt hergestellt« ein: mit der Aufforderung »Also Brotbacken!«, Brot selbst herzustellen, wenn es nötig wurde. Es war nötig.

In der Brotversorgung der Nachkriegsjahre gab es, bei freilich ständiger Knappheit, drei große Krisen.

Die erste Krise trat ein, als Deutschland in großen Teilen bereits von alliierten Truppen besetzt, aber die Kapitulation noch nicht erklärt war. Die Gründe hierfür sind einleuchtend und bedürfen keiner weiteren Erläuterung.

Die zweite Krise dauerte von März bis August 1946. Zwischen 175 und 250 Gramm Brot kamen in dieser Zeit pro Kopf und Tag an die »Normalverbraucher«, also den überwiegenden Teil der Bevölkerung, zur Verteilung.

Ähnlich war die Situation noch einmal im Frühjahr 1947.

Wer sich unter den Grammzahlen nichts vorzustellen vermag, 175 bis 250 Gramm, das sind je nach Dicke der Scheiben etwa vier bis sechs Scheiben Brot. Uns mag das heute »viel« erscheinen, wer ißt schon täglich sechs Scheiben Brot. Was wir bei solcher Rechnung vergessen: Es gab eben nur dieses Brot, es gab dazu nur winzige Mengen Fleisch oder Fett, es gab keine Eier, kaum Nährmittel, zu wenig Zucker, Milch, Käse... Das Brot mußte oft als Ersatz für ebenfalls fehlende Kartoffeln dienen. Die Tagesration für die Zeit vom 15. bis 22. Juni 1947: drei Schnitten Brot, 72 Gramm Nährmittel.

Um überhaupt Brot backen zu können, wurden Gerste und Hafer zu Brotgetreide erklärt und durften ebenso wie Roggen und Weizen nicht mehr verfüttert werden. Mais-, Soja- und Hirsemehl wurden mit verbacken. Auch aus Kastanien und Eicheln wurde Mehl gewonnen und dem Brot zugesetzt.

Die Bäcker holten Rezepte aus vorvergangenen Notzeiten aus den Schubladen und backten Mischbrot: besonders zwei Sorten, die als

»Kriegs«- oder »Kartoffelbrot« und als »Kölner Sparbrot« in die Geschichte eingegangen sind.
»Erfinder« des »Kölner Sparbrotes« war ein Mann, den man zunächst einmal nicht mit so profanen Dingen wie Lebensmitteln und Essen in Verbindung bringen wird: Konrad Adenauer.
Als Beigeordneter der Stadt Köln hatte er im ersten Weltkrieg auch die Lebensmittelversorgung der Domstadt zu organisieren. In dieser Notzeit mußten bisher ungenutzte Quellen zur Versorgung der Bevölkerung erschlossen werden.
1915 entwickelte er mit den Besitzern der »Rheinischen Brotfabrik« ein Rezept für ein Mischbrot, das er sich als »Kölner Sparbrot« patentieren ließ.

Kölner Sparbrot

Zutaten: 500 g Roggenmehl, 500 g Gerstenmehl, 500 g Maismehl (oder 250 g Maismehl und 250 g Kastanienmehl), ein Eßlöffel Salz, eine Tasse Sauerteig, ½ l Wasser.
Sauerteig mit dem Roggenmehl und dem Wasser zu einem Brei verrühren. Salzen. Etwa 30 Minuten stehen lassen.
Das Gerstenmehl mit dem Maismehl und dem Kastanienmehl mischen. Nach und nach in den Teig einkneten. Der Teig muß ordentlich durchgearbeitet werden, darf aber nicht zu fest werden, sonst lieber noch etwas Wasser zugießen.
Den Teig mit etwas Mehl bestäuben und 30 bis 40 Minuten warm stellen. Ein Brot formen. Mit Wasser bestreichen. Und bei 175 bis 200 Grad im vorgeheizten Ofen backen.
Die Backzeit hängt von den Getreidesorten ab. Es sollte eine schöne Kruste haben. Und es muß »hohl« klingen, wenn man daran klopft.

Noch ein Tip: Man kann während des Backens eine Tasse mit heißem Wasser in den Backofen stellen. Das Brot geht dann besser auf. Mit »Schwaden backen«, heißt das bei uns im Ruhrgebiet. Was aber für das folgende Rezept nicht empfehlenswert ist.

Kartoffelbrot

Zutaten: 150 g helles Mehl, 150 g Maismehl, 150 g gekochte und geriebene Kartoffeln, 20 g Zucker, eine Prise Salz, 20 g Hefe, eine Tasse Milch.

Die Hefe mit Zucker und Milch zu einem Brei verrühren und gehen lassen.

Das Mehl wird mit den gekochten und geriebenen Kartoffeln vermengt und gesalzen. Die Hefe dazugeben und zu einem festen Teig verkneten. Etwa 30 Minuten gehen lassen.

Dann ein längliches Brot formen, auf ein gefettetes Blech legen und ein drittes Mal gehen lassen. Das sollte an einem warmen Ort geschehen und kann gut eine Stunde dauern.

Dann langsam bei mittlerer Hitze im Ofen braun backen. Ofenklappe öffnen und langsam auskühlen lassen.

Ein solches Mischbrot kostete 1946 im Durchschnitt 36 Pfennig pro Kilo, ein Weizenbrot 40 bis 50 Pfennig (wenn es denn eins gab).

Einige Anmerkungen noch zu den Bäckern.

Es waren schon seltsame Praktiken, die da von einigen Vertretern dieses Berufsstandes bekannt wurden, als die Not im Volk am größten war. Im Juli und August 1946 warnte das Ernährungsamt der Stadt Gelsenkirchen vor Broten mit Mindergewicht. 5,5 Prozent »Schwund« waren 48 Stunden nach dem Backprozeß erlaubt, 10 Prozent und mehr aber allgemein üblich.

Auf diese Weise oder durch Zusatz von Wasser versuchten Bäcker fehlendes Mehl zu »ersetzen«.

In Dortmund gingen im Januar 1947 einige Bäckereien dazu über, von den Käufern Kohlen für die Abgabe von Brot zu verlangen. Das kann man verstehen, wenn man weiß, daß die Kohlenzuteilungen den Bäckereien oft nicht reichten, um den Backofen anzuheizen.

Weniger verständlich waren und sind Mehlschiebungen, die allerorts bekannt wurden. Ein Gladbecker Bäcker hatte ganze 7000 Zentner verschwinden lassen, vor allem um dadurch Umbauten an seinem Betriebsgebäude zu ermöglichen. »Vitaminbauten« nannte man so etwas. Empörte und hungernde Gladbecker gingen im März 1947 zu Tausenden

auf die Straße und protestierten. In Buer wurde ein Bäcker zu 1000 Mark Geldstrafe verurteilt, der einem Bergmann 200 Brote gegeben hatte, weil der ihm Ofen und Haus repariert hatte.
Immer wieder wurde auch von »Verdunklungen im Mehlsack« berichtet. Wurde wirklich einmal Weizenmehl an die Bäckereien geliefert, so begann dieses nach einigen Tagen »nachzudunkeln«, bis das Brot, das daraus gebacken wurde, nach einer guten Woche eine fast erdbraune Farbe angenommen hatte. Die Bäcker hatten es mit minderwertigen Mehlen und Zusatzstoffen, die den Mehlvorrat strecken konnten, vermischt.
Auf der einen Seite kam es vor, daß in einigen Bäckereien mehr Brot lagerte, als verteilt werden durfte, und vor dem Verkauf verschimmelte: Folgen unnötiger Bürokratie.
Bei anderen Bäckereien hingen tagelang an herabgelassenen Rolläden, hinter leeren Schaufenstern Schilder mit der Aufschrift: »Wegen Mehlmangels geschlossen«.
Es gab natürlich glückliche Augenblicke. Einen davon beschreibt Betty Schneider in ihrem Buch »Euer Herz betrübe sich nicht« so:
»Am Nachmittag hängen vor den Bäckerläden Schilder, die uns zurufen: ›Ab morgen früh acht Uhr Brotverkauf!‹ Vor allen Bäckerläden hängen sie, rufen sie, laden sie ein, diese Schilder.
Fast vermag ich nicht zu schlafen in der Nacht vor lauter Freude. Brot! Und am nächsten Morgen stehe ich mit vielen, vielen in der Schlange, zunächst auf der Straße, dann im Laden, endlich dicht an der Theke. Eine jede Familie bekommt ein großes Brot. Es ist außen goldbraun, innen weiß wie schimmernder Schnee — die Bäckersfrau hat eines durchgeteilt, es uns allen zu zeigen. Brot aus Weizen, aus reinem Weizen Frankreichs...«
Gibt es einmal Brot, bilden sich vor den Bäckerläden der Ruhrstädte endlose Schlangen. Hungrige Menschen stehen trotz eisiger Kälte in den Januarwochen des Jahres 1947 stundenlang für ein Brot an. Oft ist ihr Warten vergeblich.
Sir Sholto Douglas besuchte das »westliche Hungergebiet« und berichtet, er habe erlebt, wie 500 Frauen und Kinder stundenlang auf einen Brotwagen warteten, der dann nur mit 200 Broten ankam.
»Schlange-Schöningen« werden die Wartenden mit bitterem Humor von den Menschen im Kohlenpott genannt. Und sie nehmen dabei Be-

Das tägliche Brot

Von Anne Maria Buchholz

Drei Frauen in einer Schlange stehen,
ihre Gespräche um die Ernährung sich drehen.
„Die Kalorien", sagt eine, ‚die kriegen wir;
doch leider und meistens nur auf dem Papier."
Die zweite sagt: „Die Engländer sind schuld,
wir stehen wohl nicht in deren Huld,
denn, träten sie besser für uns ein,
gar manches würde hier besser sein."
Drauf ruhig und sachlich die dritte spricht:
„Ihr irrt alle beide, so ist das nicht!
Ihr selber seid schuld, was tut ihr denn bloß?
Ihr haltet ja nur die Hände im Schoß!
Ergreifet den Besen und kehrt mit das Haus,
und fegt, was nicht nützet, zur Türe hinaus.
Faßt fest den Besen und säet die Saat,
und bauet ihn auf, den Arbeiterstaat.
Der wird beenden die große Not,
und sichern für immer das tägliche Brot."

aus: »Westdeutsches Volksecho« vom 7. Februar 1947

zug auf den Leiter des Zentralamtes für Ernährung, Hans Schlange-Schöningen, dem viele Mitschuld an der Hungerkatastrophe geben.
Die Lage war kritisch. Gab es einmal Brot zu kaufen, wurde auch, soweit das möglich war, gehortet.
In der Stadt Essen, es war schon die Rede davon, fahren Lautsprecherwagen durch die Straßen, geben Aufrufe des Ernährungsausschusses an die Bevölkerung bekannt:
»Essener Bürger und Hausfrauen! Kauft eueren Brotbedarf für heute und morgen. Es ist Mehl genügend vorhanden, die Bäcker können aber nicht das gesamte ausgerufene Brot an einem Tag backen. Es besteht kein Grund zur Beunruhigung...« Das war am 1. März. Am 22. März:
»Essener Hausfrauen! Im Laufe des heutigen Abends treffen Mehlmengen ein und werden an die Bäckereien weitergeleitet. Am morgigen Sonntag von 8 bis 10 Uhr steht in denjenigen Bäckereien, die heute mit Mehl beliefert werden, Brot zum Verkauf. Bei diesem Sonntagsverkauf werden nur Essener Lebensmittelkarten beliefert...«
»Essener Bäckereien! Alle Bäcker, die Mehl vorrätig haben, haben noch heute Nacht zu backen und morgen früh, wie bekanntgegeben, zwischen 8 und 10 Uhr zu verkaufen...«
War kein Brot vorhanden, sollten Nährmittel oder Zucker und Keks an die Bevölkerung ausgegeben werden.
Heinrich Lübke, damals Ernährungs- und Landwirtschaftsminister von Nordrhein-Westfalen, verspricht »Besserung in der Brotversor-

gung«. Ein besonderer Plan der Reichsbahn sei in Kraft getreten, der den Transport von Brotgetreide und Mais in das Land an Rhein und Ruhr mit Vorrang durchführt.

In Essen und Gelsenkirchen sind Bäckergeschäfte und Brotverkaufsstellen dazu übergegangen, Brot nur noch an Stammkunden auszugeben. Das ist zwar unzulässig, wird aber praktiziert.

Die Mehlzuteilungen bleiben weiter knapp und sind regional sehr unterschiedlich. Die Bäcker glauben so handeln zu müssen, denn immer mehr Menschen aus fremden Städten stehen um Brot an. Andererseits fahren Essener Frauen bis nach Dortmund, um Brot zu kaufen. Was den Zeichner des »Westdeutschen Volksechos« zu einer Karikatur animiert.

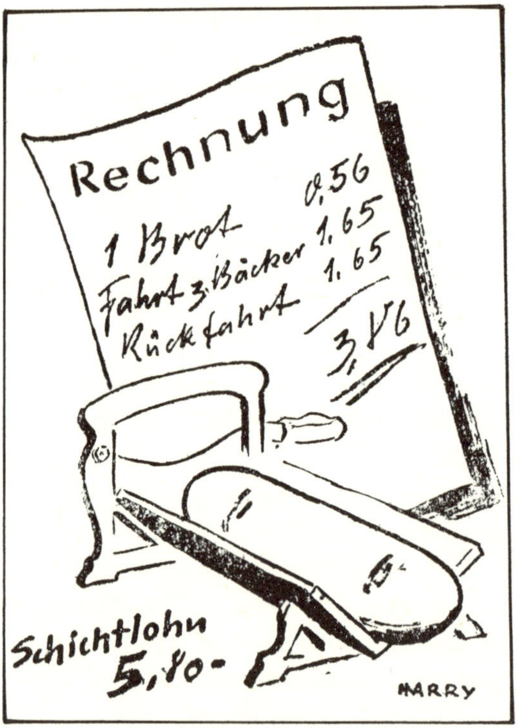

Von der Polizei wurde in jenen Tagen eine Frau aus dem Ruhrgebiet mit einem Koffer voll Brot aus einem Eisenbahnwaggon geholt. Schwarzhandel — vermuteten die Beamten. Aber die Frau konnte nachweisen, daß sie die Brote rechtmäßig auf ihre Lebensmittelkarten gekauft hatte.

Sie war 180 km gefahren, um das Brot zu bekommen, da in ihrer Stadt kein Brot zu haben war.
Im Juni 1947, als erneute Kürzungen der Brotration angekündigt werden, finden in Norddeutschland und im Bezirk Köln Sitzstreiks der Arbeiter in den Betrieben gegen den Hunger statt.
Und Ende Juli geht die Stadtbevölkerung aus dem Ruhrgebiet in Scharen aufs Land, um auf den abgeernteten Getreidefeldern nach vergessenen Ähren zu suchen. Man geht »stoppeln«.
Doch vor das Ährenlesen hatten deutsche Beamte den bürokratischen Akt gesetzt. Man mußte dazu bei der Lebensmittelkartenausgabestelle einen Berechtigungsschein beantragen. Ohne Erlaubnisschein wurde man vom Stoppelacker gejagt. Wir sprachen schon davon.
Aber soviel war klar, man mußte versuchen, selbst Brot zu backen. Und wo das Mehl nicht reichte, die gesammelten Ähren nicht genügten, mußte mit anderen Zutaten gestreckt werden.

Eichelbrot

Zutaten: 250 g Mehl, 250 g Eichelmehl, ein Teelöffel Salz, 20 g Hefe, ¼ l Wasser.
Roggen- oder Weizenmehl mit Eichelmehl und Salz mischen. Hefe mit einer Tasse warmem Wasser anrühren. Mit der Hälfte des Mehls zu einem Teig rühren.
Etwa zwei Stunden lang an einem warmen Ort gehen lassen.
Dann das restliche Mehl und den Rest warmes Wasser zugeben und alles kräftig durchkneten.
Ein längliches Brot formen. Auf ein bemehltes Backblech setzen. Oben ein paarmal einkerben. Nochmals gehen lassen.
In den vorgeheizten Backofen schieben und bei 220 Grad 60 bis 70 Minuten abbacken.
Man kann aus dem Teig auch Brötchen formen. Dann sollte man statt des Salzes zwei Teelöffel Kräutersalz nehmen.
Wie Eichelmehl gewonnen wird, haben wir schon in »Tante Linas Kriegskochbuch« beschrieben, soll hier aber noch einmal kurz erklärt werden. Reife Eicheln werden in einer zugedeckten Pfanne geröstet, bis die Schalen platzen. Schalen ablösen. Kerne zwei bis drei Minuten in Salzwasser kochen. Die so entbitterten Eicheln trocknen, zerkleinern und mehrmals durch den Fleischwolf drehen. Das Mehl sieben.

Apfelbrot

Zutaten: Vier Äpfel, drei kalte gekochte Kartoffeln, 150 g Mehl, eine Prise Salz, ein Teelöffel Zimt, ein Eßlöffel Zucker, ein Päckchen Backpulver, eine Tasse Milch.

Kartoffeln pellen, Äpfel schälen. Sehr fein reiben. Nach und nach mit Zucker, Zimt, Milch, Salz und dem mit Backpulver vermischten und gesiebten Mehl verarbeiten.

Den Teig in eine gefettete Kastenform geben. Im Ofen bei 200 bis 225 Grad etwa 50 bis 60 Minuten backen. In der Form kalt werden lassen.

Heidelbeerbrot

Zutaten: Zwei Tassen Mehl, zwei Tassen Haferflocken, ein Päckchen Backpulver, eine Prise Salz, zwei Tassen Milch, 100 g Heidelbeeren, zwei Eßlöffel Zucker.

Heidelbeeren zuckern und über Nacht stehen lassen.

Haferflocken in der Milch 20 Minuten einweichen. Das mit Backpulver gemischte Mehl und Salz dazugeben, ebenso die Heidelbeeren.

Gut durchrühren. In eine Kastenform füllen, die man eingefettet hat.

Bei 200 Grad im Ofen etwa 50 Minuten abbacken.

Da es oft keine Hefe und kein Backpulver zu kaufen gab (trotz Oetker), hier zwei Rezepte, wie man beides selbst herstellen kann.

Backpulver, selbst gemacht

Zutaten: 40 g Weinstein, 20 g doppelt kohlensaures Natron, 10 g Weizenmehl.

Zutaten sorgfältig miteinander vermischen. Die Menge reicht etwa für drei Pfund Mehl.

Hefe, selbst gemacht

Zutaten: 500 g gekochte kalte Pellkartoffeln, 20 g Hefe, ein Eßlöffel Zucker, ein Eßlöffel Mehl, drei Eßlöffel warmes Wasser.

Kartoffeln pellen und reiben. Mit Hefe, Zucker, Mehl und Wasser zu einem Brei verrühren. Mit einem Tuch bedecken und warm stellen.

Die Hefe ist nach drei bis vier Tagen fertig.

Für ein Pfund Mehl benötigt man etwa drei Eßlöffel von dieser Hefe.

Fladenbrot

Zutaten: Zwei Tassen Mehl, ein Eßlöffel Öl, eine Prise Salz, 15 g Hefe, ein Ei, eine halbe Tasse Wasser.

Öl, Salz und Hefe in warmem Wasser verrühren. Das gequirlte Ei zugeben. Das Mehl darüber sieben. Alles gut durchkneten und ca. 30 Minuten lang gehen lassen.

Aus dem Teig runde Fladen formen.

In einem Topf Wasser zum Kochen bringen. Die Fladen in das kochende Wasser geben. Warten, bis sie an die Oberfläche kommen. Herausnehmen. Auf ein Backrost legen und im vorgeheizten Ofen bei 200 Grad etwa 25 Minuten lang durchbacken lassen.

Knäckebrot

Zutaten: 200 g Roggenmehl, eine Tasse Wasser, ein Teelöffel Salz.

Mehl mit Salz und Wasser zu einem Teig kneten. Auf einem mit Mehl bestreuten Backbrett dünn ausrollen. Mit einem Strohhalm Löcher in den Teig drücken.

Das Knäckebrot wird in rechteckige Stücke geschnitten und auf einem leicht gefetteten Blech im Ofen bei 200 Grad 20 bis 30 Minuten gebacken.

In einem Zeitungsartikel meldet 1946 stolz die Zuckerfabrik Roisch, es sei ihr gelungen, aus Zuckerrübenschnitzeln und Mehl Zwieback herzustellen.

Da wollen wir natürlich nicht hintanstehen. Knäckebrot kann man auch mit Hilfe von Rüben machen.

Rübenknäckebrot

Zutaten: 100 g Roggenschrot, eine Tasse Wasser, ein Teelöffel Salz, ein kg Steckrüben.

Steckrüben schälen, waschen und raspeln. Die Rübenraspeln werden auf einem Blech in einer gut geheizten Backröhre unter häufigem Wenden getrocknet.

Wenn sie vollkommen trocken sind, kann man sie noch durch eine Kaffeemühle drehen oder mit dem Mörser zerstoßen. Das Kilogramm Runkeln ergibt etwa 100 g Rübenmehl.
Mit Roggenschrot, Wasser und Salz zu einem Teig verrühren. Dünn ausrollen. Wer will, kann mit einem Strohhalm Löcher in den Teig drücken. In rechteckige Stücke schneiden.
Im Ofen bei 200 Grad etwa 30 Minuten auf einem leicht gefetteten Blech backen.

Steckrübenbrot

Zutaten: 500 g Mehl, 200 g Steckrüben, 20 g Hefe, ein Teelöffel Salz, 1/4 l Wasser.
Hefe mit lauwarmem Wasser anrühren. Die geschälten und gewaschenen Steckrüben sehr fein reiben und mit dem Mehl, der Hefe und dem Salz zu einem Teig verarbeiten.
30 Minuten an einem warmen Ort gehen lassen. Nochmals kräftig durchkneten.
In eine gefettete Kastenform geben. Abermals gehen lassen. Im vorgeheizten Ofen bei ca. 200 Grad 60 bis 80 Minuten backen lassen. Da das Brot etwas feucht ist, langsam auskühlen lassen. Es braucht dann noch etwa drei Tage, bis es sich gut schneiden läßt.

Sprüche vom Brot

(Aus dem Bayerischen)

Schwarzes Brot bricht die graue Not.

Besser a Stuck Brot im Sack als Federn am Hut.

s' fremde Brot is a saures Brot.

Ueberall is guat Brot schneiden, wenn ma ons hat.

Was man glernt hat, frißt koa Brot net.

Von ander Laut Brot ist leicht runterschneiden.

Mausdreckerln im Hafer gibt no lang koa Kümmelbrot.

Wo viel Kinder sein, wirds Brot net trocken

aus: »Westfalenpost« vom 3. Mai 1946

Wie Tante Lina eine Tür zuschlug und 5000 Hohlblocksteine ins Rollen brachte

Der 31. Oktober des Jahres 1947 war ein Freitag. In Genf war gerade nach 1500 Sitzungen eine Konferenz des »Vorbereitenden Komitees für Handel und Beschäftigung« zu Ende gegangen. Die Zeitungen berichteten von 700 Kindern, die in Gefängnissen der sowjetischen Besatzungszone gefangengehalten würden. In den Gelsenkirchener Odeon-Lichtspielen wurde der Film »Mit den Augen einer Frau«, im »Theater des Westens« die Operette »Das Land des Lächelns« gezeigt. Im Stadtteil Buer waren Stromabschaltungen angekündigt. Und Tante Lina mühte sich als Folge »wieder einmal aufgetretener Versorgungsengpässe in diesem Sektor«, selbst Essig herzustellen, was nicht recht gelingen wollte. Trotzdem seien hier zwei ihrer Rezepte wiedergegeben.

Hausessig

Zutaten: 20 g Zucker, 10 g Hefe, 50 g altbackenes Brot mit Rinde, ein Teelöffel Thymian, ein l Wasser.

Den Zucker läßt man im Wasser aufkochen und dann auskühlen. Das Brot wird gewürfelt, in ein Glas gegeben, Hefe darüber gebröselt, Thymian eingestreut. Das ausgekühlte Zuckerwasser wird darübergegossen. Dann wird das Glas mit einem durchlöcherten Papier zugebunden. Man läßt den Essig an einem warmen Ort zwei Wochen gären. Der Essig wird dann durch ein Tuch geklärt, in Flaschen gefüllt und an einem kühlen Ort aufbewahrt.

Berberitzen-Essig

Zutaten: 500 g Berberitzen, ein Eßlöffel Essig, ein l Wasser.

Berberitzen säubern und entstielen. Zerdrücken (mit einer Gabel) und in Essigwasser (so daß die Früchte gerade bedeckt sind) weichkochen. Durch ein Tuch abgießen und noch heiß in Flaschen füllen, die luftdicht verschlossen werden.

MG/PS/100 R.M.

Internierungs-Nr. 100 388
Internment No.

MILITÄRREGIERUNG–DEUTSCHLAND

AM-806797-DAC-

36

Kombinierter Kenn- und Meldeschein für aus der Internierung entlassene Personen

PROVISIONALLY RELEASED

CATEGORY III

Zuname / Surname: H O R B E L T.
Vornamen / Christian Names: OTTOMAR.

Staatsangehörigkeit / Nationality: DEUTSCH
Beruf oder Gewerbe / Trade or Occupation: BAUFUEHRER

Geburtstag und -ort / Date and Place of Birth: 22.12.1914. IN GELSENKIRCHEN-BUER
Größe / Height: 183 CM

Statur / Build: 66 KG SCHLANK
Gesichtsfarbe / Complexion: FRISCH
Haar / Hair: BLOND

Augenfarbe / Eyes: BLAU
(Art der) Augengläser / Glasses (if any): OHNE
Glattrasiert oder Form des Bartes / Hair on Face: GLATTRASIERT

Nasenform / Nose: GERADE
Mundform und Zähne / Mouth (Including Teeth): VOLLES GEBISS

Merkmale (Narben, Tätowierungen usw.) / Marks (Scars, Tattoo, etc.): LI OBERARM

Besondere Kennzeichen / Peculiarities: KEINE

Kleidung / Dress: ZIVIL

Eigenhändige Unterschrift / Specimen Signature: Ottomar Horbelt

Beabsichtigte Wohnadresse / Proposed Address: GELSENKIRCHEN-BUER, ~~HOCHSTRASSE~~ Unnenfeldstr. 17

DIE POLIZEIBEHÖRDE DER STADT GELSENKIRCHEN · DER CHEF DER POLIZEI

Gewöhnliche Adresse (falls anders als die obige) / Normal Address (if different from above): WIE OBEN

Tag der Entlassung / Date of Release: 31.10.1947

Bedingungen der Entlassung

Inhaber dieses Scheines soll:

1. bei Entlassung sich sofort nach der oben angegebenen beabsichtigten Adresse begeben;
2. sich binnen 24 Stunden nach der Ankunft an der beabsichtigten Adresse, jedoch keinesfalls später als 7 Tage nach der Entlassung bei der Ordnungspolizei (ORPO) der Polizeizentrale zu * SK GELSENKIRCHEN (hier ist die Polizeizentrale in dem Bezirk anzugeben, d. h. Regierungsbezirk, Land- oder Stadtkreis, in dem sich die beabsichtigte Adresse befindet), melden;
3. diesen Schein zur Eintragung in der obengenannten Polizeizentrale vorlegen;
4. diesen Schein gut aufbewahren und jederzeit bei sich tragen;
5. diesen Schein auf Verlangen jedem uniformierten Polizeibeamten, jedem Angehörigen der Streitkräfte der Besatzungsmacht oder jeder von der Militärregierung bevollmächtigten Person vorlegen;
6. diesen hier angegebenen Bedingungen und Einschränkungen Folge leisten.

WARNUNG: Jede Unterlassung, die obigen Bedingungen zu erfüllen, setzt den Inhaber dieses Scheines der strafrechtlichen Verfolgung und Neu-Internierung aus.

PROVISIONAL RELEASE, bedingt BEDINGTE ENTLASSUNG

Falls die Entlassung nur ~~provisorisch~~ (on bail) erfolgt, sind die Worte "on bail" an der oben dafür vorgesehenen Stelle einzufügen.

Inhaber unterliegt den auf S. 2 angegebenen Beschränkungen.
If Release is on Bail insert the word "BAIL" in space provided above.

Date 26.10.1947 Signature of O/C

No. 7 I.O. Civilian Internment Review and Interrogation Staff

Official stamp of Internment Camp

No. 7 Civ. Internment Camp

* 2. (Insert Headquarters of Police Force in which district proposed address is situated, i.e. R/B/Land S/K.

Der 31. Oktober 1947 wäre ein ganz gewöhnlicher Tag gewesen, wenn nicht an diesem Tag Ottomar, mein Vater, als »Minderbelasteter« aus dem Internierungslager Eselheide entlassen worden wäre.
Er hatte es geschafft, im Zuge des Entnazifizierungsverfahrens in die Kategorie III eingestuft zu werden und gehörte zu jenen 7500 Nazis, die in diesem Herbst aus der Internierung frei kamen. Wir berichteten darüber.
Ottomar wurde »bedingt« entlassen. Was bedeutete, daß seine »Bewegungsfreiheit« eingeschränkt war: Er durfte seine Wohnung nicht ohne Genehmigung wechseln, Deutschland nicht ohne Genehmigung verlassen und mußte sich »in Zwischenräumen von nicht mehr als einem Monat« bei der Polizei melden, was auf dem nebenstehenden Schein mit Stempel jeweils vermerkt wurde.
Es wurde beschlossen, den so lange und schmerzlich Vermißten mit einer kleinen Feier willkommen zu heißen. Großvater sollte ihn abholen und in die heimatlichen Gefilde geleiten. Und zu dem festlichen Empfang sollte sich die gesamte Familie, soweit möglich und in Gelsenkirchen anwesend, versammeln. Also auch Tante Lina.
Daß es nicht ganz einfach sein würde, die eigenwillige Tante zu bewegen, die Heimkehr des »verlorenen Sohnes« in den Schoß der Familie durch ihre Anwesenheit zu verschönen, war allen klar.
»Aber«, so ließ Großvater Bruno verlauten, »schließlich ist sie meine Schwester, und dies ist eine gute Gelegenheit, sie mit der Familie auszusöhnen, wenn sie denn guten Willens ist.«
Er war sehr fromm geworden, der Großvater, in jener Zeit und bediente sich häufig biblischen Vokabulars.
Das Los fiel auf die stille Mimi, meine Großmutter. Die sollte bei ihrer Schwägerin vorsprechen, sollte von Frau zu Frau gewissermaßen das Unmögliche möglich machen.
Und so stand sie an jenem 31. Oktober in Tante Linas Küche, mitten zwischen leeren Flaschen, die mit Essig gefüllt werden sollten, teils zum eigenen Bedarf, teils für die Hausbewohner und zum Verkauf auf dem Schwarzen Markt. Stand Tante Lina dauernd im Weg, die vor sich hin fluchte, weil ihr der Essig trotz Beifügung diverser Kräuter geschmacklich nicht so gelang, wie sie sich das wohl vorstellte. Stand wie ein Fels, von Essig umspült, und sprach mit leiser Stimme auf die hektisch arbeitende Tante ein, unerschütterlich und durch nichts von ihrem Vorhaben

abzubringen. Sie wird gesagt haben, die gute Omama, was viele Menschen einander sagten in diesen Jahren nach dem Krieg.
»Man muß auch vergessen können!«
Und:
»Man muß bereit sein zu vergeben, jetzt, da doch alles vorbei ist.«
»Schließlich — er ist doch dein einziger Neffe... ein junger Mensch, den man nicht verantwortlich machen darf, was Hitler, Goebbels, Göring, Himmler, diese Verbrecher... ein junger Mann, der sich geirrt hat... Hat nur getan, was andere ihm befohlen haben... Hat Fehler gemacht, ist auch schuldig geworden, vielleicht, aber doch mein Sohn, dein Neffe, unsere Familie... Und hat gebüßt für die Fehler, zwei lange Jahre in diesem schrecklichen Lager... Müssen ihm jetzt ein Zuhause und einen Halt geben, wir, wir alle... die Familie...«
Satzfetzen, die zwischen Kochtöpfen und Essigflaschen an Tante Linas Ohr dringen, Worte, die ihr Gesicht immer verschlossener werden lassen. Ach, wenn sie doch geschwiegen hätte, die sonst so stille Mimi! Dann vielleicht...
Als der Essig in Flaschen und irdene Gefäße gefüllt, die Flaschen und Gefäße verschlossen waren, da endlich hatte Mimi aufgehört zu reden. Nie vorher und nie wieder später soll sie so lange ohne Unterbrechung gesprochen haben. Und nachdem sie ihr so viele Worte lang stumm zugehört hatte, brach Tante Lina ihr eisiges Schweigen:
»Bist du fertig?«
Mimi nickte erschöpft und war nun fast sicher, ihren Aussöhnungsfeldzug siegreich beenden zu können. Doch Tante Lina band in aller Ruhe ihre Schürze ab, verließ festen Schrittes die Küche und hielt Mimi die Haustür weit auf.
»Dann kannst du jetzt gehen!«
Wie betäubt verließ Mimi das Haus der Schwägerin und verstand ihre heile Welt nicht mehr. Und Tante Lina schlug die Tür hinter ihr zu, laut und endgültig. Fast wie symbolisch, diese Geste. Denn es sollte Jahre dauern, bis sich wieder ein Mitglied der Familie, von uns Kindern natürlich abgesehen, in Tante Linas Bannkreis traute.
So kam es, daß Tante Lina nicht mit an dem festlich gedeckten Mahagonitisch im Kreise der Familie saß, als ein schlanker, blonder, blauäugiger, aber vor allem fremder Mann mit halber Glatze die Diele des Horbeltschen Hauses betrat, der behauptete, er sei mein Vater.

Oft sind es die Augenblicke des ersten Zusammentreffens, die über das Verhältnis zweier Menschen zueinander entscheiden. Und es mag dieser Augenblick gewesen sein, da mich der Fremde mit seinen mir riesig erscheinenden Händen ergriff und mich hochhob, und ich erschreckt losheulte, dieser Augenblick, da er dieses plärrende Bündel Mensch enttäuscht wieder niedersetzte, und ich mich unter den Tisch hinter die Häkeldecke verkroch, daß ich nie einen rechten Kontakt zu meinem Vater bekam. Mag sein.

Ottomar tat sich schwer mit dem Einleben in der ungewohnten Umgebung und der Bewältigung der Alltagssorgen des Jahres 1947.

Zu den Beschränkungen, die ihm auferlegt waren, gehörte auch, daß er sein Studium nicht fortsetzen durfte, daß es ihm untersagt war, »eine leitende Stellung in irgendeinem privaten oder körperschaftlichen, geschäftlichen oder sonstigen Unternehmen« zu bekleiden.

Was also beginnen?

Im Internierungslager hatte sich Ottomar einige Kenntnisse in kunstgewerblichen Arbeiten erworben. Renate, meine Mutter, belegte einen Kursus im Bemalen von Holzgegenständen und meldete einen Kunstgewerbebetrieb an. Als Werkstatt wurde von der Stadt Gelsenkirchen ein Bunker angemietet, den einst Großvater Bruno in Zeiten der Kriegsvorbereitung errichtet hatte, nun friedlichen Zwecken dienend. Maschinen und Werkzeuge wurden »besorgt« auf irgendwelchen dunklen Wegen. Und dann begann mein Vater als angestellter Arbeiter seiner Frau — mehr durfte er nicht sein — mit der Herstellung kunstgewerblicher Artikel. Fertigte Kerzenleuchter und Engelchen aus Holz, schmiedeeiserne Aschenbecher, Tisch- und Wandgongs aus Messing, Kinderspielzeug aus Sperrholz, Hähne und Enten zum Hinterherziehen fürs Weihnachtsfest, schnitzte Schmuck und Broschen aus Tierknochen vom Abdecker, schnitt aus altem Schuhleder Lesezeichen. Und zu Ostern wurden Holzhäschen-Gruppen zum Aufstellen gemacht.

»Firlefanzereien« nannte Tante Lina diese Produkte kunsthandwerklichen Bemühens. »Als ob wir nicht andere Dinge dringend nötig hätten!« Aber das Geschäft lief. Die Schaufenster jener Tage waren voll von Schnapsglasuntersetzern, Lesezeichen, Wandsprüchen auf Holztafeln und ähnlich sinnvollen Waren zu astronomischen Preisen.

Ottomar belieferte Kunstgewerbeläden, und die Leute kauften. Jeder freute sich, überhaupt wieder einen Gegenstand kaufen zu können,

auch wenn er ihn gar nicht nötig hatte. Die jahrelang unterdrückte Kauflust brauchte offenbar ein Ventil.
Ich selbst habe an diese Zeit kaum Erinnerungen. Einige der väterlichen Bunkerproduktionen existieren natürlich noch: gedrechselte Holzdosen und einiges Spielzeug, heute sicher wertvoll als Zeitdokument, aber bei mir keinerlei Assoziationen auslösend, die Erinnerungslücken zu füllen. Es sind da auch Fotos. Ein dickes, ernstes Kind an der Hand eines Mannes, dem sein Anzug nicht paßt. Bilder von einer Silvester-Feier, zu der sich auch alte Kameraden aus Eselheide eingefunden hatten mit Frauen.
Tante Lina betrachtete solcher Art »Strömungen« innerhalb ihrer Familie aus der Distanz, aber aufmerksam. Und sie schaute skeptisch, wenn sie hörte, wie der Fleiß ihres Neffen Ottomar gelobt wurde, der in seiner Werkstatt eifrig sägte und schnitzte.
Das ging auch gut bis zu jenem Tag, da Großvater Bruno, als Beamter pensioniert, als Architekt weiterhin tätig, seinen Sohn im Bunker an der Buerschen Freiheit aufsuchte mit einer Idee, von deren Verwirklichung er sich erhebliche Geldgewinne erhoffte.
Er wird vorsichtig zu Werke gegangen sein, wird sich umgesehen haben in der Bunkerwerkstatt, wird gesagt haben:
»Das ist ja alles schön und gut, was du hier machst. Du hast eine schöpferische Arbeit, du verkaufst mit Erfolg, was du herstellst, aber eine Zukunft hat das nicht.«
Und wird gefragt haben:
»Wenn du dich umschaust in unserer Stadt, was siehst du da?«
Mein Vater wird gelacht haben:
»Trümmer, was sonst?«
»Eben. Und das ist sie, die Zukunft. Unsere Zukunft. Schließlich hast du studiert, wenn auch nicht zu Ende, wolltest Bauingenieur werden, Und ich bin Architekt. Und da liegt unsere Chance.«
Und Bruno legte vor seinen Sohn einen Zeitschriftenartikel hin mit der Überschrift »Hohlblocksteine aus Bautrümmern«. Berichtet wird darin von einem neuartigen Verfahren, nach dem eine Soester Firma großformatige Betonhohlblocksteine herstellte, bei denen Bautrümmer restlos verwertet werden konnten. Ein Verfahren, das gegenüber der Produktion von Ziegelsteinen Energie und Rohstoffe sparte. Die Verwendung der Hohlblocksteine sollte die Bauzeit, den Einsatz von Fachar-

beitern und den Verbrauch von Mörtel erheblich verringern. »Du produzierst die Hohlblocksteine. Trümmer sind genug da. Zementzuteilungen wirst du bekommen bei diesem Verfahren. Die Transportprobleme sind lösbar. Und ich werde deine Steine bei meinen Bauaufträgen vermauern lassen.«
Die Idee meines Großvaters fiel auf fruchtbaren Boden. War Ottomar doch einer Arbeit, wie der geplanten, eher zugetan als der mühevollen Tätigkeit mit Laubsäge und Schnitzmesser, was seinem Naturell wenig entsprach. War auch geübt darin, schon während der Internierungszeit,

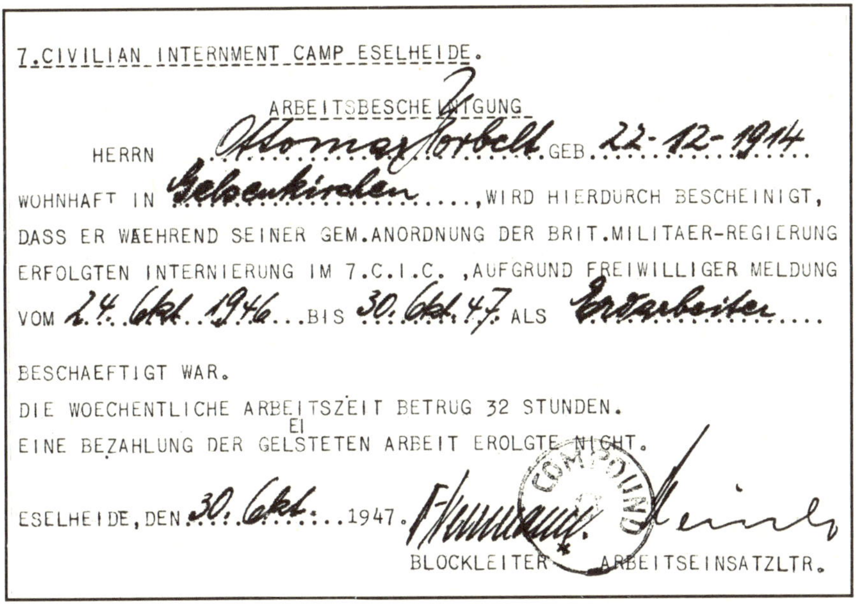

7.CIVILIAN INTERNMENT CAMP ESELHEIDE.

ARBEITSBESCHEINIGUNG

HERRN Ottomar Horbelt GEB 22-12-1914

WOHNHAFT IN Gelsenkirchen ...., WIRD HIERDURCH BESCHEINIGT, DASS ER WAEHREND SEINER GEM. ANORDNUNG DER BRIT. MILITAER-REGIERUNG ERFOLGTEN INTERNIERUNG IM 7.C.I.C., AUFGRUND FREIWILLIGER MELDUNG VOM 24. Okt. 1946 ... BIS 30. Okt. 47 ALS Erdarbeiter ....

BESCHAEFTIGT WAR.

DIE WOECHENTLICHE ARBEITSZEIT BETRUG 32 STUNDEN.

EINE BEZAHLUNG DER GELEISTETEN ARBEIT ERFOLGTE NICHT.

ESELHEIDE, DEN 30. Okt. ... 1947.

BLOCKLEITER ARBEITSEINSATZLTR.

was obige Arbeitsbescheinigung beweisen mag. Und ich muß sagen, in dem, was mein Vater zu tun beabsichtigte, handelte er eigentlich logisch: Er hatte mitgeholfen, Deutschland in Trümmer zu legen, nun wollte er mit diesen Trümmern Geschäfte machen.
Der Kunstgewerbebetrieb wurde liquidiert, Werkzeuge und Maschinen wurden auf dem Schwarzen Markt zu Geld gemacht (das gleichzeitig einen Teil des Stammkapitals der neuen Firma bildete), und auch der noch vorhandene Warenbestand konnte gewinnbringend an das Geschäft Lückemeier abgesetzt werden.

Und so konnte man in den Bekanntmachungen des Amtsgerichts von einer Neueintragung im Handelsregister lesen. Gegründet worden war die Firma »Hohlblockbau«, die die »Herstellung von Hohlblocksteinen und Hohlblockbauten nach der Baumethode Schmitz« als Betriebszweck angab. Stammkapital: 20 000 Reichsmark (wir befinden uns noch in der Zeit vor der Währungsreform, und Geld war vorhanden). Als »Geschäftsführer« war wiederum meine Mutter eingetragen, Ottomar, wie gesagt, ein »bedingt« entlassener Internierter, durfte als solcher nicht fungieren und wurde wieder der »angestellte Arbeiter« seiner Frau. Großvater Bruno war Mitgesellschafter. An der Hobackestraße in Beckhausen wurde ein Betriebsgelände angemietet, eine Werkshalle darauf errichtet, es wurden einige Hilfskräfte angestellt und Maschinen »angeschafft«. Und dann konnte es losgehen.
Der Gelsenkirchener Trümmerschutt wurde angekarrt und in einem Splittbrecher zerkleinert. In einem Betonmischer wurden sechs Teilen Trümmersplitt je ein Teil Zement und Natursand zugesetzt. Das Mischgut wurde in Formen gefüllt, auf einem Rütteltisch bei 3000 Schwingungen in der Minute verdichtet, dann aus der Form gelöst und zum Trocknen gestellt. Drei Tage später waren die Steine bereits versandfähig. 100 Steine und mehr wurden täglich produziert. Ein florierendes Unternehmen war entstanden. Doch es kam, wie es kommen mußte, und die Schatten aus der braunen Vergangenheit waren es, die vernichteten, was Vater und Sohn Hand in Hand an verheißungsvollen Zukunftsplänen gemacht hatten.
Großvater Bruno mochte wohl der Auftragslage in der Bauwirtschaft nicht so rechtes Vertrauen entgegenbringen und zog es vor, die Schwarzbauten seiner Kumpane aus heroischen Tagen zu planen und zu beaufsichtigen. Und da nahm das, was auch heute noch als »Unglück« in unserer Familie angesehen wird, seinen Lauf. Und durch meine Geschwätzigkeit, die mir auch später noch immer wieder rosige Zukunftsperspektiven zunichte machen sollte, habe ich selbst dazu beigetragen, daß ich heute nicht stolzer Besitzer eines Betonwerkes bin, was freilich bei der heutigen Baukonjunktur auch sein Gutes hat.
Anläßlich eines meiner vielen Besuche bei Tante Lina hatte ich nämlich ihr Selbstgebackenes naserümpfend beiseite geschoben und hatte damit geprahlt, daß es bei uns zu Hause »richtige Torte vom Konditor« gäbe. Und auf Tante Linas Nachfrage hin auch bereitwillig vom täglichen

Fleischverzehr berichtet und stolz nagelneue Schnürstiefel präsentiert: alles — so vermutete Tante Lina richtig — entlohnende Beigaben für »schwarz« erstellte sogenannte »Vitaminbauten«, von Bruno geplant, von Ottomar und seinen Arbeitern mit Steinen aus eigener Produktion errichtet.

Und das wollte Tante Lina nicht hinnehmen, dagegen sträubte sich alles in ihr, daß da so wenige Jahre nach Ende des braunen Terrors dieselben Leute, die Unglück über Deutschland gebracht hatten, sich schon wieder auf Kosten der anderen, der Allgemeinheit, zu bereichern trachteten.

Mag sein, daß die Tante durch einen gezielten Hinweis an die Baubehörden der Stadt Gelsenkirchen nur den Stein ins Rollen brachte. Denn, obwohl gerade in diesen Ämtern noch viele ehemalige Nazi-Parteigenossen ihren Dienst am Volke taten, gab es dort auch Beamte, denen wirklich am Wiederaufbau der Stadt gelegen haben mag. Wer da was, wie, wo und mit wem bewerkstelligt hat, läßt sich nicht mehr ergründen.

Eines schönen Tages jedenfalls erschienen auf dem Werksgelände an der Hobackestraße einige städtische Bedienstete. Und es waren solche, die sich noch gut zu erinnern vermochten an die Tätigkeit von Großvater Bruno in ihrem Amte, als der noch Stadtbauführer und SA-Untergruppenführer war und als Luftschutzbeauftragter Bunker bauen ließ. Und dies dürften keine guten Erinnerungen gewesen sein.

Die maßen und wogen und beklopften die Steine, ließen sich deren Produktionsprozeß erklären, nahmen auch einige Exemplare zur Prüfung mit und verschwanden wieder.

Eine Woche später wurde der Firma »Hohlblockbau« eine amtliche Verfügung zugestellt, worin festgestellt wurde, die geprüften Steine entsprächen in Abmessung und Festigkeit nicht geltenden Normen, und gefordert wurde, besichtigte Hohlblocksteine sofort zu vernichten. Mag sein, daß es bei der Prüfung sogar mit rechten Dingen zugegangen war und daß Vater und Sohn Horbelt einfach zu schnell zuviel Geld machen wollten. Mag sein.

Tatsache ist, daß 5000 Hohlblocksteine zerschlagen werden mußten und Tante Lina dazu wohl ihren Teil beigetragen haben wird. »Die eigene Familie...«, tuschelten die Leute. Tante Lina ertrug die aufkommenden Gerüchte über ihr Zutun erhobenen Hauptes. Der Verlust war für die dünne Kapitaldecke der »Hohlblockbau« nicht zu verkraften. Die Firma ging pleite. Maschinen und Werkshalle wurden an die Konkurrenz vermietet. Ottomar verstand die Welt nicht mehr und mußte sich als einfacher Bauarbeiter verdingen, wie für ihn vorgesehen. Und im Hause Horbelt gab es fortan keine Torten und kein Fleisch mehr, sondern kalorienarme Suppe und »Karo einfach«, was damals im Ruhrgebiet »Kahle Bretter« genannt wurde. Wie passend.

Kleine Jahreszeitung 1947

Von Ka Dann

Papierschwierigkeiten führten mich zur Erfindung der Jahreszeitung. Wenn man sie einmal im Jahre gelesen hat, ist man's satt. Sie berichtet in allen Sparten nur über das Wichtigste und Grundsätzliche. Es ist daran gedacht, die nachfolgende Ausgabe für 1947 bis auf eine Auflage von 60 Millionen zu steigern, damit jeder Bescheid weiß.

Wirtschaft und Handel

„Nur ordentlich rangehen", sagte Otto, während er vor seinem neuen Einfamilienhaus den aus der Kriegsgefangenschaft heimkehrenden Freund verabschiedete, um in den Opel-Sechszylinder zu steigen, – ich habe auch einmal mit einer Lucky Strike angefangen . . ."

*

Finanzen

Als ich heute meinem Friseur eine Mark zur Bezahlung gab, schob er mir drei kleine weiße Zettelchen zu, auf denen in einem eiförmigen Stempel stand: „Willi Bombach, Hauptstraße 14".

„– und dreißig zurück!" sagte der Meister.

Sieh' da, sieh' da! Notgeld des kleinen Mannes. Und außerdem muß man jetzt wiederkommen.

*

Industrie

Registrationspflichtig, anmeldepflichtig, genehmigungspflichtig, reparationspflichtig, kein Permit – aus

*

Ernährung

„Maisgrieß, Maismehl, Maisgrütze – wir sind doch keine Hühner . . ." – „ sind se froh, daß wir die Körner noch gemahle bekommen."

*

Wohnungswesen

Bei uns im Hause wohnten früher sechs Familien, heute sind es neunzehn Sie meinen, das wäre nichts besonderes? – dann versuchen Sie mal, unseren Waschküchenschlüssel zu kriegen.

*

Amtliches

Auf Saal dreizehn, in dem bei uns Wohnungsamt und Zulassungsgenehmigungen untergebracht sind, kenne ich einen Herrn, der nicht raucht und nicht trinkt, der keine Wurst ißt und nicht um ein paar Eier verlegen ist – dem man auch persönlich überhaupt keinen Gefallen tun kann Und doch ist seine liebenswürdige Haltung allen Menschen gegenüber immer die gleiche.

Er heißt der Heilige Andreas, ist aus Gips, und steht dort aus Versehen in einer Ecke.

*

Bezugscheine

Mein letzter Anzug ist aus dem Jahre 1937 mein nächster aus dem Jahre 19 370.

*

Verkehr

Keinen Menschen bewundere ich mehr als die Fahrkarten abgebende Straßenbahnschaffnerin.

*

Allgemeines

Der Rathäusler kriegt was für seinen Rat, der Handwerker für den Schwund, der „Kunst"-Gewerbeladen für den Schund, – bloß der Normalverbraucher ohne „Position" der kriegt nix. Wozu auch? – Er hat ja nix.

*

Kanarienvögel

Ein Kanarienvogel kostet heute 300 Mark – wenn man einen kriegt.

*

Kultur

Biete selbstverfaßte Geschichten, suche was zu essen, Kleidungsstücke, Kohlen, Möbel und eine winzige Ecke, wo ich allein sein kann. Reflektanten wenden sich möglichst umgehend an die Schriftleitung dieser Zeitung. Komme ins Haus.

*

Politik

Und das Tollste bei der ganzen Sache daran ist nicht der Tommy schuld, daran ist nicht der Ami schuld, schuld sind allein wir selbst – mit Verlaub!

aus: Westfalenpost 11. November 1947

1948

»Die Militärgouverneure und obersten Befehlshaber der britischen, der amerikanischen und der französischen Zone sind zu dem Zwecke, die Folgen der durch den Nationalsozialismus herbeigeführten Währungszerrüttung zu beseitigen, dahin übereingekommen..., einheitliche Gesetze zur Neuordnung des Geldwesens zu erlassen...

Es wird daher folgendes verordnet:

§ 1: Mit Wirkung vom 21. Juni gilt die Deutschmark-Währung...

§ 2: Alleinige gesetzliche Zahlungsmittel sind vom 21. Juni 1948 an:... Die auf Deutsche Mark oder Pfennig lautenden Noten und Münzen, die von der Bank Deutscher Länder ausgegeben werden...

§ 6: Jeder Einwohner des Währungsgebietes erhält im Umtausch gegen Altgeldnoten... desselben Nennbetrages bis zu 60 Deutsche Mark in bar (Kopfbetrag). Ein Teil des Kopfbetrages, in Höhe von nicht mehr als 40 Deutsche Mark, wird sofort ausgezahlt, der Rest innerhalb von 2 Monaten...«

1948, das Jahr, in dem Mahatma Gandhi ermordet wird, in dem in der Tschechoslowakei Kommunisten die Regierungsgewalt übernehmen und der Staat Israel gegründet wird, steht in Deutschland im Zeichen von Maßnahmen, die zur Gründung eines deutschen Weststaates führen sollen. Im Januar 1948 legt Großbritanniens Außenminister Bevin dazu einen genauen Zeitplan vor. Er nimmt eine Umbildung der Bizonen-Verwaltung in Frankfurt in Aussicht, Wahlen sollen vorbereitet werden, und noch 1948 soll eine provisorische Regierung auf Trizonen-Ebene, also unter Einschluß der französischen Besatzungszone, gebildet werden, eine deutsche Regierung. Weiter sind eine Währungsreform vorgesehen und Maßnahmen zur Steigerung der industriellen Produktion und des Lebensstandards in diesem deutschen Weststaat.
Am 7. und 8. Januar 1948 findet im Gebäude der Militärregierung in Frankfurt eine Konferenz der alliierten Militärbefehlshaber, des US-Generals Clay und des britischen Generals Robertson, mit den Ministerpräsidenten der Bizone, den Vertretern des Wirtschaftsrates und den Direktoren der Bizonenverwaltung statt. Bei dieser Zusammenkunft legt Clay die Pläne zur »Umorganisation der Bizonen-Verwaltung« vor (»lediglich Vorschläge, kein Diktat der Besatzungsmächte«), zu denen die deutschen Politiker »Stellung nehmen sollen«. Sie sehen vor:

»1. Der Wirtschaftsrat wird auf 104 Mitglieder erhöht.
2. Eine zweite Kammer wird gebildet, die aus zwei Mitgliedern eines jeden Landes besteht. Auch ein Minister kann Mitglied sein.
3. Umbildung des Exekutivrates in eine Art Kabinett. Der Vorsitzende wird durch den Wirtschaftsrat gewählt und sucht seine Kollegen als Direktoren für Verkehr, Finanzen, Wirtschaft, Ernährung, Post- und Fernmeldewesen und das Personalamt selbst aus.
4. Schaffung eines hohen Gerichtshofes zur Behebung von Differenzen zwischen den Ländern und dem Wirtschaftsrat sowie den Ländern untereinander.
5. Schaffung einer Länder-Unionsbank. Ihr obliegt Notendruck und Kreditkontrolle und außerdem die Kontrolle über Beträge aus Ex- und Import ...«

Als die Kommunisten die alliierten »Vorschläge« (zu Recht) als »Fundament einer separatistischen Regierung« bezeichnen, erklärt Robertson (wider besseres Wissen), das Ziel der beiden Westmächte sei »ein geein-

tes Deutschland, regiert von einer geeinten deutschen Regierung, die wirklich regierungsfähig ist«. Es sei »jedoch unmöglich, jetzt mit gefalteten Händen weiter untätig zuzuschauen«.
Am 9. Februar werden die alliierten »Vorschläge« in die Tat umgesetzt und als »Frankfurter Charta« der Öffentlichkeit bekanntgegeben. Am 1. März 1948 entsteht in Frankfurt durch Gesetz der britischen und der amerikanischen Militärregierung die »Bank Deutscher Länder«, der sich am 25. März auch die Länder der französischen Besatzungszone anschließen. Dadurch ist praktisch aus der Bizone eine Trizone geworden, und ein deutscher Schlagertexter lästert:

»... Ein kleines Häuflein Diplomaten
macht heut' die große Politik.
Sie schaffen Zonen, ändern Staaten,
und was ist hier mit uns im Augenblick?
Wir sind die Eingeborenen von Trizonesien...
Wir haben Mägdelein mit feurig-wildem Wesien...
Wir sind zwar keine Menschenfresser,
doch wir küssen um so besser...«

Ein »Gassenhauer«, dieser Schlager, jung und alt singt ihn, er wird in den Rundfunkprogrammen täglich gespielt — ein großer Erfolg!
Als der nordrhein-westfälische Ministerpräsident Arnold den Landtag in Düsseldorf am 5. Februar über die Frankfurter Beschlüsse unterrichtet, kommt es zu scharfen Auseinandersetzungen. Die KPD beantragt Ablehnung der Landesunionbank, Ablehnung des bizonalen Obergerichts, Wiederherstellung der deutschen Einheit und eine Entschließung gegen einen westdeutschen Staat.
Über den Antrag wird aufgrund eines Gegenantrages der SPD, den auch CDU, Zentrum und FDP billigen, nicht abgestimmt.
Daraufhin beantragt die KPD am 9. Februar 1948 die Auflösung des Landtages und Neuwahlen. Begründung: »Ein Landtag, der es nicht für schimpflich hält, wenn westdeutsche Politiker die Zusammenarbeit mit den demokratisch führenden Deutschen der Ostzone verneinen und dadurch die deutsche Einheit zugunsten eines westdeutschen Staates preisgeben, hat nicht mehr das Vertrauen des Volkes...«
Noch am selben Tage enthebt Ministerpräsident Arnold (CDU) die beiden KPD-Minister seines Kabinetts mit sofortiger Wirkung ihrer Ämter, den Verkehrsminister Renner und den Wiederaufbauminister Paul.

Schwarzer Anzug, eignet sich auch als Konfirm.-Anzug geg. Annehmbar. abzugeben. Ang. u. G 32244 an Agent. Wilde, Gelsenk., Wanner Straße 45.

Klavier in gute Hände zu leihen gesucht. Ang. unter G. 32242 an Agent. Wilde, Gelsenk., Wanner Straße 45.

Feldstecher mit Lederetui, 6x vergr., geg. Nützl. zu tauschen. Zu erfragen WR., Buer, Horster Straße 17.

Guterh. H.-Maßstiefel, Gr. 43, gegen guterh. H.-Ueberg.-Mantel, Gr. 50, zu tauschen. Zu erfragen: WR., Buer.

Jede Menge Heu u. Runkeln od. Steckrüben n. Vereinb. zu kauf. od. tsch. ges. Zu erfr. WR., Buer, Horster Str. 17

Ein Posten kleiner Kugellager geg. Angebot abzugeben. Ang. u. G. 1731 an WR., Buer, Horster Straße 17

Kaufmännische Lehrbücher und einen Posten **Violin-Noten** gegen Annehmbares zu tauschen. K. Augustin, Gelsenkirchen, Waldemarstr. 10, pt.

Knaur-Lexikon zu kf. od. geg. Putzger-Geschichtsatlas zu tauschen. Meyer, Gelsenkirchen, Mühlenbruchstraße 64.

Biete fast neues Metallbett, kompl., Oberbett m. Kiss. Suche Akkordeon. Neuhaus, Dtm., Rolandstraße 12½.

Damenstrümpfe geg. Brennmaterial, Kinderbett geg. Brennmaterial. Glaserschrank geg. Brennmaterial. Warmwasserapparat (Vaillant), Gasbackofen gegen versenkb. Nähmasch., Trauring (585) geg. D.-Schuhe, Größe 40, mit Blockabsatz Staubsauger (Favorit) g. Anzug od. Stoff m. Zutaten, Mantelstoff gegen Anzug, Gr. 1,62—1,65, zu tausch. Zu erfr. ab 14 Uhr b. Holtkamp, Gelsenk., Achternbergstr. 73.

Elektr. Waffeleisen, neu, geg. neue Arbeitsschuhe abzugeb. Ang. u. 1966 an Ann.-Expedition Gebelhoff, Gelsenkirchen, Ringstraße 33.

Schöner Wohnzimmerofen, Gas, gegen Bettumrandung od. Wäsche zu tausch. Zu erfrag. Ann.-Expedition Gebelhoff, Gelsenkirchen, Ringstr. 33.

Gebrauchte Heizkörper zu kaufen oder zu tauschen gesucht. Geboten werd. Elektrogeräte. Ang. u. 1953 Ann.-Exp. Gebelhoff, Gelsenk., Ringstraße 33.

Gasheizofen (3 bis 4 Rippen) zu kauf. od. tsch. ges. Ang. u. 1909 Ann.-Exp. Gebelhoff, Gelsenkirchen, Ringstr. 33.

Fournier-Holz, 50 qm, Spessarteiche, zu verkauf. od. geg. Angeb. abzugeb., sowie Meistergeige zu verkaufen. Angeb. unter 1887 an Ann.-Expedition Gebelhoff, Gelsenkirchen, Ringstr 33.

Kodak-Retinette, Kleinb.-Kamera, f: 4,5, F = 5 cm, geg. Schlafzimm zu tauschc. G. B. 1722 WR., Buer, Horster Str. 17.

Neue Kinderbettmatratze u. D.-Lederschuhe, Gr. 39, n Vereinb. abzugeb. Buer-Hassel, Egonstraße 1, rechts.

Zeltplan, gebr., 6x8 m, zu verkauf. od. tauschen. G. 32 115 an die WR. in Gelsenkirchen, Bahnhofsplatz 9

Gebr. Tiefbau-Puppenwagen m. Matr., evtl. Puppe, geg. bunten Seidenstoff zu tausch. Hudoffsky, Gelsenkirchen, Bulmker Straße 65

Photoapparat, Marke „Goerz", Optik 4,5, mit Compurverschl., zu verkauf. od. geg. Annehmb. zu tausch. G. oder gegen Annehmb. zu tauschen.

Holzkoffer zu kaufen oder nach Vereinbarg. zu tauschen ges. G. B. 1720 an die WR., Buer, Horster Straße 17.

Guterh. elektr. Rechenmaschine, 110—220 Volt, gegen mod. Küche oder Couch zu tauschen ges. Nr. 588 an Schönwasser, Horst, Essener Str. 50.

Guterh. National-Registrierkasse gegen Schreibmaschine zu tauschen gesucht. Ang. unter Nr 603 an Annahmest. Schönwasser, Horst, Essener Str. 50.

Eismaschine zu tauschen od. zu kaufen gesucht. Ang. u. Nr. 100 an die Annahmestelle Liederbach, Buer-Erle, Cranger Straße 314.

Tiefbau-Kinderwagen gegen Herd zu tauschen. Zu erfragen: WR., Buer.

Grauer Straßenanzug, Gr. 52, u. schw. H.-Wintermantel m. Samtkr., Gr. 48/50, geg. Annehmb. abzug. Zu erfr. WR., Buer, Horster Straße 17.

Einheits-Kinderwagen mit neuer Matr. geg. Annehmb. zu tausch. G. B. 1702 an WR., Buer, Horster Straße 17.

Gr., led. **Handtasche u. kl. Ledertasche** zu tausch. geg. Annehmb. G. 32203 Agt. Wilde, Gelsenk., Wann. Str. 45.

Klavier zu kauf. ges. o. geg. Annehmb. zu tauschen. G. B. 1695 WR., Buer, Horster Straße 17.

Goethes sämtl. Werke (neu) geg. Brennmaterial zu tausch. ges. Zu erfrag. Ann.-Exp. Gebelhoff, Gelsenkirchen, Ringstraße 33.

Matrosenanzug m. lg. Hose u. Mütze, fast neu, Friedensware, **geg. Puppe od. Puppenwagen** zu tausch. Zu erfr. WR., Buer, Horster Straße 17.

Gutes Radio-Netzgerät (Lautsprecher getr.) geg. 2 Sessel od. Gebot zu tauschen. 32598 Agt. Gelsenkirchen, Wanner Straße 45.

2 P. Off.-Stiefel (Gr. 42/43) zu tausch. oder zu verkaufen. Gelsenkirchen, Roonstraße 59, Part.

Elektr. Eisenbahn zu kauf. od. zu tsch. ges. Heinrich Wollenweber, Gelsenkirchen, Overwegstraße 20.

Klavier für sofort zu mieten ges. Ggf. Kauf nach Vereinb. G. B. 1688 an die WR., Buer, Horster Straße 17.

2 Stores (Marquisette) 150/250 cm, u. 2 neue Bügeleisen geg. Annehmb. abzugeben. Ang. u. G. B. 1693 an die WR., Buer, Horster Straße 17.

Tausche Korbkinderwagen geg. Sessel, 4fl. Gasherd m. Backrohr geg. Elektro-Herd. G. B. 1692 WR., Buer, Horster Straße 17.

Tausche Pferdedünger gegen Brennmaterial. Zu erfragen WR., Buer.

Tausche guterh. **Kd.-Korbwagen** gegen Annehmbares. Zu erfragen WR. in Buer, Horster Straße 17.

Tausche **Ski,** kompl., m. Schuhen, Gr. 45, geg. Anzugstoff od. nach Vereinb. G B. 1706 WR, Buer, Horster St. 17.

Suche Wohnzimmer, biete größ. Posten Brennmaterial und Sonstiges. G. R. 1736 WR., Buer, Horster Straße 17.

Suche **D.-Sportschuhe,** Gr. 37. Biete D.-Pumps, bl. Wildled., Gr. 37. Maßmann, Gelsenkirchen, Hochofenst. 15

Suche Motor, ¼—½ PS, 220 V., 3000 Umdr./Min. E. Suchoki, Gelsenkirchen, Preußenstraße 5.

Suche guterh. **Herd** geg. Annehmb. zu tauschen. G. 32 255 an Agt. Wilde,

Suche die Röhren CY 2, 6Q7 G oder EBC 3 od. EBC 11, 25 A, 6 G o. CL 2 od. CL 4. Biete n. Vereinb. Ang. unt. 30011 WR., Dortm.

Suche guterh. Oelpumpstuhl. Biete Damen-Garderobe (schw. Pelzmantel) u. Nützl. (Wertausgleich) 30009 an WR., Dortmund.

Suche kleinen, br. Küchenschrank. Biete Kohlen. Zu erfr. WR., Buer.

Suche Stahlfedermatr. Biete Brennmaterial. Kühn, Buer, Hugostr. 15.

Suche gr. Reisekoff. Biete neu. elektr. Bügeleisen, 220 od. 110 V. G. B. 1725 WR., Buer, Horst. Straße 17.

Suche guterh. Kd.-Wagen. **B i e t e** Brennmaterial od. n. Vereinb. Buer-Resse, Middelicher Straße 261.

Suche Motor, 1½—3 PS. Biete Motor, 0,5 oder 0,8 PS, Wertausgl. G. B. 1708 WR., Buer, Horster Straße 17.

Suche H.-Hose, Gr. 1,80. Biete Brennmaterial. G. 32212 Agt. Wilde, Gels., Wanner Straße 45.

Suche Oberbett mit Kopfkissen. Biete 2 Junghühner und Brennmaterial. Zu erfr. WR., Buer, Horster Straße 17.

Suche Wäscheleine g. Sonst. zu tsch. G. 32221 an Agt. Wilde, Gelsenk., Wanner Straße 45.

Suche Paddelboot. Biete Chaiselong., Stahlrohrbett und Tisch. G. 32216 an Agt. Wilde, Gels., Wanner Straße 45.

Biete Kinderschuhe, guterh., Gr. 26 u. 27. **Suche** Kinderschuhe, Größe 30. Ang. u. G. B. 1721 an d. WR., Buer, Horster Straße 17.

Biete geschlossenen Möbelwagen. **Su.** Brennmaterial oder n. Vereinb. G. B. 1705 WR., Buer.

B i e t e S i l b e r. Suche Couch u. 2 Sessel. Angeb. u. G. B. 1703 an die

Der Eklat ist da. Die Kommunisten sehen sich einer geschlossenen Front aller Parteien gegenüber, und ihre Versuche, dies zu ändern, scheitern. Gegen die Kommunisten beginnt ein Propagandafeldzug der anderen Parteien. Am 13. Februar 1948 wird ein Brief der CDU Lemgo an Bauern im Lipperland veröffentlicht, in dem es heißt:
»Wir halten es für unsere Pflicht, Sie von der bedauerlichen Tatsache in Kenntnis zu setzen, daß Ihr Betrieb von der KPD im Zuge der Bodenreform zur restlosen Enteignung vorgeschlagen worden ist...«
Angebliche »kommunistische Sabotagepläne für Westdeutschland« werden bekanntgemacht, nach denen die »Ruhrindustrie lahmgelegt« werden soll. Die »Westfälische Rundschau« (SPD) behauptet, es würden von der KPD »schwarze Listen zum Abkillen« politischer Gegner geführt. In Freiburg wird ein Brief publik, in dem die Firma Merck, Darmstadt, der KPD-Kreisleitung in Freiburg »dankend« eine »Bestellung auf 100 kg Pierinsäure, rein krist.« (das ist ein hochwertiger Grundstoff zur Sprengstoffherstellung) bestätigt. Die Bestellung erweist sich später als gefälscht.
Mit Hilfe der Alliierten werden im Mai 1948 zwei KPD-Zeitungen verboten. Das »Westdeutsche Volks-Echo« muß sein Erscheinen ganz, die Kölner »Volksstimme« ihr Erscheinen für vier Wochen einstellen. Dies sind nur einige der Maßnahmen gegen Kommunisten. Diese Maßnahmen, aber auch die Propaganda gegen die KPD haben Erfolg. Das zeigt sich bei den folgenden Wahlen, erstmals bei den Gemeindewahlen 1948. Die Stimmenverluste der Kommunisten haben freilich auch andere Gründe. Gründe, die in den Reaktionen der UdSSR auf die Konferenzen, Beschlüsse und Maßnahmen der Westalliierten gesucht werden müssen.
Als sich am 23. Februar 1948 die drei Westmächte (später werden auch Vertreter der Benelux-Staaten hinzugezogen) in London zu einer Konferenz über die »deutsche Frage« treffen, sind die Vertreter Frankreichs bestrebt, »mit allem Nachdruck« ihr Hauptziel zukünftiger Deutschlandpolitik durchzusetzen: Sicherheit vor Deutschland durch wirtschaftliche und politische Schwächung Deutschlands. Aber dieses Ziel läßt sich nicht mehr durchsetzen.
Um die Franzosen kompromißbereit zu machen, schließt Großbritannien mit Frankreich und den Benelux-Staaten am 17. März 1948 in Brüssel einen Fünfmächte-Pakt ab, einen Verteidigungs-, Wirtschafts-

und Kulturvertrag, in dem sich die vertragschließenden Länder des gegenseitigen Beistandes versichern für den »Fall der Erneuerung einer deutschen Aggressionspolitik«. Insoweit geht man also auf die Politik Frankreichs ein. Aber der Beistandspakt »gegen jeden Angriff von außen« ist augenscheinlich nicht gegen Deutschland, sondern die UdSSR gerichtet (was die daraus folgende Gründung der NATO im April 1949 belegen mag, deren Grundlage die Brüsseler Verträge sind).
In einer zweiten Phase der Londoner Konferenz, die am 20. April beginnt und am 7. Juni 1948 endet, macht man Frankreich lediglich Zugeständnisse in der »Ruhrfrage«. Das Abschlußkommuniqué enthält folgende Beschlüsse:
Eine »Internationale Behörde« (die Ruhrbehörde), (»USA, Großbritannien und Frankreich je drei Stimmen, die Beneluxländer je eine Stimme«) soll »die Aufteilung der Kohlen-, Koks- und Stahlproduktion der Ruhr zwischen deutschem Verbrauch und dem Export vornehmen«.
Den Benelux-Staaten wird eine Zusammenarbeit in der Deutschlandfrage zugesagt, »sofern es sich um Probleme handelt, die sie unmittelbar betreffen«.
In Westdeutschland soll eine verfassunggebende Versammlung die Grundlagen zur Errichtung eines westdeutschen Staates erarbeiten.
»Westdeutschland soll eine Bundesregierung erhalten, die die einzelstaatlichen Rechte der Länder sichert, über ausreichende Zentralgewalt verfügt und Recht und Freiheiten des einzelnen Bürgers garantiert.«
Einen Zeitplan der USA-Vertreter — Bildung einer provisorischen westdeutschen Regierung zum 15. September 1948, Zusammenkunft der verfassunggebenden Versammlung im Oktober 1948 — können die Franzosen noch ablehnen, an den Beschlüssen freilich läßt sich nichts mehr ändern.
Die Konferenzbeschlüsse von Brüssel und London stellen für die Sowjetunion eine Provokation dar. Schließlich ist sie nicht eingeladen zu Konferenzen, die sich mit der Zukunft Deutschlands beschäftigen. Und das widerspricht den Beschlüssen von Potsdam. Schließlich wird sie durch die Vereinbarungen an einer Kontrolle der Industrie an der Ruhr endgültig nicht mehr beteiligt. Die Frage ist einzig, wie die Sowjets reagieren. Gegen die Zusammenkunft in London protestiert die UdSSR mit zwei Noten und erklärt, ohne ihre Beteiligung könne die Konferenz

keine rechtsgültigen Beschlüsse fassen. Bei einer Sitzung des alliierten Kontrollrates in Berlin am 20. März 1948 fordert der sowjetische Vorsitzende Sokolowski eine »vollständige Unterrichtung über alle Beschlüsse und Gespräche« der Konferenz in London. Die westalliierten Vertreter lehnen ab. Daraufhin verläßt die sowjetische Delegation den Konferenzsaal. Es ist dies die letzte Kontrollratssitzung.
Ende März beginnen die Sowjets mit verschärften Kontrollen der Zufahrtswege von und nach Berlin. Es kommt zu Zwischenfällen.
Die Beschlüsse von London nennt die Moskauer »Prawda« einen »illegalen Plan zur Teilung Deutschlands«.
Am 18. Juni 1948 verkünden die drei Militärgouverneure der USA, Großbritanniens und Frankreichs das Gesetz über die Währungsreform für die Westzonen. Damit ist der Bruch vollzogen. Die UdSSR führt in ihrer Zone vom 23. Juni ebenfalls eine Währungsreform durch und blockiert von der darauffolgenden Nacht an die Zufahrtswege von und nach West-Berlin. Es gibt zwei Währungen in Deutschland. Westalliierte, Westdeutsche und Westberliner fühlen sich als Verbündete.

„Geld oder Leben!!“
„Aber meine Herren — so kurz vor der Währungsreform . . .??“

aus: »Westfalenpost« vom 13. Februar 1948

Ernährungsamt der Freien Hansestadt Bremen - Abt.

Ausstellungsdatum:

Haushaltsausweis Nr. 112690

- Nur gültig in Bremen -

Ernährungsamt der Freien Hansestadt Bremen

Außenstelle:

Haushalt: Hollnagel

Zuname des Haushaltsvorstandes

Wohnung: Bremen-

Straße und Hausnummer

Ummeldungen: Von der abmeldenden Außenstelle ausfüllen!

Verzogen am: nach Bremen-

Neue Wohnung:

Straße und Hausnummer

Jetzige Außenstelle:

Verzogen am: 6.8.48 nach Bremen-

Neue Wohnung:

Straße und Hausnummer

Jetzige Außenstelle:

Verzogen am: nach Bremen-

Neue Wohnung:

Straße und Hausnummer

Jetzige Außenstelle:

Dieser Ausweis darf von anderen Stellen für Eintragungen nicht benutzt werden!

Zur Beachtung!
1. Bei jeder Abfertigung ist der Ausweis der betr. Außenstelle vorzulegen
2. Eigenmächtige Eintragungen sowie Änderungen sind verboten
3. Der Ausweis ist bei Fortzug aus Bremen in der zust. Außenstelle abzugeben

Während — wie der Schlager geulkt hat — »ein kleines Häuflein Diplomaten« und einige deutsche Politiker folgenschwere Beschlüsse über die Zukunft Deutschlands fassen, hungern die Menschen an Rhein und Ruhr. Wieder einmal! Und es gibt nicht wenige, die der Ansicht sind, durch den Hunger sollen die Deutschen gefügig gemacht werden, durch Versprechen einer zukünftig besseren Lebensmittelversorgung soll ihre Zustimmung erkauft werden zu Entscheidungen über ihr Land, die ohne ihr Zutun getroffen worden sind.

Aus einem Kommentar des »Westdeutschen Volks-Echos« vom 9. Ja-

nuar 1948: »Wieder einmal scheint es angesichts der politischen Situation notwendig geworden zu sein, die deutsche Bevölkerung für neue politische ›Geschenke‹ reif zu machen, wobei der Hunger nach altbewährter Praxis ein vorzüglicher Helfer ist. Fett- und Fleischmangel setzte ein; der halbe Zentner Kartoffeln ist schon längst verzehrt, so daß die Bevölkerung des Ruhrgebiets im Augenblick tatsächlich nur noch von Brot und Wasser lebt... Auffallend ist, daß solche Lücken in der Verpflegungsdecke immer gerade dann entstehen, wenn irgendein politischer Rummel steigen soll. So war es im Vorjahre, als man uns mit dem Zweizonenabkommen beglückte, und so ist es heute wieder kurz vor der faktischen Ausrufung eines Weststaates. Die Politik mit dem Hunger hat jede kollektive Garantie des Existenzminimums der Menschen beseitigt. Eine ihrer traurigen Folgen ist die Tatsache, daß auch die Menschen in zunehmendem Maße jeder kollektiven Stellungnahme ausweichen...« In der 110. Lebensmittelzuteilungsperiode, die vom 5. Januar bis zum 1. Februar 1948 dauert, erreicht die Ernährungslage vor allem im Ruhrgebiet einen neuen Tiefpunkt.
In Gelsenkirchen gibt es für den Normalverbraucher täglich 321,4 Gramm Brot, 35,7 Gramm Nährmittel, 4,4 Gramm Kaffee-Ersatz, 17,8 Gramm Fisch, 7,1 Gramm Fleisch, 2,2 Gramm Käse, 8,9 Gramm Zucker und 16,1 Gramm Marmelade. Eine Ration, die auf wenigen Löffeln Platz findet.

Die Lage ist katastrophal. Schon in der 109. Periode waren Fleisch- und Fettmarken nicht beliefert worden. In Dortmund werden an manchen Tagen nicht einmal 450 Kalorien erreicht.
In einer Gelsenkirchener Zeitung schlägt ein Witzbold zum 1. April die Errichtung eines Hungerdenkmals vor:
»Es soll in Gestalt eines riesigen leeren Brotkorbs auf der Plattform des Hans-Sachs-Hauses weithin sichtbar angebracht werden. Der Brotkorb soll an einem etwa zwanzig Meter hohem Dreibein aufgehängt werden. Eine sinnreiche, automatisch zu bedienende Zugvorrichtung an diesem Dreibein wird es gestatten, jederzeit den Brotkorb höher zu hängen.«
Die Gewerkschaften fordern die Einstellung der Kohlenlieferungen. Wieder gibt es Demonstrationen und Streiks. In Essen legen 50000 Werktätige die Arbeit nieder, in Köln streiken die Straßenbahner, in Gelsenkirchen die Belegschaft des Glasproduzenten Delog, aber auch in Bochum, Hagen, Oberhausen, Duisburg, Mühlheim, Dinslaken kommt es zu Arbeitskampfmaßnahmen.
In Gelsenkirchen verabschieden die in der Gewerkschaft organisierten Betriebsräte eine Entschließung, in der es heißt:
»Die Arbeiterschaft ist... nicht gewillt, die Mißwirtschaft und den Länderegoismus, der sie zum Verhungern zwingt, länger hinzunehmen. Wir stellen den verantwortlichen Stellen eine Frist bis zum 1. Februar 1948: Sollte bis dahin keine Besserung eintreten, wird ab 2. Februar in Gelsenkirchen jegliche Arbeit ruhen...«
Aber zum Generalstreik kommt es nicht. Auf einer weiteren Betriebsräte-Vollversammlung wird am 1. Februar beschlossen, den vorgesehenen Streik nicht durchzuführen. Ein Mitglied des Hauptvorstandes des Deutschen Gewerkschaftsbundes hält in einem Redebeitrag einen Streik »gegenwärtig für unnütz und schädlich« und meint, die »entschlossene Haltung der Gewerkschaften« vermöge mehr zu erreichen als unbesonnene Maßnahmen.
Die »Ernährungsexperten« bei der Bizonen-Verwaltung in Frankfurt reagieren hilflos. Wie sollen sie auch Verständnis für die hungernden Menschen im Ruhrgebiet aufbringen? Ihr eigener Speisezettel unterscheidet sich sehr von dem nordrhein-westfälischer Normalverbraucher. Gegen die Abgabe von 25 Gramm Fett-, 75 Gramm Fleisch-, 400 Gramm Brot- und 100 Gramm Nährmittelmarken pro Woche erhalten sie an jedem Arbeitstag drei Mahlzeiten: vier Scheiben Brot und ein

Schälchen Vierfruchtmarmelade mit ganzen Früchten zum Frühstück, zum Mittagessen Suppe als Vorspeise, als Hauptgericht Gemüse der Jahreszeit und Fleisch (ca. 125 Gramm), als Dessert Eis oder Pudding, zum Abendessen wieder eine Vorspeise, als Hauptgang Fisch oder Fleisch und einen Nachtisch als Abschluß.

Dabei läßt sich gut denken und planen.

Ein Fettverzicht anderer Länder der Bizone soll »erste Hilfe« für Nordrhein-Westfalen bringen. Eine befristete »Buttersperre für Selbstversorger« wird verkündet. Der Reichsnährstand wird — nun endlich, drei Jahre nach Kriegsende — aufgelöst. Und schließlich wird — statt die notleidende Bevölkerung mit Lebensmitteln zu versorgen — das »Nothilfegesetz zur Ermittlung, Erfassung und Verteilung von Lebensmittelbeständen« beschlossen, das im Volksmund »Speisekammergesetz« genannt wird. Grund: der § 7 dieses Gesetzes, der sogenannte Schnüffelparagraph: »Alle Haushaltsvorstände sind verpflichtet, Angaben über die an einem Stichtag in ihrem Eigentum oder Gewahrsam befindlichen Bestände an Mehl und Kartoffeln zu machen, sofern diese Bestände für Mehl die Rationen für eine Zuteilungsperiode und für Kartoffeln die zulässige Einlagerungsmenge überschreiten...«

Weiterhin sollen Leiter landwirtschaftlicher Betriebe und solcher Betriebe, die Lebensmittel herstellen, lagern und verteilen, und Leiter von Gemeinschafts- und Sammelverpflegungen und Gaststätten alle Bestände an Brotgetreide, Mehl, Nährmitteln, Kartoffeln, tierischen und pflanzlichen Fetten, Käse, Fleisch und Zucker melden.

Stichtag ist der 20. Februar. Wer die Bestände nicht wahrheitsgemäß und nicht fristgerecht meldet, wird mit Strafe bedroht.

Statt Ernährungsvorsorge also Bürokratie. Schätzungsweise 20 Millionen Fragebogen sind zu drucken, zu verteilen und auszuwerten (bei immer noch herrschender Papierknappheit). Mit der Auswertung, so rechnet ein Rundfunk-Kommentator vor, sind 100000 Beamte drei Monate lang beschäftigt. Eine nutzlose Maßnahme, die durch nichts gerechtfertigt erscheint. Trotz solcher Gesetze bessert sich die Lebensmittelversorgung von der 112. Zuteilungsperiode an, wenn auch nur sehr allmählich. Ein solcher Tiefpunkt aber wie im Januar und Februar 1948 wird nicht mehr erreicht werden.

Anfang April unterzeichnet US-Präsident Truman das von Senat und Repräsentantenhaus verabschiedete Auslandshilfegesetz. Damit kann

der Marshallplan anlaufen. Mit einer Vielzahl von Werbeaktionen, mit bunten Plakaten (»Freie Bahn dem Marshallplan«) werden der Plan und die mit ihm verbundenen Erwartungen bei der westdeutschen Bevölkerung publik gemacht. Und es ist zweifellos so, daß die Marshallplan-Gelder sich in gewisser Weise belebend auf die Wirtschaft der drei Besatzungszonen ausgewirkt haben. Wodurch sich die Lebensmittelversorgung auch unmittelbar verbessert. Es stehen mehr Devisen zur Verfügung. Es können Nahrungsmittel importiert werden.
Im Mai 1948 findet eine einmalige Zuteilung von Zitronen statt, aus Holland kommt Spinat. Und es wird Kaffee aus Brasilien eingeführt, ein achtel Pfund soll pro Kopf der Bevölkerung ausgegeben werden, Kaffee minderer Qualität, »Rio 5« oder »Rio 7« heißen die Sorten, Kaffee, der — schenkt man Geschmackszeugen Glauben — nach Genuß einen durchdringenden Geschmack von Karbol auf der Zunge hinterläßt, aber immerhin Kaffee innerhalb der »normalen« Lebensmittelzuteilungsperiode.
Kaffee, den kannte man bis dato nur aus CARE-Paketen oder zu unerschwinglichen Preisen für den Normalverbraucher vom Schwarzen Markt. Dieser Schwarz-Markt-Kaffee kommt aus den Niederlanden oder Belgien und wird über die Grenze geschmuggelt von gut organisierten Banden. Sogenannte »Grenzführer« bringen Trägergruppen über die Grenze, jeweils sechs Mann, jeder mit 60 Pfund Kaffee beladen. Aber bei den immensen Schwarz-Markt-Preisen lohnt sich der Schmuggel auch für »Amateure«. Gegen sie sind Zoll und Polizei nicht so hilflos wie gegen das organisierte Verbrechen. Die Dürener Polizei setzt in Eisenbahnzügen Spezialbeamte ein, »Kaffeeriecher«, die Kaffeeschmuggler am Geruch der mitgeführten Ware ausmachen sollen. Die Schmuggler stellen sich auf den Transport grüner, nicht gebrannter Bohnen um.
Auch bei Grenzkontrollen können solche »Amateur-Schmuggler« gefaßt, können große Mengen Kaffees sichergestellt werden.
Gegen die Schmuggler wird rücksichtslos von der Schußwaffe Gebrauch gemacht. Das hat manchmal tragische Konsequenzen, zumal wenn es Kinder sind, die da schmuggeln. Im Januar 1948 wird im Aachener Grenzwald der 14jährige Sohn eines Zollbeamten (!) durch einen Kopfschuß getötet. Man findet bei ihm ein halbes Pfund Kakao, ein halbes Pfund Kaffee und ein Päckchen Backpulver.

Im Rahmen der ERP-Hilfe (ERP = European Recovery Program, so wird der Marshallplan offiziell genannt) sind Tabaklieferungen in Höhe von 40 bis 50 Millionen Pfund aus den USA angekündigt.
Ende April 1948 wird von der Militärregierung das in der Bizone bestehende Brauverbot aufgehoben. Es darf wieder Bier gebraut werden, ein Biererersatzgetränk mit einem Stammwürzegehalt von 1,7 Prozent, dafür werden den Brauereien bis zu 3800 Tonnen Gerste monatlich zur Verfügung gestellt. Die Bierabgabe erfolgt nur gegen Brotmarken, eine 50-Gramm-Marke für 1,5 Liter Bier.
Den Münchnern schmeckt das dünne Gebräu nicht, sie treten in einen »Bierstreik«.
Bier war auch in den Vorjahren zu bekommen, wurde in den meisten Gastwirtschaften ausgeschenkt, aber eben nicht offiziell und zu Wucherpreisen.
Bier, Zigaretten, Kaffee — wenn das keine deutlichen Anzeichen einer Verbesserung sind! »Es geht uns besser«, sagen die Leute und glauben, diese Besserung sei der USA-Hilfe zu verdanken.
Am deutlichsten von allen spüren die Bergleute, daß da alles getan wird, um den Lebensstandard in den Westzonen zu erhöhen, wenn auch aus politischen Gründen, wie von Großbritanniens Außenminister Bevin geplant. Neben Bergmannspunkten, CARE-Paketen und Zusatzverpflegung ist durch die Ausgabe von Import-Kaufmarken an die Kumpel ein weiteres Versorgungssystem getreten.
Durch Abzweigung eines Teils der durch Ausfuhr von Kohlen erwirtschafteten Devisen können zusätzliche Wareneinfuhren finanziert werden, diese sollen dem Bergmann zugute kommen. Dies ist dann möglich, wenn eine Zeche annähernd ihr Förderungssoll erreicht.
Ab 1. Januar 1948 werden durch die Schachtanlagen nach einem komplizierten Verrechnungssystem monatlich die erwirtschafteten Importkaufmarken ausgegeben, die auf sogegannte IK-Einheiten lauten, dabei entsprechen 10 IK-Einheiten dem Gegenwert von einem US-Dollar. Sie berechtigen zum Kauf von ausländischen Lebensmitteln und Gebrauchsgütern ohne Abgabe von Bergmannspunkten und ohne Anrechnung auf die Lebensmittelkarten.
Am 12. April 1948 wird im Ruhrgebiet mit der Auslieferung der Waren auf IK-Marken begonnen. Ein Gedingearbeiter der Essener Zeche »Königin Elisabeth« bekommt in diesem Monat 50 IK-Einheiten zugeteilt.

Er kann dafür kaufen: 2 lb (lb = Lybs, eine in den USA und Großbritannien gebrauchte Gewichtseinheit, die 453 Gramm entspricht) Zucker, ein lb Vollmilchpulver, ein Stück Toilettenseife, ein Badehandtuch, 500 Gramm Schmalz, 200 Gramm Kernseife, 250 Gramm Kakao, 250 Gramm Margarine und 500 Gramm Speck. Insgesamt werden 45 verschiedene Artikel ausgegeben. So läßt man den Bergmann am Exporterlös seiner Arbeit teilhaben.

Und auch die zusätzliche Versorgung, so glaubt man und so wird im Zuge der Werbung für den Marshallplan immer wieder behauptet, sei der US-Hilfe für Westdeutschland zu verdanken.

Die USA, das Traumland jenseits des Ozeans, ist »in« bei der deutschen Bevölkerung, besonders bei den jungen Menschen. »Man« trägt knallig bunte Krawatten, hört US-Schlager, versucht sich in Bebop und trinkt Coca-Cola, wenn man es sich erlauben kann. Wenn im Kino US-amerikanische Filme gezeigt werden, ist der Ansturm ungeheuer. Englische Idioms finden Eingang in die deutsche Sprache.

1948 beginnt sich ein deutlicher Trend hin zu einer »Amerikanisierung« abzuzeichnen. Klar, daß dieser Trend sich auch verändernd auf deutsche Eßgewohnheiten auswirkt. »Fast food« ist gefragt, wenn auch auf europäische Verhältnisse zugeschnitten. Das folgende Rezept haben wir in einem deutschen Kochbuch gefunden, das 1948 erschienen ist:

Hot Combination Sandwiches

1. Art

Zutaten: Vier Scheiben Weißbrot, vier Scheiben dünn geschnittener Käse, etwas Margarine, ein Ei, ein Eßlöffel Mehl, Salz, ein Teelöffel Paprikapulver, ein Eßlöffel Milch.

Die Weißbrotscheiben werden dünn mit Margarine bestrichen. Ei, Mehl, Milch und Salz gut mit einem Schneebesen zerschlagen. Kurz in einer heißen Pfanne stocken lassen. Auf die Brotscheiben verteilen. Mit Käse belegen. Mit Paprikapulver bestreuen. Im heißen Ofen überbacken.

2. Art

Zutaten: Acht Scheiben Weißbrot ohne Rinde, vier Blatt Salat, 100 g Hackfleisch, Salz, Pfeffer, eine Zwiebel, zwei Eßlöffel Haferflocken, etwas Fett zum Braten, eine Tomate.

Hackfleisch mit Zwiebelwürfelchen, Salz, Pfeffer und Haferflocken zu einem Fleischteig vermischen und daraus im heißen Fett vier dünne Puffer braten.
Weißbrotscheiben mit je einem Salatblatt belegen. Darüber den Hackfleischpuffer und Tomatenscheiben. Mit Weißbrotscheiben zudecken.

An »Unamerikanischem« gibt es über dieses Jahr 1948 noch zu berichten: Rudolf Jugerts »Film ohne Titel« mit Hildegard Knef kommt in die Kinos, die insgesamt wachsende Zuschauerzahlen melden.
In Gelsenkirchen werden die Kinos 1948 von 6357220 Menschen besucht. Das sind pro Vorstellung durchschnittlich 323 Besucher, Zahlen, von denen Kinobesitzer heute nur träumen können.
In St. Moritz beginnt die Olympiade mit den Winterspielen. Deutsche und japanische Sportler sind ausgeschlossen.
In Frankfurt treffen sich im Mai westdeutsche Schriftsteller zu einem Kongreß. Die Kollegen aus der Ostzone fehlen. Theodor Heuss erinnert in seiner Rede an die Revolution von 1848. Elisabeth Langgässer referiert über »die Sprache des Schriftstellers in der Isolierung und dialogischen Begegnung«. Kasimir Edschmid fordert, »nun endlich auch das Bild des geistigen deutschen Soldaten mit... Ruhm zu umkleiden«. Theodor Plievier spricht über die geistigen Gefahren der Zeit.
Bei einer Erhebung des »Institutes zur Erforschung der öffentlichen Meinung« in Düsseldorf antworten auf die Frage nach dem hervorragendsten deutschen Schriftsteller nach 1945 ein Viertel der Interviewten: »Da mir keine Neuerscheinungen bekannt sind, kann ich kein Urteil abgeben.« Andere nennen Wiechert, Thomas Mann, Hesse und Bergengruen.
In München muß Werner Egks »Abraxas«, ein Ballett, im Juni 1948 uraufgeführt, nach Protesten von CSU und katholischer Kirche wieder vom Spielplan abgesetzt werden. Die Ruhrfestspiele in Recklinghausen zeigen Giraudoux' »Der trojanische Krieg findet nicht statt«. Jean Paul Sartre und sein Stück »Die Fliegen« rangieren in der Beliebtheitsskala des deutschen Theaterpublikums — nach oben erwähnter Umfrage — an erster Stelle. Doch wer kann sich schon solcherart um Kultur bemühen. Auch 1948 beherrschen Szenen, wie es das Foto auf der nächsten Seite zeigt, das Straßenbild. Ein »Notfiaker«, mit dem Umzugsgut transportiert wird.

Es gibt viele solcher Einmannbetriebe, die mit Schubkarren oder Fahrrad ihre Dienste anbieten. Meist sind es Rentner, die versuchen, so ihr Altersruhegeld aufzubessern, das nicht einmal zum Sterben reicht und sie nicht an den Segnungen von Marshallplan und Lebensmittelsonderrationen teilhaben läßt. Sie ziehen als Straßenmusikanten durch die Städte oder betteln.
Einer von ihnen errichtet auf der Bahnhofstraße in Gelsenkirchen einen Schuhputzstand und gibt jung und alt das erhebende Gefühl, von ihm bedient zu werden. Doch das ist vor der Währungsreform, danach werden ihm die Kunden wegbleiben.
Ebenfalls noch in die Zeit vor der Währungsreform fällt die unter dem Motto »Arbeit und Kultur« stehende erste »Gelsenkirchener Woche«. Was heute zur platten Werbe- und Verkaufsschau verkommen ist, sollte Anfang Juni 1948 »Zeugnis ablegen vom Gelsenkirchener Schaffen auf materiellem und auf künstlerischem Gebiet«.
Zwei Handwerksausstellungen wurden von mehr als 13 000 Menschen besucht. Zwei Kunstausstellungen sind zu sehen, eine Bücherschau. Beethovens neunte Sinfonie wird aufgeführt, Platzkonzerte und Abendmusiken sind zu hören. Die Städtischen Bühnen zeigen Zuck-

mayers »Katharina Knie«, und die Gelsenkirchener Einzelhandelsgeschäfte dekorieren ihre Schaufenster besonders schön. Der Park von Schloß Berge, den die Briten für deutsche Besucher geschlossen hatten, wird wieder allgemein zugänglich und in das Fest gleich miteinbezogen. Eine Woche lang wird gefeiert. Wie in Gelsenkirchen so auch in anderen Ruhrgebietsstädten. Der Lebenssituation zum Trotz.
Man will sich selbst beweisen und anderen zeigen, daß da schon etwas geleistet wurde an Wiederaufbauarbeit in diesen Nachkriegsjahren, daß man selbst etwas auf die Beine gestellt hat trotz widriger Umstände, daß es Hoffnung gibt auf eine bessere Zukunft.

Der Chef der Polizei gibt bekannt:

Geheimdruckerei gefälschter Zucker- und Fettmarken ausgehoben.

In den letzten Monaten tauchten im Stadtkreis Gelsenkirchen größere Mengen gefälschter Zucker- und Fettmarken zu je 250 g bezw. 62,5 g mit dem Unterdruck Hannover auf. Der Absatz dieser Marken erfolgte regelmäßig zu Beginn einer neuen Kartenperiode durch zwei Männer, in deren Begleitung sich eine Frau befand. Für Marken über ein Pfund Zucker forderten sie 30.— bis 40.— RM, für solche über ein Pfund Butter 160.— bis 170.— RM.

Nach langwierigen Ermittlungen gelang es Kriminalbeamten aus Gelsenkirchen, einen der Verbreiter, dem man den Decknamen „Der Unheimliche" zugelegt hatte, und seine Stiefschwester überraschend festzunehmen. Es handelt sich um Franz Proksch aus Buer-Beckhausen und seine Stiefschwester Karola Kalinowski aus Gels.-Horst. Die weitere Fahndung führte zur Entdeckung der Geheimdruckerei in einem Bauernhause in Steinhude bei Hannover durch hiesige Kriminalbeamte. Die Marken wurden mit einer Maschine neuester Bauart gedruckt. Bei einer Durchsuchung wurden im Schlafzimmer, unter einem Teppich versteckt, noch gefälschte Marken über 6½ kg Butter und in einem Kleiderschrank zwischen Wäsche ein selbst gefertigter Stempel zur Herstellung von Zuckerscheinen mit dem Aufdruck „Z" vorgefunden und beschlagnahmt; außerdem wurden 13 057.— RM, die aus dem Erlös der gefälschten Marken stammten, sichergestellt. Der Besitzer der Druckerei, Siegfried Schäde, und sein Schriftsetzer Ernst Pittroff, die die Marken gemeinsam hergestellt hatten, wurden festgenommen und nach Gelsenkirchen überführt; die Druckerei wurde geschlossen. Sämtliche Beteiligten wurden dem Amtsgericht in Gels.-Buer vorgeführt, das wegen der Schwere des Verbrechens sofort Haftbefehl erließ.

Das Motiv zur Tat war Gewinnsucht übelster Art. Von dem Erlös aus dem Verkauf der gefälschten Marken wollte man die Druckerei erheblich vergrößern. Um hierbei schneller zum Ziel zu kommen, waren bereits Vorkehrungen zur Herstellung von Fleisch- und Brotmarken, sowie von Interzonenpässen getroffen. Das energische Zugreifen der Gelsenkirchener Kriminalpolizei vereitelte die weiteren für das deutsche Volk verderblichen Machenschaften.

aus: »Bekanntmachungen der Stadt Gelsenkirchen«

Wie Tante Lina eine neue Epoche zeitgemäßer Kunst beginnen ließ

Es ist alles meine Schuld. Wäre ich nicht gewesen, hätte Tante Lina nicht...

Aber ich muß von Anfang an erzählen.

Erich Lenz aus Berlin, richtiger aus Spandau (daß ihr Wohnort mit Berlin in Verbindung gebracht wird, hören die Spandauer nicht so gerne), war ein Künstler. Er hatte lange Haare und sagte auch von sich selbst, daß er ein Künstler sei, ein Maler, Kunstmaler. Und in dieser Eigenschaft bereiste er 1948 das Ruhrgebiet.

Er hielt sich in Bahnhofswartesälen auf, in Wärmehallen, er übernachtete in den Wäldern des Reviers. Und sein Leben bestritt er mit seiner Malkunst. Mehr schlecht als recht.

Tante Linas Bekanntschaft machte er in der Gaststätte Rohmann in Buer, zu der dort eingerichteten Volksküche war er (unweigerlich, wie das Schicksal so spielt) eines Mittags gekommen, um ein warmes Essen einzunehmen.

Und da seine Barmittel erschöpft und seine abzugebenden Lebensmittelmarken aufgebraucht waren, sah er sich gezwungen, der Not gehorchend, eines seiner Kunstwerke in Kalorien umzusetzen. Darüber verhandelte er gerade mit dem Wirt, als Tante Lina, vom langen Anstehen in einer Schlange vor einer Metzgerei ermüdet, die Lokalität betrat, um sich an einem Leichtbier zu laben.

Der Wirt und seine Frau, uneins, ob sie die Zeichnung eines röhrenden Hirsches im Westerholter Wald der einer Gelsenkirchener Trümmerlandschaft mit Förderturm im Hintergrund vorziehen und gegen einen Teller Suppe eintauschen sollten, stritten sich lauthals, was Tante Lina neugierig nähertreten ließ.

Sie besah sich die übrigen Zeichnungen des Malers Erich Lenz, fand das aufs Papier Gebrachte nicht unbegabt, wenn auch vielleicht etwas zu

naturalistisch, und hatte Mitleid mit diesem Mann, der da mit seiner Kunst ums Überleben kämpfen mußte.
Und in diesem Moment muß wohl vor ihrem geistigen Auge mein holdes Antlitz erschienen sein.
Ja, lachen Sie nicht. Ich war ein wirklich hübsches Kind damals, auch wenn man davon heute nicht mehr allzuviel sieht, mit blonden Haaren und einer Tolle, etwas mehr als drei Jahre, freilich, wenn man Zeitzeugen Glauben schenken darf, von trotziger Lebensart.
Wie gesagt, Tante Lina hatte Mitleid, und durch die ihr zuteil gewordene überirdische Vision hatte sie auch eine Idee und fragte den Erich Lenz:
»Machen Sie auch Porträts? Wissen Sie, ich habe da in meiner Verwandtschaft ein Kind, das würde ich gerne zeichnen lassen...«
»Aber, gnädige Frau«, antwortete Erich Lenz mit ein wenig Arroganz in der Stimme, »natürlich porträtiere ich.«
»Auch farbig in Öl?«
»In Öl nicht gerade, leider — die Preise für Ölfarben auf dem Schwarzen Markt sind zur Zeit nicht zu bezahlen. Der Fettmangel, nehme ich an, und man redet von Währungsreform.
Aber als Aquarell oder in Kreide...«
So oder ähnlich muß sich das abgespielt haben, damals in der Gaststätte Rohmann. Auf jeden Fall nahm der Kunstmaler Erich Lenz vorübergehend Wohnung in Tante Linas Haus und ließ sich aus Tante Linas Keller und Küche bewirten.
Er aquarellierte dies und das mit Wasserfarben aus einem Schulmalkasten der Vorkriegszeit. Die »Kreide« — das waren schlichte Buntstifte, aber ansonsten verrichtete der Lenz seine Arbeit durchaus professionell.
Ich hatte ihm Modell zu sitzen. Einmal am Tag eine Stunde, weil ich ein Kind war und weil der gute Lenz seinen Aufenthalt bei Tante Lina möglichst lange auszudehnen trachtete. Im übrigen hätte er mich auch kaum länger als diese eine Stunde ertragen können.
Nach reichlich 14 Tagen war das Kunstwerk vollendet. Tante Lina fühlte sich in ihrer Einschätzung vom Können des Künstlers voll bestätigt. Es war (und ist noch) eine in Pastelltönen gehaltene Zeichnung eines wunderschönen Kindes, eine Zeichnung, die mit meiner kindlichen Person beträchtliche Ähnlichkeit aufgewiesen haben soll.

Lenz wurde mit einem großen abendlichen Essen und einem kleinen Honorar von Tante Lina belohnt, bevor er sich wieder auf die Reise machen wollte.
Bei diesem Abendessen wurde das Bild, mein Bild, in Abwesenheit des Gemalten dann auch offiziell »enthüllt«. Es stand auf einer Staffelei neben der Standuhr in Tante Linas Wohnzimmer und wurde nach dem Dessert bei einer guten Flasche Wein von einem schwarzen Tuch befreit, mit dem es bedeckt war.
Tante Lina betrachtete das Bild lange, nahm auch eine Lupe zur Hilfe, um den feinen Strich des Meisters zu studieren, und sagte dann seufzend jene verhängnisvollen Sätze.
Sagte: »Eine solche Begabung und hat es so schwer im Leben und muß hungern...«
Sagte: »Es muß sich doch auch für einen Künstler mit einer solchen Begabung in unserer Zeit eine Tätigkeit finden lassen, die lukrativer ist, als Porträts zu malen.«
Wiederholte: »Da wird sich doch etwas finden lassen...«
Und der Erich Lenz richtete sich in seiner vollen Größe auf, ein heroischer Künstler, wie er so dastand, und antwortete traurig:
»Wenn ich aber doch nichts anderes gelernt habe und auch nichts besser kann als dieses...«
»Eben das meine ich«, sagte Tante Lina, und das muß der Erich Lenz falsch verstanden haben. Oder wollte Tante Lina wirklich...?
Am nächsten Morgen war es, als der Lenz und die Tante Lina beim Frühstück saßen, etwas verkatert noch von den nächtlichen Feierlichkeiten, da kam die Gudrun Hellwig in die Küche und fragte Tante Lina:
»Kannst du mir ein paar Lebensmittelmarken borgen, nur bis zur nächsten Ausgabe, meine Brotmarken sind schon wieder alle?«
Tante Lina borgte.
Und es war wohl Gudrun, die sagte, die seufzend sagte, wie Tante Lina am Abend zuvor geseufzt hatte (und das Pawlowsche Glöckchen klingelte beim Kunstmaler Lenz):
»Ach, wenn man doch nur immer genügend Marken hätte...«
Der Maler schaute sich sinnend die Marken an, bevor Tante Lina diese in den Küchenschrank zurücklegen konnte, fragte, ob er noch einen Tag länger bei Tante Lina bleiben dürfe, was Tante Lina ohne weiteres gestattete, nahm die Lebensmittelmarken und verschwand in Fabrizius'

Zimmer, das er benutzen durfte, solange Fabrizius auf — wie er es nannte — »Hamster-Tournee« war. Schloß sich dort ein und kam erst gegen Mittag des nächsten Tages wieder zum Vorschein, bleich und übernächtigt mit roten Augen. Er hielt Tante Lina ein Stück Papier hin: »Wie findest du das?«

»Das sind Lebensmittelmarken, das sind meine Lebensmittelmarken.«

Lenz schüttelte den zotteligen Haarschopf und gab Tante Lina ein anderes Stück Papier in die Hand.

»D a s sind deine Lebensmittelmarken.«

Tante Lina schaute verblüfft von den Lebensmittelmarken in ihrer einen Hand auf die Lebensmittelmarken in ihrer anderen Hand, wobei angemerkt werden muß, daß sie vielleicht gar nicht so verblüfft war, wie sie tat, wenn stimmt, was ich, wenn auch nicht zu Tante Linas Gunsten, annehme.

»Du hast also...«

Lenz nickte. Tante Lina holte wieder die Lupe, prüfte nun eingehender die beiden Markenkarten, jedes Detail und sagte schließlich: »Kein Unterschied festzustellen!«

Da strahlte der Kunstmaler Erich Lenz.

Um letzte Sicherheit zu erlangen, wurde Kuszmierz am Nachmittag, unwissend, was er da in der Hand hielt, mit den gefälschten Marken zu Tiemann auf der Hochstraße in Buer zum Einkaufen geschickt, wo man wußte, daß die Lebensmittelmarken mißtrauisch einer besonders strengen Prüfung unterzogen zu werden pflegten.

Aber die Marken des Malers Lenz bestanden auch diese Prüfung. Irgendwann, ein paar Tage später, hat ein glücklicher Kunstmaler Lenz, einer mit einer Zukunftsperspektive, die Tante Lina dann verlassen, ist weiter durch das Ruhrgebiet gezogen. Und man kann Tante Lina den Vorwurf nicht ersparen, daß sie Lenz wohl zu einer Straftat angestiftet hatte, ohne selbst jemals dafür belangt worden zu sein. Denn Erich Lenz wurde natürlich erwischt.

Nachdem er Tante Linas Haus in Gelsenkirchen den Rücken gekehrt hatte, verzichtete er auf das Malen appetitlicher Stilleben und fabrizierte fortan kalorienbringende Lebensmittelmarken, selbstverständlich nach eigenen Entwürfen und so »naturalistisch«, daß es fast ein halbes Jahr dauerte, bis man ihm, diesem genialen »Kunstfälscher«, auf die Spur kam.

Da er die Technik des Metallstechens beherrschte, soll er mit seinen Kenntnissen auch einer Bande von Lebensmittelkartenfälschern geholfen haben, Druckplatten herzustellen für die Produktion falscher Lebensmittelmarken. Die Marken, die im großen Stil im Ruhrgebiet vertrieben und in einer geheimen Druckerei bei Hannover hergestellt wurden, waren von solcher Perfektion, daß kein anderer Schluß blieb. Aber bewiesen werden konnte das dem Erich Lenz nie.

Erich Lenz stolperte über seine Eitelkeit. Im Bahnhofshotelbunker in Wanne-Eickel erwischte man ihn, als er der Kellnerin gefälschte Lebensmittelkarten anzudrehen versuchte.

Vor Gericht erklärte er folgendes:

»Ich kam in den Bahnhofsbunker, habe mich an einen Tisch gesetzt und habe meinen Malkasten hervorgeholt. Da ich keine Vorlage zum Malen hatte, sondern nur meine Lebensmittelkarten, habe ich versucht, Lebensmittelscheine zu malen. Ich wollte die Scheine aber nicht in den Verkehr bringen, da ich genau wußte, daß gemalte Karten sofort als unecht erkannt würden. Ich habe der Kellnerin lediglich eine Brotmarke vorgelegt, um zu sehen, ob sie die Fälschung sofort erkennen würde...«

Das Gericht glaubte ihm seine Geschichte nicht, obwohl sicher einiges davon durchaus der Wahrheit entsprach, etwa, daß Erich Lenz im Wanne-Eickler Bahnhofsbunker Lebensmittelmarken gemalt hatte. Und es verurteilte ihn zu einer Gefängnisstrafe von neun Monaten.

Für die neue Kunstrichtung des Erich Lenz fanden die Zeitungsjournalisten einen treffenden Namen. Sie nannten sie »Kalorismus«.

Tante Linas Name wurde in dem Prozeß nicht genannt. Aber ein Schatten menschlicher Schwäche liegt, seit ich von dieser Geschichte erfahren habe, auf dem Andenken an meine Tante Lina, die ich immer für einen untadeligen, ja idealen Menschen gehalten hatte, aber den gibt es wohl nicht.

Das Bild, das der Kunstmaler Erich Lenz von mir gezeichnet hatte, existiert übrigens noch. Es hängt neben Sonjas Bett. Und manchmal betrachtet sie es und dann mich und meint:

»Du wirst dem Bild von Tag zu Tag ähnlicher.«

SÜSSE SPEISEN

Es war nicht alles Zucker, was süß schmeckte — eine Erfahrung, die man in den Nachkriegsjahren oft machen konnte. Weil Zucker viele Monate lang Mangelware war, wurden statt dessen Süßstoff-Tabletten ausgegeben: Saccharin, ein chemisches Produkt, das allerdings im Geschmack nur eine sehr entfernte Ähnlichkeit mit heutzutage hergestellten Süßstoffen hatte.

Bis 1948. Da gab es mit einem Mal so viel Zucker wie noch nie seit Kriegsende. Dafür gab es keine Kartoffeln und kaum Fleisch. Ein Teil der Bevölkerung war mit je 25 bis 50 kg Einkellerungskartoffeln versorgt worden, aber diese Vorräte hatten nur bis in die dritte Woche der 110. Zuteilungsperiode gereicht und waren im Januar 1948 aufgebraucht. Die amerikanischen Lieferungen reichten zur allgemeinen Versorgung der Bevölkerung nicht aus, mit inländischen Lieferungen war nicht mehr zu rechnen.

Von der 111. bis zur 114. Zuteilungsperiode sollte es Zucker statt der versprochenen Kartoffeln geben. Um im darauf folgenden Jahr nicht noch einmal das gleiche Dilemma bei der Kartoffelversorgung zu erleben, wurden den Landwirten »Zuckerprämien« gewährt: 25 kg Zucker für je 100 Doppelzentner Kartoffeln, die im Rahmen des festgesetzten Solls abgeliefert werden mußten; für je 100 Doppelzentner über das Soll hinaus sollte es 50 kg Zucker geben. Als »Vorschuß« auf diese Prämien sollten bis Ende Juni 1948 10 kg Zucker je Hektar Kartoffelanbaufläche verteilt werden.

Auch die Milchablieferung wurde mit Zucker prämiert: ein Kilo je Kuh und Monat.

Wie gesagt, auch die Bevölkerung sollte Zucker für die nicht lieferbaren Kartoffeln erhalten. An Stelle von je 1000 Gramm Kartoffeln 170 Gramm Weißzucker. Allerdings — die Ernährungswirtschaftsbürokratie hatte, wie so oft, nicht funktioniert. Der Zucker war nicht in der erforderlichen Menge vorhanden. Man hatte es für zweckmäßig gehalten, aus dem reichlich zur Verfügung stehenden Zucker Riesenmengen von Bonbons anfertigen zu lassen. Und diese wurden nun verteilt statt des Zuckers, der statt der Kartoffeln ausgegeben werden sollte.

»Einkellerungsbonbons« nannten sie die Leute und machten sich ob der Süßigkeiten bittere Gedanken darüber, wie man denn die Statt-Kar-

toffeln-Bonbons am besten einlagern könnte, und höhnten, es gäbe wohl nichts »Originelleres als einen Mittagsspeisezettel, bestehend aus zwei Scheiben Brot, einer Tüte Klümpchen (so werden bei uns die Bonbons genannt) und einer Handvoll Steckrübenstreifen«.
Wie auch immer — es gab Zucker im Frühjahr 1948 im Ruhrrevier, und mithin wurden vermehrt Süßspeisen zubereitet nach allerlei abenteuerlichen Rezepten.

Kaffeekrem

Zutaten: 1/4 l Wasser, drei Teelöffel Kaffee-Ersatz, 1/4 l Milch, zwei Eßlöffel Grieß, eine Prise Salz, ein Eßlöffel Zucker.
Von Wasser und Kaffee-Ersatz kocht man einen Kaffee, den man einige Zeit ziehen läßt.
Den abgeseihten Kaffee in heiße Milch schütten. Eine Prise Salz, Zucker und Grieß einrühren und alles unter ständigem Schlagen langsam kochen lassen, bis der Grieß weich ist.
Vom Feuer nehmen und die Masse bis zum Erkalten mit einem Schneebesen weiterschlagen.
In Schälchen füllen. Die Masse kann man mit einem Klecks Marmelade oder einem Stückchen Kleingebäck, etwa einem Mürbeteigplätzchen, garnieren.

Erbsenschaum

Zutaten: Eine Tasse Erbsen, 1/2 l Wasser, ein Eßlöffel Mehl, ein Eßlöffel Zucker, etwas Vanille (oder Vanillinzucker).
Erbsen in Wasser weich kochen. Durch ein Sieb passieren. Wieder mit dem Wasser verrühren.
Wer keine Erbsen zur Verfügung hat, kann auch nur das Wasser verwenden, in dem Erbsen (für ein anderes Gericht) gekocht worden sind.
In das Erbsenwasser werden Mehl und Zucker eingerührt. Noch einmal aufkochen lassen. Dann so lange rühren, bis die Masse erkaltet ist. Einige Stunden stehen lassen.
In einer Schüssel die Masse etwa eine halbe Stunde lang mit einem Schneebesen schaumig schlagen. Vanille zufügen.
Der feste weiße Schaum kann mit Fruchtsaft beträufelt werden oder zu Obst gereicht werden.

Pektinschaum

Zutaten: Eine Tasse Pektin (das ist ein Ersatz für Fruchtsaft, Pektin kann man statt dessen zusammen mit Wasser nehmen), drei Tassen Wasser, zwei Eßlöffel Grieß, ein Eßlöffel Zucker.

Pektin mit Wasser und Zucker verrühren. Kochen lassen. Den Grieß einstreuen und nochmals fünf bis acht Minuten kochen lassen.
In einer Schüssel mit dem Schneebesen solange schlagen, bis der Schaum erkaltet ist.

Solche Schaumspeisen sind in ähnlicher Weise auch aus Kartoffeln (sofern vorhanden), Mehl oder Marmelade herzustellen. Freilich — man sollte diese Rezepte nicht allzu ernst nehmen, wie auch die folgende Zeichnung zur 111. Zuteilungsperiode verdeutlichen mag.

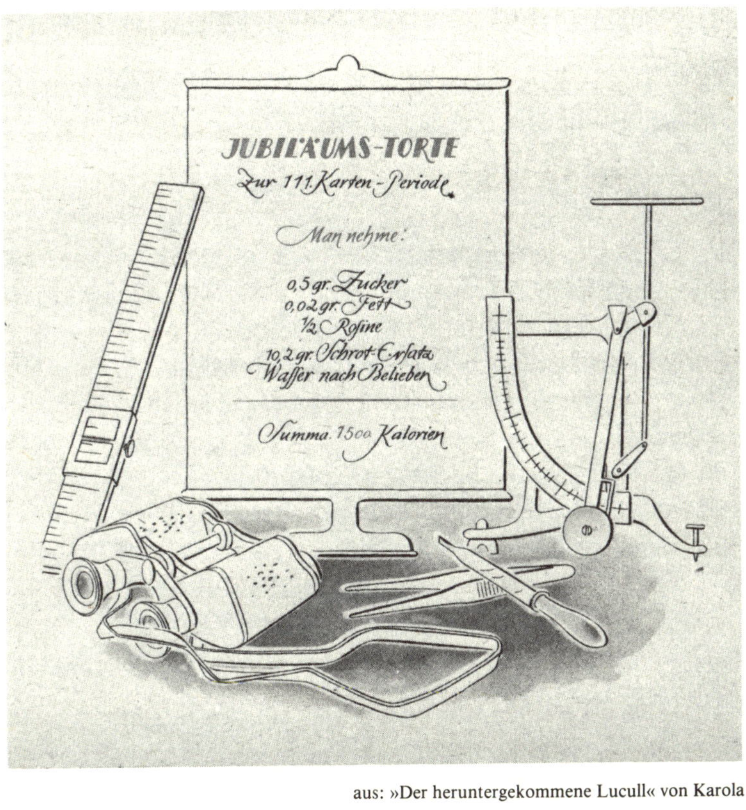

aus: »Der heruntergekommene Lucull« von Karola Moll

Götterspeise

Zutaten: ½ l Wasser, zwei Eßlöffel Sago, zwei Eßlöffel Berberitzen-Marmelade, zwei Eßlöffel Schwarzbrotbrösel.

Wasser mit Sago aufkochen lassen, dann kalt schlagen. Die Marmelade mit etwas Wasser verrühren.

Den Sagoschaum portionsweise in Schälchen füllen, mit Marmeladensoße übergießen.

Altbackenes Schwarzbrot zerreiben. Brösel darüber streuen.

Erbsenschmarren

Zutaten: Eine Tasse Trockenerbsen, eine Tasse Mehl, ein Ei, eine Tasse Magermilch, eine Prise Salz, ein Eßlöffel Puderzucker, etwas Wasser, Fett zum Backen.

Die Erbsen werden mit wenig Wasser weich gekocht und durch ein Sieb passiert. Mit Milch, Mehl, Salz und Ei einen Pfannkuchenteig zubereiten. Mit den Erbsen verrühren.

In heißem Fett Pfannkuchen backen, die mit einer Gabel zerrissen werden. Mit Puderzucker bestreuen.

Kartoffelschalenpüfferchen

Zutaten: 500 g rohe Kartoffelschalen, ein Eßlöffel Grieß, ein Fläschchen Vanille-Aroma, ein Eßlöffel Zucker, ein Teelöffel Zimt (oder Zimtersatz), Fett zum Backen.

Die Kartoffelschalen werden gewaschen (am besten mit einer Wurzelbürste gereinigt) und mit sehr wenig Wasser gegart.

Abkühlen lassen.

Die Kartoffelschalen durch den Fleischwolf drehen.

Mit Grieß und Vanille-Aroma verrühren. In einer Pfanne kleine Puffer backen, die noch heiß mit einer Zucker-Zimt-Mischung bestreut werden.

Oster-Pudding

Zutaten: 250 g geriebenes Schwarzbrot, eine Tasse gemahlene Nüsse, ein Ei, eine Tasse Milch, zwei Eßlöffel Zucker, 50 g Zitronat, etwas Fett.

Das Ei mit dem Zucker schaumig rühren. Nach und nach Brotbrösel, Nüsse, Milch und geraspeltes Zitronat zufügen.
Ist kein Zitronat vorhanden, kann man solches aus Kürbisfleisch selbst herstellen. Ein Rezept dazu steht in »Tante Linas Kriegskochbuch«. Die Zutaten werden verrührt und in eine Puddingform gefüllt, die man vorher mit Fett ausgepinselt hat.
Im Wasserbad 30 bis 40 Minuten kochen lassen.

Selbstverständlich wurde der vorhandene Zucker verwendet, um Obst einzukochen, Marmeladen und Gelees herzustellen. Tante Lina wußte aus Obst und Zucker herrliche Kaltschalen zu zaubern oder Kompott. Was geht über ein frisch zubereitetes Kompott!
Rezepte hierzu findet man in jedem Kochbuch. Drei Süßspeisen unter Verwendung von Obst wollen wir dennoch aufführen, weil sie ein wenig »aus dem Rahmen« fallen.

Rhabarber-Brot-Speise

Zutaten: 500 g Rhabarber, zwei Eßlöffel Zucker, ein Päckchen Puddingpulver, eine Tasse Magermilch, ein Teelöffel Zimt (oder Zimtersatzstoff), vier Scheiben Schwarzbrot (oder altes Brot), etwas geriebenes Brot, etwas Fett.
Den Rhabarber schälen, in Stücke schneiden und im eigenen Saft weich dünsten. Puddingpulver mit Milch kalt glattrühren und mit dem Zucker und dem Zimt zu dem Rhabarber geben.
Eine Kastenform ausfetten. Den Boden mit Brotscheiben belegen. Die Lücken mit geriebenem Brot ausfüllen.
Den Rhabarber darüber streichen. Mit dem restlichen Brot bedecken. Etwas andrücken.
Im Ofen bei 200 Grad 30 bis 40 Minuten backen.

Tomatenkompott

Zutaten: Acht bis zehn sehr kleine Tomaten, 80 g Zucker, ein Teelöffel Zimt (oder Zimtersatz), zwei Tassen Wasser.
Kleine, grüne Tomaten, die im Herbst nicht mehr reif geworden sind, werden gewaschen und mit einer Gabel rundherum leicht eingestochen. Wasser mit Zucker und Zimt aufkochen lassen. Die Tomaten in die

Zuckerlösung legen und darin nur ziehen, nicht kochen lassen. Dabei immer wieder wenden.
Nach etwa 15 Minuten die Tomaten herausnehmen. Wem der Saft zu flüssig ist, kann diesen mit etwas Vanille-Puddingpulver eindicken. Saft und Tomaten kalt stellen. Vor dem Servieren die Tomaten wieder mit dem Saft übergießen.

Apfelklöße

Zutaten: 500 g Äpfel, 20 g Fett, ein Ei, 100 g Mehl, eine Prise Salz, ein Teelöffel Zucker, ein Teelöffel Zimt, Wasser.
Äpfel schälen und in kleine Würfel schneiden. Mit Mehl, Fett, Salz und dem Ei zu einem Teig verrühren.
Mit einem Löffel kleine Klöße abstechen, in kochendes Wasser geben, gar ziehen lassen.
Noch heiß mit einer Mischung aus Zucker und Zimt bestreuen.

Nachtisch in jeder Form war begehrt, ja, es bestand ein großer Hunger nach Süßigkeiten. Und da kam der Zucker gerade recht.
Doch benötigte man für Puddings und ähnliche, meist sonntägliche Überraschungen auch Bindemittel. Und die gab es nicht.
Den Verbrauchern wurde als solches »RK-Mehl« anempfohlen, das aus Roggen hergestellt war. Oder die Verwendung von Nährmitteln, also Haferflocken und ähnlichem. Aber auch die gab es nur in geringen Mengen.
Als Ersatz für die fehlenden Nährmittel kamen im Februar und März 1948, man lese und staune, Datteln zur Verteilung. »Sollten zur Verteilung kommen« — hätten wir auch hier richtiger schreiben müsen. Denn die Produkte aus Übersee waren, bevor sie noch in Bremen ausgeladen werden konnten, bereits auf dem Schwarzen Markt zu kaufen. Und das brachte die Leute im wahrsten Sinne des Wortes auf die Palme. Naheliegende Vorwürfe an die Adresse der Hafenarbeiter. Die Arbeiter antworten mit einem Proteststreik. Der Bremer Senat gibt eine Ehrenerklärung für den Hafen ab.
In den Schaufenstern der Lebensmittelgeschäfte wurde man aufgefordert, sich anzumelden, wollte man Datteln haben. Die Frauen reagierten empört und »bombardierten« die Zeitungen mit Leserbriefen: Als

Sonderzuteilung hätte man die »seltene Gabe« ja angenommen, doch als Ersatz für Nährmittel — nein!
»Weder der hohe Zuckergehalt noch die Eiweiß- und Stärkestoffe der normalerweise nicht zu verachtenden Frucht vermögen die vielfältigen Verwendungsmöglichkeiten von Mehl, Haferflocken oder Grieß zu ersetzen.«
Die Beamten bei den Wirtschaftsbehörden waren beleidigt.
In die Annalen der bizonalen Ernährungswirtschaft hatten die Datteln eingehen sollen, »weil mit ihnen zum ersten Male wieder seit Kriegsende ein koloniales Produkt auf dem Weißen Markt erscheint...«
Die meisten Leute warteten eh vergebens auf die angekündigten »kolonialen Produkte«. Die Schwarzhändler hatten nur wenig zur »freien Verteilung« übriggelassen. Kommentar einer Frau: »Was soll's! Was hilft mir der leckerste Nachtisch, wenn ich nicht weiß, womit ich den Hauptgang bestreiten soll.«

SCHULSPEISUNGEN

Ende 1945 wird auf Anordnung der Militärregierung an allen Schulen der britischen Besatzungszone an fünf Tagen in der Woche eine warme Speise an die Schuljugend ausgegeben.
Die Mahlzeit bestand an drei Tagen der Woche aus 50 g zerkleinerten Biskuits, 15 g Zucker und 20 g Trockenmilch, an den übrigen Tagen aus 30 g Biskuits, 40 g Grießmehl oder Weizenflocken, 10 g Fett und 5 g Salz. Die Speise sollte vom jeweiligen Schuldiener in schuleigenen Küchen zubereitet werden.
Anlaß für diese Maßnahme waren Daten, die über den Gesundheitszustand der Schulkinder bekannt geworden waren. Und diese Zahlen klangen alarmierend. Mehr als die Hälfte der Kinder sind unterernährt. Ex-US-Präsident Hoover, Vorsitzender eines von US-Präsident Truman eingesetzten Ausschusses zur »Bekämpfung der Notlage der Welt«, schätzt in einem ersten Bericht 1946 die Zahl der unterernährten Kinder in Europa auf 20 bis 30 Millionen und sagt:
»Sollten wir versagen, wird ein Massensterben die Folge sein.«
Als Beweis für die Dringlichkeit, Sofort-Maßnahmen zu ergreifen, nennt er die hohe Sterblichkeitsziffer, die in manchen deutschen Großstädten bis auf 200 pro 1000 gestiegen ist, wobei die Kinder- und Säuglingssterblichkeit besonders erschreckend ist.
Bei einer Umfrage und einer ärztlichen Untersuchung an einer Münchener Vorortschule unter Acht- bis Vierzehnjährigen wird festgestellt: 65 Prozent der Kinder kommen, ohne gefrühstückt zu haben, in die Schule, die Hälfte hat kein Pausenbrot bei sich, 55 Prozent sind unterernährt, nur 20 Prozent können als gesund bezeichnet werden, 25 Prozent leiden an Krankheiten wie Tuberkulose, Hautinfektionen u. ä.
Ebenfalls 1946 berichtet eine Frau aus Dortmund im »Westdeutschen Volks-Echo«:
»Wir sind gezwungen, unsere Kinder, wenn sie nicht zur Schule gehen, bis mittags im Bett liegen zu lassen. Aufgrund der Ernährung sind die Kinder kraftlos und müde. Wir haben in Dortmund seit sechs Wochen keine Nährmittel, kein Kinderstärkemehl und keinen Pudding gesehen... Wollen Sie einmal unseren Küchenzettel hören? Morgens eine Scheibe Brot mit Eiweißpaste, mittags drei Scheiben Brot mit Tunke, abends eine verdünnte Suppe mit einer Scheibe Brot. Da das Brot je-

doch nicht ausreicht, muß ich sehr oft Steckrüben geben. So gehen meine Kinder langsam zugrunde:«
Die ersten Schulspeisungsprogramme können, obwohl 1946 die Schulkinder an sechs Wochentagen gespeist werden, die Not nur lindern, nicht beseitigen. Und es war zu befürchten, daß die Kinder infolge ständiger Unterernährung bleibende Schäden davontragen würden.

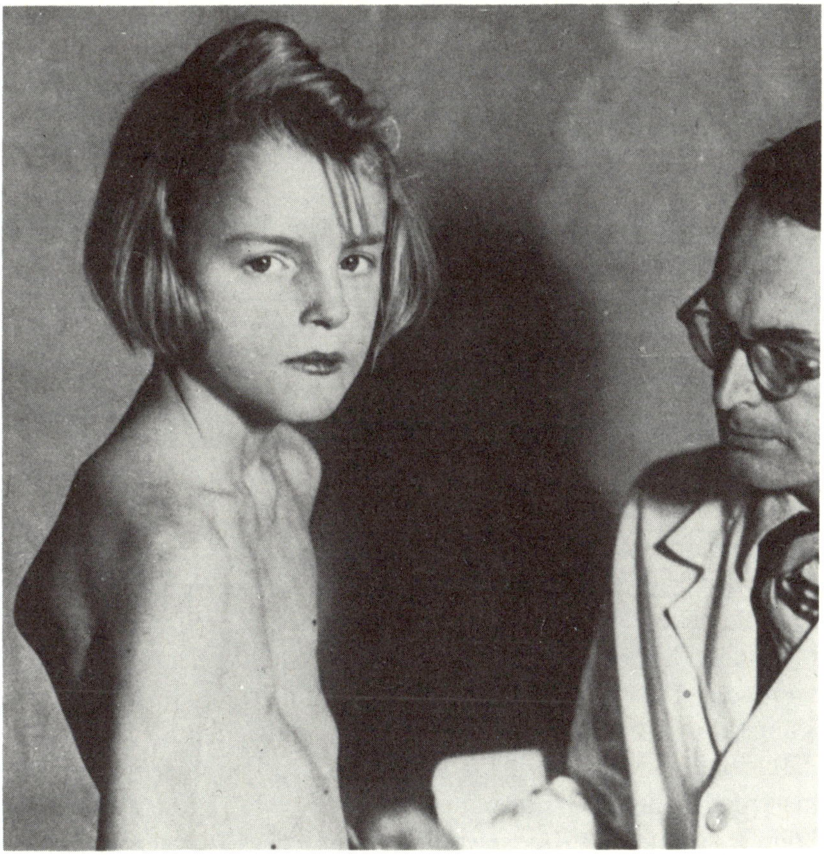

Bei manchen hat die Unterernährung bleibende Schäden hinterlassen. Wie viele der Krankheiten, unter denen die heute Vierzig- oder Fünfzigjährigen leiden, haben ihre Ursachen in der Ernährungslage der Nachkriegsjahre? Man weiß es nicht. Es gibt keine Untersuchungen darüber. Dennoch — zweifelsohne hat der Zweite Weltkrieg auch solche Folgen gehabt, wie jeder Krieg. Folgen, die heute noch merkbar sind.

Die Schulspeiseprogramme reichten also nicht aus, den Hunger zu bekämpfen. Im April 1946 werden durch das britische Rote Kreuz — wir erwähnten es bereits — die ersten 5000 »Pazifiks« an Gelsenkirchener Kinder verteilt: Verpflegungspäckchen, die eigentlich für die britischen Fernost-Truppen vorgesehen waren und jeweils die Tagesration für einen Soldaten enthalten. »Sie sollen dazu dienen, den Schulkindern in den großen Städten und den Industriegebieten an der Ruhr markenfreie Mahlzeiten zu bescheren.«

Im Mai 1946 werden Gelsenkirchen weitere 19000 »Pazifiks« zugewiesen.

Auch das neutrale Ausland startet zur Linderung der allgemeinen Not im dichtbesiedelten Ruhrgebiet Hilfsprogramme.

Aus der Schweiz, von der evangelischen Basler Kirche, kommt die sogenannte »Schweizerspende«:

»Die Schweizerspende, eine Gabe des Schweizer Volkes an die notleidenden Völker, hilft gegenwärtig vielen europäischen Ländern mit Medikamenten, Werkzeugen, Baustoffen, mit Kinderspeisungen und durch die Betreuung von Flüchtlingen. So werden jetzt auch in Deutschland in einer größeren Zahl der am meisten beschädigten Städte durch die Schweizerspende Kinderspeisungen durchgeführt. Auch Gelsenkirchen wird eine solche Kinderstation erhalten...«

Im Juni 1946 wird die erste im Ruhrgebiet geschaffene Anlage in Gelsenkirchen auf dem Sportplatz an der Rotthauser Straße eingeweiht. Fünf Baracken, »Schweizer Häuschen«, sind dort errichtet worden mit Nähstube, Kindergarten, Schusterei, einer Schreinerei und einer Bücherei für Jugendliche. Und mit einer großen Küche natürlich. Die Firma Küppersbusch hat Kochkessel geliefert, hergestellt aus Feldküchen, die die Gelsenkirchener Fabrik für den Kriegseinsatz produziert hatte. Darin werden täglich 2000 Essen für Kinder zubereitet. Im September 1946 können schon 6000 Kinder von der Schweizer Speisungsaktion verpflegt werden. Im November 1946 werden mehrere Waggons Äpfel an Gelsenkirchener Schulkinder verteilt.

Die Zahlen für 1947 und 1948 sind noch eindrucksvoller:

Im Juli 1947 werden 31400 Liter Suppe und 7500 Liter Milch ausgegeben. Und die Zoccoli-Aktion wird durchgeführt: Insgesamt werden etwa 55000 Holzsandalen gefertigt und zur Verteilung gebracht, dabei helfen Gelsenkirchener Jugendgruppen und Berufsschüler.

Im März 1948 sind es 40300 Liter Suppe. Dazu werden Röcke, Kleider, Blusen und 961 Jungenhosen gefertigt und verteilt.
Anfang Oktober 1946 beginnt auch das Hilfswerk des Schwedischen Roten Kreuzes mit einem Programm zur Speisung von Schulkindern. In der Küche der Freiluftschule an der Zeppelinallee in Gelsenkirchen werden in vier großen (Küppersbusch-)Kesseln täglich 7500 Liter Suppe gekocht.
Im Mai 1947 ist das angestrebte Ziel erreicht. 14000 Liter Suppe können täglich zubereitet werden. 32000 Schulkinder sind zur Schwedenkost erfaßt. Reihum erhalten sie mehrere Monate hindurch diese Zusatzkost.
Bis zu diesem Zeitpunkt hat Schweden 250 Tonnen Lebensmittel allein nach Gelsenkirchen geschickt. 3,5 Millionen Näpfe Schwedensuppe sind daraus gekocht worden. Zusätzlich haben die Schweden 9000 kg Lebertran zur Verteilung gebracht und 1650 Paar Schuhe für die Gelsenkirchener Kinder.
Die Schwedensuppen waren eine Zeitlang in Gelsenkirchen Stadtgespräch. 300 bis 350 Kalorien soll eine Portion Suppe enthalten haben. Was es da zu essen gab, wollen Sie nun wissen? Nun, der Speisezettel war natürlich wenig abwechslungsreich, aber darauf kam es ja auch

nicht an. Es gab Nudelsuppe, Gemüsesuppe und Erbsensuppe, jeweils mit etwas Fleisch und Fett, und süße Suppen.
Wir haben einige dieser Rezepte für die Schulspeisung gefunden und wollen sie hier wiedergeben, reduziert in den Mengenangaben für eine Familie.

Kinderfrühstückssuppe

Zutaten: 100 g zerkleinerte Plätzchen oder Biskuits, ein Eßlöffel Zucker, ein Eßlöffel Trockenmilch, ein Eßlöffel Puddingpulver, ein l Wasser.
Wasser zum Kochen bringen. Das Milchpulver mit einem Schneebesen einrühren. Zuckern. Die Plätzchenkrümel dazugeben. Das Puddingpulver wird in wenig Wasser aufgelöst und untergerührt. Kurz aufkochen lassen.

Nudelsuppe

Zutaten: $^1/_2$ l Magermilch, ein l Wasser, eine Tasse Nudeln, eine Tasse Suppengemüse, 20 g Margarine, Salz.
Das kleingeschnittene Gemüse wird in Fett angeröstet. Mit Milch und Wasser auffüllen. Nudeln zugeben. Auf kleiner Flamme garkochen lassen. Mit Salz abschmecken.

Gemüsesuppe

Zutaten: 50 g Hackfleisch, zwei große rohe Kartoffeln, Salz, etwas Majoran, $1^1/_2$ l Wasser, 500 g Gemüse (entweder Weißkohl, Bohnen und Erbsen oder Möhren, Sellerie und Wirsing).
Hackfleisch anbraten. Das kleingeschnittene Gemüse in den Topf geben und anschmoren lassen. Mit Wasser auffüllen. Weichkochen lassen. Die Kartoffeln in die Suppe reiben. Mit Salz und Majoran würzen.

Erbsensuppe

Zutaten: eine Tasse Erbsenmehl, 20 g Fett, zwei Scheiben Weißbrot, $1^1/_2$ l Wasser (oder Brühe), eine Tasse Selleriegrün, Salz.
Erbsmehl in das Wasser einrühren. Die kleingehackten Sellerieblätter zugeben. Einmal kurz aufkochen lassen. Salzen.
Die Weiß- oder Graubrotscheiben in Würfel schneiden, in dem Fett anbraten und in die Suppe geben.

Milch-Haferflocken-Suppe

Zutaten: 1½ l Magermilch, eine Tasse Haferflocken, zwei Eßlöffel Zucker oder Marmelade.

Magermilch zum Kochen bringen. Die Haferflocken einstreuen und etwa 20 Minuten quellen lassen.

Mit Zucker oder mit Marmelade, die man in etwas Wasser glattgerührt hat, süßen.

Nicht nur die Schweden und die Schweizer helfen. Im Juni trifft aus Island eine Lebertranspende ein, die an 14000 Gelsenkirchener Kinder verteilt wird. Und wie nach dem Ersten Weltkrieg (damals wurden Milchwecken und ein Kakao-Trunk an Schulkinder verteilt) helfen ab 1947 auch wieder US-amerikanische Quäker. Sie schicken die sogenannte »Cralog-Spende«. »Cralog« ist eine Abkürzung für »council of relief agencies licensed for operation in Germany«. Aus dieser Spende erhalten bis in das Jahr 1948 hinein jeweils 1000 Kinder neun Wochen lang viermal wöchentlich eine Speisung. Zwei Gerichte werden ausgegeben: 24mal eine Süßspeise, 12mal eine Schmalzspeise.

Allerdings — es gibt über diese Speisungen aus der Schweiz, aus Schweden, aus den USA und Großbritannien und den anderen Ländern auch weniger Positives zu berichten.

Ein Teil der für die Schulspeisungen gedachten Lebensmittel war auf dem Schwarzen Markt wiederzufinden. So wurde 1947 in Münster ein Koch verhaftet, der über sechs Monate hin aus dem Vorratslager der Küche für die Schulkinderspeisungen 16 Zentner Schmalz gestohlen hatte, das er auf dem Schwarzen Markt für 140 bis 160 Mark pro Pfund von Mittelmännern vertreiben ließ. Es gibt auch Geschichten, in denen die hilfswilligen Spender selbst bei solchen Geschäften mitmischten. Dennoch — die Speisungen hatten Erfolg.

Im Februar 1947 konnte der Gelsenkirchener Schulrat Pentrop von einer ärztlichen Reihenuntersuchung berichten, bei der monatliche Gewichtszunahmen von bis zu zwei Kilogramm bei Schülern und Schülerinnen festgestellt worden waren.

Der Gelsenkirchener Oberbürgermeister Geritzmann in seiner Grußadresse zum Weihnachtsfest 1947:

»Wir sagen Dank den Wohlfahrtsverbänden, besonders den Hilfswer-

ken der Schweizer, Schweden und Engländer, die schon so lange unermüdlich die großen Notstände lindern und viele Menschen, besonders die Kinder unserer Stadt, vor Siechtum und vorzeitigem Tod beschützten.« Und als die Schweden und Schweizer im Juni 1948 Gelsenkirchen verlassen konnten, nachdem sich die Ernährungslage zumindest etwas gebessert hatte, gab es ein großes Abschiedsfest.
Und das war in anderen Städten wohl genauso.
Das Schweizer, das schwedische Volk, sie haben großzügige Spenden nach Deutschland, besonders ins Ruhrgebiet, geschickt. Ihre Helfer haben in diesen schlimmen Nachkriegsjahren Erstaunliches geleistet. Und so konnten die Menschen in Deutschland gar nicht dankbar genug sein für diese Hilfe.
Freilich — vergessen sollte man dabei nicht: Die Industrie in der Schweiz und in Schweden hat im Krieg erhebliche Profite gemacht, hat am Krieg verdient. Und ohne Krieg hätte es eine Nachkriegszeit nicht gegeben. Aber das hatten wir schon gesagt. Oder?

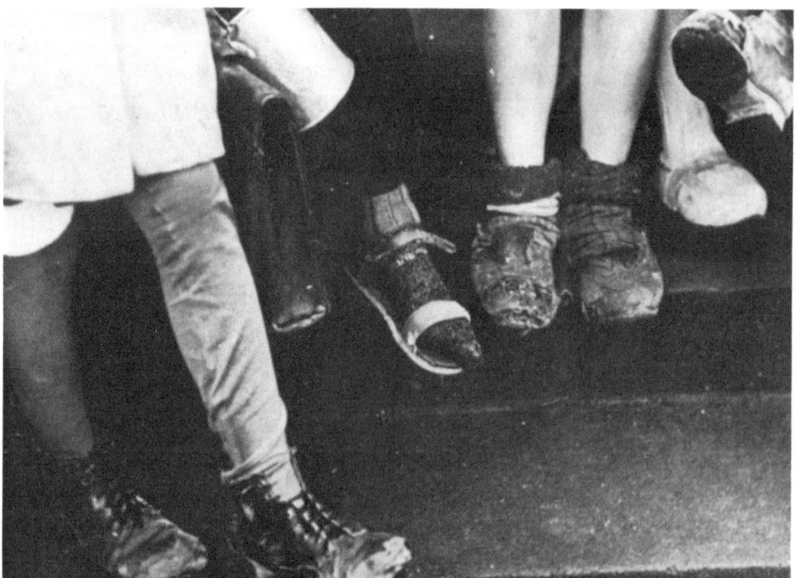

Wie Tante Lina die Baronin von Oertzen um ihren Adelstitel brachte

Es gibt Zeiten, da blühen die Geschäfte von Hochstaplern und Betrügern. Meist geschieht dies in Zeiten, da die Zukunft ungewiß erscheint, da auch die Wahrsager ihre Geschäfte machen, Geschäfte, in denen Tante Lina einschlägige Erfahrungen sammeln konnte.

Es geschieht dies in Zeiten, da die Menschen geneigt sind zu spekulieren, da tausend Gerüchte kursieren, da Änderungen der politischen Lage, Änderungen der wirtschaftlichen Ordnung, Änderungen im oft sogenannten Wertesystem im Gerede sind.

Die Nachkriegsjahre waren ein solcher Zeitabschnitt.

Schon kurz vor Weihnachten 1945 war bei Martha Varenholt ein junger Mann aufgetaucht. Er hatte einen Uniformrock getragen, von dem die Hoheitszeichen entfernt waren, und einen alten Wehrmachtsmantel. Ziemlich abgerissen hatte er ausgesehen und hatte Martha Varenholt Grüße von ihrem Mann bestellt. Der sei in sowjetischer Kriegsgefangenschaft.

Er könne der Martha Varenholt auch die Adresse des Lagers nennen, wo ihr Mann gefangengehalten werde. Und sie könne diesem, wenn sie ihm ein wenig Geld gebe, auch ein Päckchen mit Lebensmitteln schicken. Ihm sei es möglich, dieses auf geheimzuhaltenden Rotkreuz-Kanälen weiterzuleiten.

Die Martha Varenholt hatte nur stumm dagesessen mit Tränen in den Augen und hatte sich das alles angehört, bis Tante Lina dann gekommen war und den jugendlichen Betrüger hinausgeworfen hatte.

Ja. Das war ein Betrüger. Und er war nicht der einzige, der in Gelsenkirchen und den umliegenden Städten auftrat und Angehörige von noch nicht in die Heimat zurückgekehrten Soldaten aufsuchte und danach trachtete, von diesen Geld zu ergattern.

Der junge Mann hatte Tante Lina auch gar keinen Widerstand entgegengesetzt, hatte vielmehr Hals über Kopf die Flucht ergriffen und das Weite gesucht.

Martha Varenholt hatte noch sehr geweint. Vielleicht war in ihr so etwas wie Hoffnung aufgekeimt. Vielleicht waren Erinnerungen in ihr wach geworden an eine Zeit, die sie zu vergessen suchte, die Zeit vor der ersten Nachkriegsweihnacht...

1943 war Martha Varenholt mitgeteilt worden, daß ihr Mann in der Sowjetunion, am Kursker Bogen, gefallen sei.

Sie hatte versucht, Selbstmord zu begehen damals. Und es hatte erheblicher Anstrengungen von seiten Tante Linas bedurft, sie am Leben zu erhalten.

1944 hatte sie dann wieder geheiratet. Kuszmierz' Freund, den Kabitz. Der Kabitz war Varenholts Kindern ein guter Vater geworden, und die Ehe soll nach allem, was man gehört hat, gut gewesen sein.

Und dann war dieser Betrüger gekommen, der beinahe bei der Martha auch Erfolg gehabt hätte. Gefühle lassen sich nicht so einfach verdrängen.

Wie gesagt, er war nicht der einzige, der versuchte, auf diese Weise mit den Emotionen fremder Menschen Geschäfte zu machen. Tagtäglich konnte man von den Abenteuern der Schwindler und Hochstapler in den Zeitungen lesen.

Da war der Herr Holt zum Beispiel, der sich, mit eindeutigem Akzent versehen, für einen Dänen ausgab und der Stadt Münster die frohe Botschaft überbrachte, sie sei ausersehen, 245 Sportler nach Dänemark zu entsenden. Die städtische Bürokratie funktionierte reibungslos. Sportler der unterschiedlichsten Disziplinen wurden aufgetan, wurden namhaft gemacht, der Kontakt zu Herrn Holt wurde hergestellt.

Der ließ in mühevoller Arbeit 24 Stunden lang 245 Fragebogen von den Sportlern ausfüllen und kassierte, nachdem er vier der so Befragten abgelehnt hatte, um das Verfahren realistischer zu gestalten, von jedem der Beteiligten 200 Reichsmark.

Die »Glücklichen«, die »Auserwählten« sollten, so ließ er wissen, am darauffolgenden Wochenende mit dänischen Autobussen von Münster aus die Reise antreten.

Daß sie einem Gauner in die Hände gefallen waren, erfuhren die wackeren Münsteraner erst, als sie vergebens auf die Busse warteten.

Auf die Herrenmenschen und die unbelehrbaren Nazis hatte es der

Mottenkugelverkäufer Hellmuth Riegge aus Hannover abgesehen und diese im Laufe seiner »Tätigkeit« um mehr als eine halbe Million Reichsmark geprellt, was für sich genommen durchaus ehrenwert erscheinen könnte, müßte man ihm nicht niedere Motive unterstellen.
Riegge hatte ein aus einer Zeitschrift reproduziertes Foto von Hitler und Eva Braun so »umgearbeitet«, daß die durch eigene oder fremde Hand aus dem Leben geschiedene Frau des »Führers« statt eines Blumenstraußes (so auf dem Ursprungsbild) ein Baby im Arm hielt. Durch geschicktes Retouchieren der Montage entstand der Eindruck, daß das Kind behaglich in Eva Brauns Arm schlummerte. Mit seinen Mottenkugeln machte sich Riegge auf Tour durch die drei Westzonen.
Hatte er ein vermeintliches »Opfer« gefunden, zog er sein Foto hervor und erklärte, das auf dem Foto sei ein illegitimer (Hitler war zum Zeitpunkt der Geburt ja noch nicht verehelicht) Sohn des »Führers« und der Eva Braun. Dieses Kind sei im letzten Kriegsjahr geboren, und vor dem »Fall« Berlins sei der Knabe fortgeschafft und in einem sächsischen Kloster untergebracht worden.
»Man braucht durchaus kein Nazi zu sein...«, soll er zu den Leichtgläubigen mit der braunen Seele gesagt haben. »Aber unser Nationalstolz ist hier mit im Spiele, und Hitlers Sohn muß aus dem Machtbereich der Russen heraus und nach Westdeutschland geschafft werden.« Für diesen Zweck sammle er nun »in geheimer Mission«, versteht sich, Spenden.
Riegge und sein Tun wurden auf wirklich tragische Weise der Polizei bekannt.
Er war an einen deutsch gesinnten Industriellen aus Bielefeld wegen einer Spende herangetreten (der Name kann hier nicht genannt werden, der Mann lebt noch und würde diese Geschichte sicher aus gutem Grund bestreiten und womöglich eine Klage anstrengen).
Diesem gegenüber hatte sich Riegge als Offizier und Gutsbesitzer ausgegeben.
Bei einer Mahlzeit mit dem Industriellen hatte er dann den verhängnisvollen Fehler begangen, die Erbsen mit dem Messer zu essen. Daraufhin hatte der Industrielle sofort die Polizei benachrichtigt. Wie kann man aber auch!
Über Hitler und seine Verwandtschaft kursierten damals wirklich abenteuerliche Gerüchte: ein Phänomen dieses Jahrhunderts, das sich bis in

unsere Tage erhalten hat. Man denke nur an die angeblichen Hitlertagebücher.

Im November 1946 wurde in der Bucht von Joege südlich von Kopenhagen eine Flaschenpost gefunden, die den Brief eines gewissen Hans Rotenburgers enthielt, Besatzungsmitglied eines gesunkenen deutschen U-Bootes.

Der behauptete nun post mortem, Hitler sei gar nicht im Bunker der Reichskanzlei durch eigene oder fremde Hand aus dem Leben geschieden, vielmehr sei er Zeuge gewesen, wie Hitler ein U-Boot bestiegen habe, das auf dem Wege von Finnland nach Spanien, wo der Führer sich hin habe retten wollen, untergegangen sei.

Andere hatten Hitler nach Kriegsende in Spanien, in Irland und in Liechtenstein gesehen.

Am hartnäckigsten hielt sich ein Gerücht, wonach Hitler und Eva Braun in einem U-Boot nach Argentinien entkommen seien.

Was ist, was war nur mit diesen Deutschen, daß sie sich von dem Verbrecher Hitler immer noch und immer wieder in den Bann ziehen lassen und ließen? Zwar nicht direkt mit Hitler, aber doch mit den Schatten der Nazi-Vergangenheit zu tun hatte eine Bekanntschaft, die Tante Lina 1948 auf dem Straßenverkehrsamt gemacht hatte.

Einige Zeit vor ihrer Begegnung mit Tante Lina war in Buer eine Frau aufgetaucht, die sich Baronin Maria Gudrun von Oertzen nennen ließ. Sie war in Begleitung eines jungen Mannes und logierte in mehreren Buerschen Gasthäusern.

Jedem, der es hören wollte (und es kam auch denen zu Ohren, die es nicht hören wollten), erzählte sie, sie habe im sogenannten »Dritten Reich« schweres Unrecht erlitten. Sie habe zum Kreis der Verschwörer vom 20. Juli 1944 gehört und sei nur mit knapper Not dem Schlimmsten entgangen.

Sie trat sehr energisch und selbstbewußt auf, wußte bei den behördlichen Stellen einen gewissen Eindruck zu machen, und es gelang ihr, als »Opfer des Faschismus« vom dafür zuständigen Kreis-Sonderhilfsausschuß einen Betrag von 3000 Reichsmark aus einem der für diesen Zweck vorgesehenen Fonds zu erhalten.

Ihr Begleiter erhielt 500 Reichsmark, da er zu ihr gehörte und die vornehme Dame ohne ihn nicht auszukommen schien.

Nachdem die Baronin einmal so Fuß gefaßt hatte, gingen ihre Ansprü-

che freilich weiter. Ihr Weg führte sie zum Straßenverkehrsamt und kreuzte dort den der Tante Lina.
Tante Lina war zum Straßenverkehrsamt gegangen, um sich einen verloren geglaubten Führerschein, der später im Küchenschrank wiedergefunden wurde, neu ausstellen zu lassen, respektive sich zu diesem Zweck einige Bescheinigungen zu besorgen.
Dabei muß erwähnt werden, daß Tante Lina zeit ihres Lebens — ja, ja, auch noch im hohen Alter — eine leidenschaftliche Autofahrerin war. Und wo sie sich eines Autos bemächtigen konnte, tat sie dies. Wer sich freilich ihren Fahrkünsten anvertraute, begab sich in Lebensgefahr. Tante Lina fuhr ohne jegliche Kenntnis der Straßenverkehrsordnung, nahm Geschwindigkeitsbegrenzungen und rote Ampeln nur in Ausnahmefällen zur Kenntnis und pflegte, während sie am Steuer saß, mit Händen und Füßen auf ihre Beifahrer einzureden.
So fuhr sie begeistert 50 Jahre lang — unfallfrei.
Es gibt zu diesem Phänomen ein Zitat, das ich mir aber verkneifen möchte.
Während also Tante Lina auf die Ausstellung einer Bescheinigung wartete, kam die Baronin ins Straßenverkehrsamt zu Buer gerauscht, eine Vokabel, die nicht im entferntesten in der Lage ist, ihren Auftritt zu beschreiben, und Tante Lina wurde eigentlich ungewollt Zeugin dieses Auftritts.
Maria Gudrun von Oertzen verlangte, nachdem sie sich mit vollem Namen und Adelstitel vorgestellt hatte, mit befehlsgewohnter Stimme, das heißt, sie stellte den Antrag, man müsse ihr ein Auto besorgen. Das benötige sie, um Reisen nach München und anderen Städten durchführen zu können. Sie plane den Aufbau einer Theatergruppe und anderes mehr. Und machte dabei dem Beamten hinter der Barriere schöne Augen.
Der war es als Beamter gewohnt, Befehle zu empfangen und auszuführen, und nahm den Antrag der Baronin auf ohne langes Nachfragen, wenn auch argwöhnisch (eine Frau!!!).
In drei Tagen werde sie wiederkommen, drohte die Baronin und verließ das Büro. Der Beamte hatte — soweit Beamte das können — Feuer gefangen und sagte, Tante Lina zugewandt:
»Ein rassiges Weib, was! Aber so herrisch...«
Tante Linas Mißtrauen war geweckt. Sie kannte Art und Gehabe von

Frauen wie der Baronin nur allzu gut aus der NS-Frauenschaft. Irgend etwas stimmte da nicht.
Der Beamte mußte sie mehrmals zu einer Unterschrift auffordern — Tante Lina war ganz in Gedanken versunken.
Am Abend blieb sie wach, bis Fabrizius von einer Theaterpremiere heimgekehrt war.
»Sag mal, kennst du eine Schauspielerin oder Theaterleiterin Maria Gudrun von Oertzen, eine Baronin?«
Fabrizius schüttelte den Kopf.
»Von Oertzen, ja, Jaspar oder so heißt der. Das ist ein junger Schauspieler. Aber Gudrun... nein, die gibt es nicht.«
»Sicher?«
»Ganz sicher.«
Der Zufall wollte es — oder hatte Tante Lina es so eingerichtet? —, daß die Tante drei Tage später, diesmal von Kuszmierz begleitet, der Nachtschicht hatte, erneut das Straßenverkehrsamt aufsuchte und wieder auf die Baronin traf.
Auch Maria Gudrun von Oertzen war diesmal in Begleitung erschienen, Hand in Hand mit ihrem jungen Mann.
Der Beamte, angesichts der Jünglings in seiner Leidenschaft eher abgekühlt jetzt, erklärte der Baronin in fast barschem Tone, die Herren des Verkehrsausschusses, denen der Antrag der Baronin vorgelegen habe, hätten nicht einsehen können, zu welchem Zweck die Frau ein Auto nötig haben sollte.
»Ich werde mich beschweren!« sagte die Baronin.
Dann sei das Straßenhauptverkehrsamt in Recklinghausen die richtige Stelle, ließ der Beamte die Frau von Oertzen wissen.
Womit es mit der Beherrschung der adeligen Dame vorbei war. Sie belegte den Beamten mit einem ganz unadeligen Schimpfwort und fauchte:
»Ich werde mich an das Verkehrsministerium wenden!!«
Nahm ihren Jüngling an der Hand und verließ, Türen schlagend, das Büro.
Kuszmierz hatte die ganze Zeit kein Wort gesagt, hatte nur den Jüngling eigentümlich angestarrt.
»Weißt du, wer das war?« sagte er jetzt zu Tante Lina.
»Ja. Die Baronin von Oertzen!«

»Nein, ich meine den Mann. Der war bei der SS in Essen und hat soundso viele Genossen gefoltert und totgeschlagen. Eine üble Kreatur.«
»Dann ist mir alles klar.«
Mit wehenden Röcken und Kuszmierz im Kielwasser eilte Tante Lina schnurstracks zur Polizei. Zu Rose führte sie ihr Weg, einem unscheinbaren Herrn von der Kripo, der sich als graue Maus aus Nazitagen herübergerettet hatte. Von dem Tante Lina wußte, daß er wußte, daß Tante Lina um seine unrühmliche Vergangenheit wußte.
Ihm erzählte sie mit Ergänzungen von Kuszmierz, was sie erlebt hatte. Und dieser Mann, von preußischer Dienstauffassung und voller Angst, handelte. Aber da Tante Lina zeitlebens von einem tiefen Mißtrauen gegen die deutsche Beamtenseele erfüllt war und wußte: auch Beamte hungerten, litten unter der Not und waren in ihrem Handeln nur allzu leicht von falschen Adelstiteln und echten Speckseiten zu beeinflussen, machte sie einen zweiten Besuch bei einem der Herren vom Verkehrsausschuß, der dorthin als Vertreter einer fortschrittlichen Partei entsandt war. Und auch der versprach zu handeln.
Was sich zwar für Buer als zu spät, für das Hauptverkehrsamt in Recklinghausen aber — dort forderte die Baronin ihr Glück erneut heraus — als gerade noch rechtzeitig erweisen sollte.
Zwar versuchte sie auch dort noch einmal, die sie vernehmenden Beamten zu täuschen. Gab an, eine geborene Komteß von Kollenberg zu sein. Ihre Heimatstadt sei Wien. Aber einer der Kriminalbeamten kannte Wien und fragte sie nach Gebäuden, nach Plätzen in der Stadt.
Und als die Baronin nun auswich, sagte, sie wäre nur in der Nachbarschaft Wiens beheimatet, verlor ihr junger Begleiter — wohl in der nicht unrichtigen Erkenntnis, daß ihr Spiel aus sei — die Kontrolle. Vorbei war es mit dem vornehmen Ton, der zwischen den beiden geherrscht hatte: Frau Baronin hin und Frau Baronin her. Verdrossen soll der Jüngling zu ihr gesagt haben:
»Das hast du wieder einmal verkorkst!«
Darauf die Baronin wutschnaubend: »Halt gefälligst deine Schnauze!«
Nachforschungen ergaben, die angebliche Baronin hörte nicht auf den klangvollen Namen Maria Gudrun von Oertzen, war auch keine geborene Komteß von Kollenberg, sondern hieß Maier-Schlick und war in braunen Tagen eine hohe Funktionärin bei der NS-Schwesternschaft (dem braunen »Pendant« zum Deutschen Roten Kreuz) gewesen.

Zu berichten bleibt noch von einem unglücklichen Happy-End der am Anfang erzählten Begebenheit (und das ist hier kein Widerspruch in sich, keine contradictio in se).
In den ersten Junitagen 1948 kam auf Tante Linas Haus ein graugesichtiger Mann zu mit kurzgeschorenen Haaren. Es war Varenholt, der als gefallen Gemeldete.
An dem Klingelbrett neben Tante Linas Haustür suchte er vergeblich nach seinem Namen, bis ihm wieder einfiel, was man ihm schon unterwegs erzählt hatte.
Aber dann stand die Martha Varenholt, die jetzt Kabitz hieß, plötzlich vor ihm. Starr, mit aufgerissenen Augen, die Hand aufs Herz gepreßt, stand sie ihrem Mann gegenüber. Und sie war nicht fähig, einen einzigen klaren Gedanken zu fassen.
»Ich hab' schon gehört...«, sagte der Varenholt schließlich, und: »Ist es so schwer, mich wieder hier zu wissen? Wäre es besser gewesen, wenn ich nicht mehr zurückgekehrt wäre...?«
Martha sah ihn mit verstörtem Blick an, sagte dann aber mit völlig klarer Stimme: »Ich hatte dich lieb, weißt du. In all den Jahren. Und ich habe immer auf dich gewartet. Aber als dann die Todesnachricht kam, offiziell, ein vorgedrucktes Formblatt, die Nachricht, du seist gefallen, nicht vermißt oder gefangengenommen, als sie mir deine Sachen schickten, da...
Und jetzt... Es sind Jahre vergangen... Ich liebe den Kabitz, verstehst du?«
»War denn alles Wahnsinn, was mich die ganzen Jahre am Leben, was mich aufrecht gehalten hat...? Die Erinnerung an dich, an die Kinder?«
Da sah ihn Martha mit Tränen in den Augen an: »Warum quälst du mich? Es gibt keinen anderen Weg.«
Acht Tage blieb Varenholt bei Martha, bei den Kindern. Erzählte, wie er desertiert war, wie er einem toten Kameraden, den man nicht mehr identifizieren konnte, seine Habseligkeiten untergeschoben hatte. Wie er sich wochenlang in der Wildnis vor deutschen und sowjetischen Truppen versteckt hatte. Wie er schließlich doch in Gefangenschaft geraten war. Mit dem Kabitz soll er sich gut verstanden haben. Das sagen alle, die die beiden erlebt haben. Und sie sollen ein langes Gespräch »unter Männern« geführt haben eines Nachts.

Und dann ging der Varenholt wieder, wie er gekommen war. Nur stumm geworden. Später, viel, viel später, waren dann Briefe gekommen, nie an Martha, immer an die Kinder, Briefe aus Australien. Was hat dieser verbrecherische Krieg mit den Menschen gemacht? »Der Krieg ist eine Sauerei.« Sagte Prévert. »Quelle connerie la guerre.«

Und am Sonntagabend ...

Man bereitet aus ½ l würziger Brühe und 1 gehäuften Eßlöffel voll mit etwas kaltem Wasser glatt gerührtem Mehl eine dicke Soße, die man erkalten läßt. Nach Vermögen mischt man sie mit etwas durch ein Sieb gestrichenem Quark oder mit gehackten grünen Kräutern oder mit etwas schaumig gerührter Butter und verteilt sie auf halbierte, leicht gesalzene Tomaten.

Gebackene Schnitten

Brotschnitten werden mit etwas Brühe oder Tomatensaft befeuchtet. Durchgedrückte gekochte Kartoffeln bindet man mit etwas Soße oder Suppe und fügt viel gehackte Kräuter oder etwas gehackte Wurst bei. Man bestreicht die Schnitten damit, bestreut mit Hefeflocken und überbäckt im Ofen.

Schalkartoffeln mit Blutwurstsoße

Aus geröstetem Mehl und gut gewürzter Brühe kocht man einen halben Liter Soße, gibt 2—3 geriebene Äpfel und 125 g gehackte Blutwurst hinein und läßt nochmals kurz durchkochen. Man kann auch noch einige Hefeflocken in die Soße geben. Oder man schält die Kartoffeln, schwenkt sie mit Hefeflocken durch und reicht die Soße dazu.

Quarktrüffeln

250 g recht trockenen Quark streicht man durch ein Sieb und bindet ihn mit 1 Eßlöffel dicker weißer Soße. Dann würzt man pikant mit Paprika oder anderem Gewürz. Pumpernickel oder sehr schwarzes Brot reibt man oder wiegt es fein. Man formt von der Masse kleine Kugeln, die man in den Brotkrümeln wälzt und auf Salatblättern oder mit Radieschen anrichtet.

Gefüllte Tomaten

Man bereitet den Quark wie im vorstehenden Rezept angegeben zu, mischt ihn jedoch mit dem gehackten Pumpernickel und füllt in kleine ausgehöhlte und leicht gesalzene Tomaten. Man kann den Quark statt mit Paprika auch mit reichlich frischen gehackten Kräutern würzen.

Brotschnitten werden mit Fülle belegt

Blutwurstsoße schmeckt vorzüglich zu Kartoffeln

Quark wird zu Trüffeln verarbeitet

aus: »Beyers Haushaltsblättern«

ERSATZREZEPTE

Im Jahre 1948 erschien in der »Westfälischen Rundschau« kurz vor Ostern ein Gedicht mit dem Titel »Das pulverisierte Jahrhundert«:

»Unser Jahrhundert macht sich enorm:
Alles serviert es in Pulverform,
Pulver zum Leben und Pulver zum Sterben,
Pulver gegen zu rasches Verderben,
Pulver für Ernten und Pulver zum Düngen,
Pulver für Damen zum Wiederverjüngen,
Pulver zum Kaffee- und Suppeversüßen,
Pulver in Dosen bei nassen Füßen...
Pulverkartoffeln und Pulverspinat,
Pulver zum Würzen für Kohl und Salat,
Pulver aus Milch und Pulver aus Ei.
(Immer noch besser als Pulver und Blei!)
Doch der alles verpulvernde Magen,
der läßt bescheiden und höflich fragen:
Wann gibt es wieder zur Osterfeier
endlich mal richtige Ostereier?«

Worüber sich der Dichter »G. K.« hier lustig macht, war ein Phänomen, eine Erscheinung der Kriegs- und der Nachkriegsjahre. Eine Erscheinung, die in allen Lebensbereichen beobachtet werden konnte. Wo Mangel herrschte, wo dieser Mangel nicht beseitigt werden konnte, mußte Phantasie, mußte Einfallsreichtum helfen, diesen Mangel erträglich zu machen. 1948 erreichten Phantasie und Einfallsreichtum der Menschen (oder soll ich sagen: ihre Lust an Perversion?) im zerstörten Deutschland einen Höhepunkt. Ersatzlösungen mußten gefunden werden und wurden gefunden.

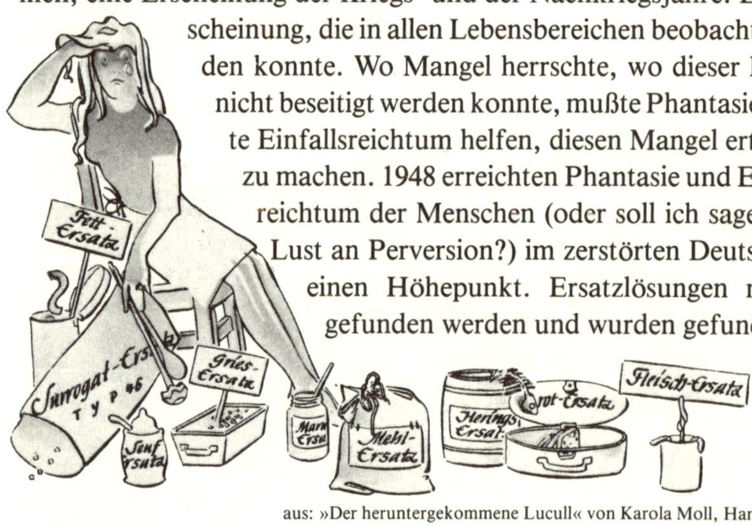

aus: »Der heruntergekommene Lucull« von Karola Moll, Hamburg 1947

Ersetzt werden mußte das nicht Vorhandene oder das nicht ausreichend zur Verfügung Stehende.
Es war die große Zeit der Ersatzmittel und Falsifikate. Und die Leute übertrafen sich gegenseitig im Ersinnen, im Erfinden immer neuer Ersatzmöglichkeiten. Es gab nichts, was sich nicht ersetzen ließe, es gab kaum etwas, das sich nicht den Bedürfnissen der Zeit gemäß einer neuen Bestimmung zuführen ließe.
Aus den SA-Mützen, die im Ruhrgebiet »Aalscheppen« genannt wurden, fertigte man Pantoffeln, aus Gasmaskenbüchsen wurden Gießkannen, aus Tellerminen Bratpfannen.
Besonders eindrucksvoll war der Ideenreichtum dort, wo der Mangel am größten war, auf dem Ernährungssektor.
Einiges davon war schon aus der Kriegszeit bekannt und geläufig. Das Milei-Pulver etwa. Nährstoff- oder Nährkrafttabletten. Wo Bohnenkaffee fehlte, wurde Kaffee-Ersatz aufgebrüht aus Korn oder Eicheln. Wenn Tee nicht importiert werden konnte, wurde »deutscher Tee« getrunken, Mischungen aus Ebereschen-, Linden- und Brombeerblättern zum Beispiel. Es gab Trockenfleisch, Trockengemüse, Trockenfisch, Trockenkartoffeln. Und die Nachkriegszeit setzte die »Erfindungen« neuer Lebensmittel fort.
Im November 1945 erhielten Kinder von drei bis sechs Jahren in Gelsenkirchen Nährstangen als Sonderzuteilung.
In der sowjetisch besetzten Zone gab es »Manoa« oder »Manoa-Bratling«, ein eiweißhaltiges Nährmehl, das aus Hefe, Sojamehl, Rapsschrot, Milei und anderen Zutaten bestand.
Für 25 g Fettmarken wurde 100 g Fettstreckpaste ausgegeben. Als Brotaufstrich wurde Eiweißpaste angeboten. Statt Marmelade wurde im September 1946 Ersatzmarmelade verteilt, sogenannte »Karamelade«.
Und natürlich fanden sich in den Kochbüchern der Zeit allerlei »Ersatz-Rezepte«. Einige davon haben wir hier zusammengetragen, aus Kochbüchern, aus Zeitungen, Zeitschriften. Der größte Teil allerdings sind Rezepte von Leuten, die wir befragt haben, kleine persönliche Geheimnisse. Und das macht es wohl auch, daß sich im folgenden vieles sehr exotisch anhören mag.

Deutscher Kakao

Rote Bete schälen, grob reiben, in ein Tuch füllen und fest auspressen.

Die Raspeln werden auf ein Backblech gestreut. Bei starker Hitze im Ofen solange braun rösten, bis sie vollkommen trocken sind. In einer Kaffeemühle zu Mehl mahlen.
Wie Kakao-Pulver verwenden.
Man kann statt des Rote-Bete-Pulvers auch Rübenkraut (Zuckerrüben-Sirup) nehmen. Das läßt man in einem Tiegel karamelisieren und setzt es dann gekochter Milch zu.

Ersatz für Kapern

Zutaten: eine Tasse grüne Holunderbeeren, ½ Tasse Wasser, ein Eßlöffel Salz, ein Eßlöffel Essig.

Holunderbeeren waschen. Das Wasser mit Salz und Essig zum Kochen bringen. Die Beeren darin etwa 10 Minuten lang leicht kochen lassen. Noch heiß mit etwas Flüssigkeit in Gläser füllen und diese fest verschließen.
Eine weitere Möglichkeit ist, die noch festen Blütenknospen von Gänseblümchen, Kapuzinerkresse oder Sumpfdotterblumen zu nehmen. Diese werden »kalt« verarbeitet:
Gut waschen, einsalzen und einen Tag lang stehen lassen. Ohne die Salzlösung in kleine Gläser füllen und mit gekochtem, kaltem Essig übergießen.

Tomatenhonig

Zutaten: 500 g Tomaten (es können rote oder grüne sein), 500 g Kürbisfleisch ohne Kerne, ¼ l Wasser, 300 g Zucker, Schale einer ungespritzten Zitrone, ein Stück Ingwer.

Tomaten und Kürbisfleisch in Stücke schneiden. In Wasser mit Zitronenschale und Ingwer weich kochen.
Ein Tuch über einen Topf spannen. Den Kürbis-Tomaten-Brei darauf geben und den Saft ablaufen lassen.
Den Saft mit dem Zucker bis zur Geleeprobe einkochen lassen. Heiß in vorbereitete Gläser füllen. Sofort verschließen.
Wer den Eigengeschmack des »Honigs« (der wohl besser Gelee heißen müßte) mit anderen Geschmacksrichtungen überdecken möchte, hat dazu beim Kochen des Fruchtfleisches Gelegenheit.

So kocht man, um etwas »Lindenblütenhonig« zu erhalten, die von den Stielen gelösten Blüten der Sommer- oder Winterlinde mit.

Brotkrokant

Zutaten: Vier Eßlöffel Zucker, eine Tasse geriebenes, trockenes Schwarzbrot, ein Eßlöffel Haferflocken, evtl. etwas Fett zum Rösten.

In einer Pfanne den Zucker bräunen. Brotbrösel und Haferflocken zufügen. Alles gut mischen.

Auf ein mit kaltem Wasser abgespültem Holzbrett etwa einen Zentimeter hoch die Masse ausstreichen. Erkalten lassen. Dann in schmale Streifen schneiden.

Zum Überstreuen von Süßspeisen oder Torten muß der Krokant durch eine Mühle oder den Fleischwolf gedreht werden.

„Ich frage zum letztenmal: Wer von Euch hat sich erlaubt, das Eipulver zu legen??"

aus: »Westfalenpost« vom 2. April 1948

Falsche Schlagsahne I

Zutaten: 1/4 l Magermilch, zwei Eßlöffel Mehl oder Grieß, zwei Eßlöffel Zucker, ein Päckchen Vanillinzucker.

Milch aufkochen lassen. Mehl oder Grieß einrühren, kalt werden lassen.

Erst wenn die Milch eiskalt ist, Vanillezucker und Zucker zugeben und mit einem Schneebesen so lange schlagen, bis die Masse fest wird. Wer will, kann in der Milch die Schale einer ungespritzten Zitrone mitkochen.

Falsche Schlagsahne II

Zutaten: 1/8 l Magermilch, 1/8 l Wasser, eine große rohe Kartoffel, ein Eßlöffel Zucker.

In Magermilch und Wasser eine rohe Kartoffel einreiben und aufkochen lassen.

Nach dem Erkalten süßen und solange schlagen, bis die Masse sahneähnlich wird.

Falsche Schlagsahne III

Zutaten: 1/4 l Wasser, in dem man Bohnen gekocht hat, zwei Eßlöffel Mehl oder Grieß, zwei Eßlöffel Zucker.

Wenn man Bohnen kocht, schüttet man das Wasser nicht weg, sondern läßt es über Nacht stehen, damit es geliert.

Bohnenwasser zum Kochen bringen, Grieß einrühren und erneut erkalten lassen. Süßen und steif schlagen.

Von Wasser, in dem man schwarze Bohnen gekocht hat, bekommt man eine dunkle Schlagsahne, die man mit etwas Kaffee, in dem das Mehl glatt gerührt wurde, verfeinern kann.

Falsche Schlagsahne IV

Zutaten: 1/8 l Wein, 1/8 l Wasser, zwei Eßlöffel Grieß, ein Blatt weiße Gelatine, zwei Eßlöffel Staubzucker.

Wein und Wasser kocht man mit dem Grieß. Die Gelatine wird in heißem Wasser aufgelöst und dazugegeben. Erkalten lassen.

Zucker hinzufügen und in einem hohen Topf schaumig schlagen.

Falsche Windbeutel

Zutaten: Eine Tasse Mehl, 1/8 l Magermilch, ein Ei, eine Prise Salz, eine Messerspitze Backpulver, 1/2 l falsche Schlagsahne.

Milch mit einer Prise Salz zum Kochen bringen. Das mit Backpulver vermischte und gesiebte Mehl auf einmal hineingeben und verrühren.

Bei schwacher Hitze weiterrühren, bis sich der Teigkloß vom Boden löst.
Den Teig in eine Schüssel geben. Das Ei hineinrühren.
Auf ein gefettetes Backblech mit einem Löffel Teighäufchen von drei bis vier Zentimeter Durchmesser setzen und bei 200 Grad im vorgeheizten Ofen backen.
Man kann den Teig auch in kleine gefettete Auflaufförmchen geben.
Die noch warmen Windbeutel aufschneiden, einige Zeit abkühlen lassen und mit Hilfe eines Spritzbeutels mit falscher Schlagsahne füllen.

aus: »Schwäbische Illustrierte« Nr. 24/47

»Was wollen Sie haben? Zucker, Butter, Ananas, Rum, Nährmittel, Öl? Ist alles zu haben — als Aromastoff!«
Stand als Bildunterschrift unter diesem Foto.
Die Zeit der Ersatzstoffe war auch die große Stunde der Chemiker. Aromastoffe wurden hergestellt und in Massen verkauft. In kleinen verkorkten Gläschen, Phiolen oder Ampullen. Und es gab kaum ein Lebensmittel, dessen Geschmack sich nicht künstlich erzeugen ließ als »naturidentischer Aromastoff«.

Suchdienst

Oberstleutnant Carl Vorberg, geb. 5. Juli 1894 in Gelsenkirchen. Letzte Nachricht: In Obernkirchen bei Bückeburg am 3. 4. 45 in Begleitung eines Soldaten gesehen. Wer kann Auskunft geb. über seinen weiteren Verbleib? Frau Hilde Vorberg, Gelsenkirchen, Parkstraße16.

Wer kann Auskunft geben über meinen Sohn, **Uffz. Karl Borggrewe?** Geb. 8. 1. 21 zu Gelsenkirchen. FN. 34 250 B, vermißt seit 26. 11. 44 westl. Jülich. Wer hat ihn am 22. 11. mit einem Armdurchschuß z. HVP. Wanadorf gebracht? Nachr. erb. an Wilhelm Borggrewe, Gelsenkirchen, Schwäbische Straße 13, fr. Schulstr., Nähe Schalker Markt.

Wo wohnt Frau Sonnenberg mit ihren 2 Kindern „aus d. Rheinland", deren Mann bei der schweren motorisierten Artillerie war und die Feldpost-Nr. 25 968 C trug? Ist Ihr Mann zu Hause, Frau Sonnenberg? Bitte teilen Sie Ihre Adresse mit an Anton Hörmann, Hohenwart 52, Kreis Schrobenhausen, Oberbayern.

Otto Witt aus Westfalen, ehem. Arb. Soldat, im Febr. 45 **im Reservelazarett V in Dresden-A.,** wer kann seine oder seiner Angehörigen Anschrift angeben? Nachr. erbittet geg. Unkostenerstattung Osk. Hubert, (21b) Schwelm Westf., Kirchstr. 8 II.

Arzt Herbert Freienstein, letzte Nachricht vom 25. 1. 45, Alarm-Batl. Küchler, bei Weißenhöhe östl. Schneidemühl. Nachr. erb. Architekt Freienstein, Warnemünde (Ostsee), Parkstraße 30.

Achtung! FN. 14 065 D. Wessen Angehöriger gehörte bis Aug. 1943 obiger FN an od. wer kennt **Ob.-Gefr. Friedrich Hörchner?** Geb. 10. 3. 1910 zu Remscheid. Seit 18. Aug. 43 verm. im Mius in Rußl. Nachricht erb. Frau Erna Hörchner, Burgsteinfurt, Am Kurgarten 1.

Wer kann Auskunft geben über meine drei Söhne: 1. **Obergefr. Heinrich Brinkmöller,** Feldp.-Nr. 37 588 C, zuletzt Mittelabschnitt Rußland, letzte Post 20. 6. 44. 2. **Josef Brinkmöller,** Feldp.-Nr. 0 0931, zuletzt Rumänien od. Mittelabschnitt, letzte Post Aug. 44. 3. **Obergefr. Bernh. Brinkmöller,** Feldp.-Nr. 43 332 D, zuletzt Ostpreußen, letzte Post 15. 1. 45? Nachr. erb. an Josefa Przybyl, Buer-Hassel, Howeg 31.

Wer kann mir Nachricht geben über meinen Kameraden **Willi Kersting?** Geb. 1923 od. 24. wohnhaft in Gelsenkirchen. War zul. mit mir Anf. 1944 in Carcasonne (Frankr.) bei Blieg. Reg. 71, wäre um jede Nachr. s. dankb. Kam. Heinr. Traud, Herbstein Oberhessen. Nachr. b. richt. an Frau Änne Müller, Gelsenk., Blumendelle 15, bei Traud.

Fp.-Nr. 02 370 **Erich Wedel,** verm. im Raume Riga. Wer kann Ausk. geben? H. Wedel, Gelsenkirchen,

Von den Erfahrungen, die in jenen Jahren gemacht wurden, zehrt noch heute eine ganze Industrie. Einige der Betriebe, die solche Ersatzstoffe herstellten, hat der Lebensmittelmangel in der Kriegs- und Nachkriegszeit auch reich gemacht, wenn man an die Firma Oetker in Bielefeld zum Beispiel denkt.
Die Chemiker dachten natürlich nicht nur darüber nach, wie man alle Geschmacksstoffe synthetisch herstellen könnte. Sie wollten mit ihren Ideen auch dort helfen, wo der Mangel am größten und die »Volksgesundheit« bedroht war.
Es wurden Verfahren entwickelt, wie man aus Holz Zucker gewinnen könnte. Auch Eiweiß und Butter konnte man synthetisch gewinnen. Das bräunlich-flockige Eiweiß erinnerte im Geschmack und Geruch, darf man Zeitungsmeldungen glauben, an Kräuterkäse.
Professor von Drigalsky von der Medizinabteilung des großhessischen Innenministeriums bezeichnete die Herstellung künstlichen Eiweißes als »die letzte Möglichkeit, um die sich rapide ausweitende Tuberkulose wirksam zu bekämpfen«.
In einem Fettsäurewerk in Witten hätte man 7200 Tonnen Speisefett synthetisch herstellen können, man hätte dort künstliche Butter, künstliche Seife produzieren können.
Hätte. Zunächst stand das Werk auf der Demontageliste. Das war 1946. 1947, als das sogenannte Produktionspermit (also die Betriebserlaubnis) erteilt worden war, wurde über Kosten diskutiert.
Der Herstellungspreis für ein Pfund Kunstbutter wurde mit drei Mark veranschlagt, »während der Preis einer gleichen Menge öliger Fette aus Ölfrüchten, die in großen Mengen in den Hafenplätzen Afrikas lagern und dem Verderben ausgesetzt sein sollen, mit Einschluß der Transportkosten nur 20 Pfennig zu stehen käme«. So die Landesregierung.
Die Befürworter der synthetischen Fettherstellung machten die Gegenrechnung auf: Für die Erzeugung einer Tonne synthetischen Speisefetts seien sieben Tonnen Kohle erforderlich. Für die Einfuhr einer Tonne Naturfett sei die Ausfuhr von siebzig Tonnen Kohle nötig, um die Devisen für die Bezahlung zu erhalten.
Die Menschen im Ruhrgebiet litten weiter an Fettmangel.
Als dann endlich doch produziert werden sollte, fehlten die zur künstlichen Speisefett-Herstellung nötigen Basisstoffe Glyzerin und Paraffin-Gatsch (ein Nebenprodukt der Kohlehydrierung). Viele der Werke, die

aus Kohle Benzin gewinnen konnten, hatten noch keine Produktionsgenehmigung wieder erhalten.
Nach diesem langen Hin und Her begann die Fettsäureproduktion dann endlich Ende August 1947.
Das Paraffin-Gatsch lieferten Krupp-Benzin und die Zeche Viktoria, allerdings nur 300 Tonnen monatlich, das Wittener Werk konnte die doppelte Menge verarbeiten.
Hergestellt wurde zunächst vor allem Seife, um einem dringlichen Mangel, der auch schon gesundheitliche Folgen gehabt hatte, damit abhelfen zu können.
Bleibt noch von dem schier unglaublich anmutenden Verfahren zu berichten, aus Holz Leberwurst herzustellen. Diese Höchstleistung deutscher Nahrungsmittelforschung gelang in dem »Zellstoffwerk Wildhausen«, in einem kleinen, scheinbar unbedeutenden Ort im Sauerland gelegen. In diesem Werk wurde, der Name sagt es schon, Zellstoff hergestellt. Aus Holz. Bei diesem Verfahren entstehen Ablaugen. Diese Ablaugen dienten, mit Gelatine verdickt und mit Pilzbrut geimpft, einem Fadenpilz als Nährlösung. Die Pilze, die nun auf der Nährlösung wuchsen, enthielten Eiweiß.
Eiweiß und Nährlösung wurden getrennt. Das Eiweiß wurde in Kübeln nach Gütersloh transportiert, dort in einer Lebensmittelfabrik gefärbt, mit Gewürzen und Aromastoffen (siehe oben) versehen und in Dosen eingelötet.
Als »Protosan«, »Eiweißnahrung nach Art der Leberwurst«, kam es auf den Markt. Es war, Sie ahnen es schon, die sogenannte »Eiweißpaste«. Erwähnt werden sollte vielleicht noch, daß die Leuna-Werke in der sowjetisch besetzten Zone, bereits Jahre zuvor ein Verfahren entwickelt hatten zur Herstellung künstlicher Leberwurst. Was in Wildhausen bestritten wurde.
Wie dem auch sei, mit solchen Rezepturen können wir Ihnen natürlich nicht kommen. Sie müssen sich zur Herstellung von Leberwurstersatz »normaler« Zutaten bedienen.

Falsche Leberwurst

Zutaten: Zwei Zwiebeln, ein Eßlöffel Öl, 100 g Hefe, ein Eßlöffel Grieß, ein Eßlöffel Semmelbrösel, Salz, ein Teelöffel gehacktes Majoran, 1/4 l Brühe.

Die kleingehackten Zwiebeln mit der Hefe unter ständigem Rühren hellbraun rösten. Brühe zugeben. Grieß und Semmelbrösel einrühren. Würzen. Alles zu einem streichfähigen Brei kochen.
Abkühlen lassen.
Den Brei in ein feuchtes Leinentuch geben und länglich wie eine Wurst formen. Kalt stellen.

Falsche Mettwurst

Zutaten: Eine Tasse Graupen oder Gerstengrütze, drei Tassen Brühe, eine Zwiebel, eine Tasse roh geriebener Sellerie, Salz, Pfeffer, ein Eßlöffel Tomatenmark, ein Eßlöffel Fett oder Öl.

Zwiebel klein schneiden und in heißem Fett etwas anrösten. Mit Brühe ablöschen.
Graupen oder Gerstengrütze dazugeben. Salzen. So lange kochen, bis alles fast weich ist.
Roh geriebenen Sellerie, Pfeffer und Tomatenmark einrühren. Nochmals aufkochen lassen.
In eine kalt ausgespülte Form füllen und darin kalt werden lassen. Statt Graupen oder Gerstengrütze kann man auch einfach Getreidekörner verwenden.
Diese werden mit Sellerie und Salz gekocht. Man läßt sie lange genug ausquellen und dreht sie halb erkaltet durch den Fleischwolf. Dann die anderen Zutaten dazugeben und verfahren wie oben.

Panhas-Ersatz

Zutaten: 350 g Gerstenschrot, 1½ l Gemüsebrühe, ein Lorbeerblatt, zwei Zwiebeln, Salz, reichlich Majoran und Thymian, Pfeffer, Fett zum Backen.

Brühe mit Salz, Lorbeerblatt, gewürfelten Zwiebeln und kleingehackten Kräutern etwa 10 Minuten lang kochen lassen.
Gerstenschrot einrühren. Nochmals etwa 30 Minuten lang kochen lassen. Zwischendurch immer wieder umrühren. Der Brei muß sehr fest werden. Ansonsten sollte man noch eine Kartoffel hineinreiben. Mit Pfeffer abschmecken. Das Lorbeerblatt entfernen.
In eine kalt ausgespülte Kastenform geben. Kalt werden lassen. Dann

wird der Panhas in Scheiben geschnitten und in einer Pfanne von beiden Seiten in etwas Fett braun gebraten.

Falsche Grützwurst

Zutaten: Eine Zwiebel, 20 g Fett, ½ l Gemüsebrühe, eine Tasse Gerstengrütze, eine gekochte Kartoffel, Salz, ein Teelöffel Majoran.

Zwiebelwürfelchen in Fett anbraten. Brühe zugießen. Majoran, Salz und Grütze einrühren. Kochen lassen, bis die Grütze weich ist.
Die gekochte Kartoffel zerdrücken und in die Grützmasse einrühren. Noch mal abschmecken.
In ein mit kaltem Wasser ausgespültes Gefäß geben. Kalt werden lassen. Dann stürzen und in Scheiben schneiden.

Bitte 1 Pfund Holzwurst

Von Krahenpoot

Als wir in der Schule in der Naturkunde-Stunde die Holzkäfer durchnahmen, sagte unser Naturkundelehrer: „Wenn die Menschen so weit sind wie die Holzkäfer und können Holz verdauen, dann hat alle Menschennot ein Ende."

Dieser Naturkundelehrer kannte sich in der Naturkunde ausgezeichnet aus. Die Holzwurst ist nun da. Die Deutschen haben sie natürlich erfunden in ihren Leunawerken, und wo sonst Giftgase gekocht wurden, dampfen die Holzwürste mit Leberwurstgeschmack in der chemischen Retorte des Holzmetzgers.

Unser Naturkundelehrer war trotzdem ein blutiger Anfänger-Optimist. Er kannte nicht die besondere Naturkunde des Menschen. Es wird vermutlich erst dann anders, wenn jeder seine eigene Säge hat und geht an seinen eigenen Leber- oder Blutwurstbaum und sägt sich sein eigenes Trumm Wurst zum Frühstück.

Die Leunawerke liegen im anderen Deutschland und die Holzwurst kommt selbst auf Karten nicht in unsere Zone. Um wieviel besser haben da die Holzböcke ihre Darmfrage geregelt. Sie essen das Zeug einfach zweimal, haben doppelt was davon und auf die Zuständigkeit blasen sie sich was in ihrem Loch, in dem sie alle gemeinsam fressen.

aus: »Westdeutsches Volksecho« vom 11. Juni 1946

Holz war nicht der einzige Grundstoff, aus dem Wurst gemacht werden konnte. »Um die Fleischversorgung in der britischen Zone sicher zu stellen«, wurde 1947 den Würsten Walfischmehl zugesetzt.
Mit dem Mangel leben.
Aus 20 Pfund Kirschkernen konnte man bis zu 2 Liter Speiseöl gewinnen, das eine Haltbarkeit von einem halben Jahr besaß.
Und die Bremer Firma »Kaffee Hag« meldete 1947 stolz die Herstellung von »Soja-Nährkost«: von Soja-Brotaufstrich, Soja-Grieß und »Soja-Tosties« als Fleischersatz.
Bleiben wir noch ein wenig bei dem Jahr 1947.

Filet Stroganow nach Art des Jahres 1947

Zutaten: Zwei Tassen roh geriebene Kartoffeln, eine Tasse roh geriebene Möhren, ein Ei (oder ein Eßlöffel Trockenei), 20 g Hefe, eine Messerspitze Nelkenpulver, Salz, zwei Eßlöffel Haferflocken, Fett.
Soße:
Ein Eßlöffel Mehl, ½ l Gemüsebrühe, Salz, Pfeffer, ein Teelöffel Essig, eine kleingehackte Zwiebel, ein Teelöffel Senf, eine kleingeschnittene Essiggurke, 10 g Fett.

Kartoffeln, Möhren, Ei, Hefe, Nelkenpulver, Haferflocken miteinander zu einem Teig vermengen. Salzen. Etwa 20 Minuten stehen lassen.
Eine Pfanne mit etwas Fett heiß werden lassen und aus der Masse zwei dünne Pfannkuchen backen. Kalt werden lassen. In kleine Streifen schneiden.
Für die Soße das Mehl in einer heißen Pfanne ohne Fett anbräunen. Die Zwiebelwürfelchen dazugeben. Mit Brühe ablöschen. Nacheinander Gewürze und Gurkenwürfel zusetzen und alles gut sämig kochen. Zum Schluß das Fett hinzufügen. Jetzt die »Stroganow«-Streifen in die Soße geben und etwa 20 Minuten darin ziehen lassen.
Servieren im Reisrand oder als Beilage zu Nudeln oder Salzkartoffeln.

Falscher Gänsebraten

Zutaten: Drei Scheiben Rouladenfleisch, zwei große Zwiebeln, ein großer Apfel, Pfeffer, Salz, ein Teelöffel Thymian, ein Teelöffel Senf, eine Tasse Brühe.

Die Fleischscheiben (für dieses Rezept wurde oft auch Pferdefleisch

verwendet) nebeneinanderlegen und mit einem Baumwollfaden zusammennähen, so daß es ein Ganzes gibt. Ein paar grobe Stiche genügen. Das Fleisch mit Senf bestreichen. Salzen und pfeffern.
Die ganzen geschälten Zwiebeln und den geschälten Apfel (sie sollten etwa gleich groß sein) auf die Fleischscheiben legen, Thymian darüber streuen und wie eine Roulade zusammenwickeln. Mit dem Baumwollfaden zubinden.
In einer Kasserolle in die vorgeheizte Bratröhre schieben. Etwa 50 Minuten schön braun braten lassen, dabei ab und zu mit Brühe übergießen.

Falsche Königsberger Klopse

Zutaten: Eine Tasse Grieß, eine Tasse Haferflocken, ein Eßlöffel Semmelbrösel, ein Ei (ein Eßlöffel Trockenei), 20 g Hefe, Salz, ein Eßlöffel Öl, eine kleingehackte Zwiebel, ein Teelöffel Majoran, ein Eßlöffel kleingehackte Petersilie, ein Teelöffel Kartoffelmehl, eine Tasse Wasser.

Grieß und Haferflocken mit einer Tasse Wasser verrühren und quellen lassen.
Ei (oder Trockenei) und Hefe mit zwei Eßlöffeln Wasser anrühren. Salz und Öl zugeben.
Diese Mischung und den Grieß-Haferflockenbrei verrühren. Gehackte Zwiebel, Majoran und Petersilie zugeben. Alles gut mischen. Der Teig muß fest sein.
Einen halben Liter leicht gesalzenes Wasser zum Kochen bringen. Aus dem Teig kleine Klößchen formen, die in Semmelbröseln gewendet und in das kochende Wasser gegeben werden.
Von der Kochstelle nehmen und etwa 20 Minuten ziehen lassen.
Die Kochbrühe mit angerührtem Kartoffelmehl binden.

Falsche Fleischlaibchen

Zutaten: Vier große gekochte Kartoffeln, vier Eßlöffel Haferflocken, eine gehackte Zwiebel, ein Eßlöffel gehackte Petersilie, Salz, Fett zum Backen.

Die gepellten Kartoffeln reiben, mit den übrigen Zutaten vermischen und kleine Laibchen formen. Diese auf beiden Seiten in etwas Fett braun backen.

Deutsches Beefsteak 1946

Zutaten: 250 g Haferflocken, eine Tasse Wasser, eine Zwiebel, ein Eßlöffel Schnittlauch, Pfeffer, Salz, ein Eßlöffel Semmelbrösel, ein Ei oder Eiaustauschmittel (wenn vorhanden, jedoch nicht unbedingt erforderlich), etwas Fett zum Backen.

Die Haferflocken mit heißem Wasser verrühren. Mit der kleingehackten Zwiebel, dem kleingeschnittenen Schnittlauch und evtl. einem Ei vermischen. Würzen.

Flache Klopse formen. In Semmelbröseln wenden. Auf beiden Seiten in wenig heißem Fett braten.

Falscher Kaviar

Zutaten: Ein Salzhering mit Rogen, ein Eßlöffel Grieß, eine Tasse gekochter Kaffee, eine Zwiebel, ein Teelöffel Essig, ein Teelöffel Senf.

Grieß in dem Kaffee zu Brei kochen. Kalt stellen. Den Hering wässern, von der Haut befreien und entgräten. Auch vom gewässerten Rogen die Haut entfernen.

Salzhering und Zwiebel durch den Fleischwolf drehen. Die Paste mit Senf, Essig und dem Kaffee-Grießbrei gut mischen. Zum Schluß den Rogen dazugeben.

Falsche Bratheringe

Zutaten: Je fünf große rohe und fünf gekochte Kartoffeln, zwei Eßlöffel Mehl, ein Eßlöffel Paniermehl, eine Tasse Essig, eine Tasse Wasser, Salz, eine Zwiebel, ein Lorbeerblatt, ein Teelöffel Gewürzkörner (Senfkörner, Pfefferkörner, Wacholderbeeren), Fett zum Braten.

Rohe Kartoffeln schälen und reiben. Wie auch die einen Tag vorher gekochten Kartoffeln. Mit Salz und etwas Mehl zu einem Teig verkneten. Daraus »Heringe« formen. Mit Paniermehl bestreuen und in heißem Fett von beiden Seiten braun braten.

Wasser und Essig mit Gewürzkörnern, Zwiebelringen und Lorbeerblatt kurz aufkochen lassen. In eine flache Form füllen. Salzen.

In diese Marinade werden die noch heißen Bratlinge eingelegt. Mindestens einen Tag darin ziehen lassen. Vorsichtig herausnehmen.

Falscher Reisauflauf

Zutaten: 250 g Erbsen, zwei Eßlöffel Marmelade (am besten nimmt man eine »grüne« Marmelade, also von Stachelbeeren oder grünen Tomaten), ½ l Wasser, ½ Päckchen Puddingpulver, ein Teelöffel Kartoffelmehl, etwas Fett.

Erbsen in Wasser weich kochen und durch ein Sieb passieren. Marmelade und Puddingpulver mit dem Wasser verrühren. Zu dem Erbsbrei geben. Ebenso das mit wenig Wasser angerührte Kartoffelmehl. Gut durchrühren und ein wenig stehen lassen.
Eine Auflaufform leicht einfetten. Mit dem Brei füllen und im Ofen 20 Minuten überbacken lassen.

Ersatz muß geschaffen werden für alles nicht Vorhandene. Nicht nur auf dem Ernährungssektor.
Kriegsprodukte wurden friedlichen Zwecken zugeführt, davon war schon die Rede. Aus Stahlhelmen wurden Kochtöpfe, Bombenkörper wurden zu Koch- und Heizöfen umgebaut, aus einem Gasmaskenfilter wird ein Sockel für ein kleines Kinderkarussell. Die Firma Küppersbusch in Gelsenkirchen, einst auch an der Kriegswaffenproduktion beteiligt, baut aus Hohlkörpern für Seeminen Viehfutternäpfe für die Bauern. Man muß sich nur zu helfen wissen. Die Wochenschau meldete stolz: »Die Waffenschmieden der Welt produzieren nicht mehr das, was die Menschheit fürchtet, sondern das, was sie braucht!«
Bereits 1946 nahm eine Berliner Strumpffabrik die Fertigung von hauchdünnen Strümpfen auf, die aus Lumpen hergestellt wurden. Materialschwierigkeiten gibt es nicht, da der Verkauf nur gegen Abgabe von einem Kilogramm Lumpen erfolgt.
Da es kein Leder gibt, werden Schuhe aus Aluminium oder aus Igelit, einem neuartigen Kunststoff, hergestellt.
Eine etwas makabre Attitüde bekam der Mangel im Beerdigungswesen. Da Holz als Rohstoff exportiert wird, also zu schade ist, in der Erde zu vermodern, werden Särge als Klappsärge mehrfach verwendet oder werden aus Beton hergestellt.
Die Gegenstände auf der folgenden Seite haben wir im Rüsselsheimer Museum gefunden: Haushaltsgegenstände, die es nicht zu kaufen gab, wurden selbst gefertigt aus Büchsen und Dosen der CARE-Pakete. Die Schuhe haben eine Holzsohle, die mit einem Korkmuster bemalt ist.

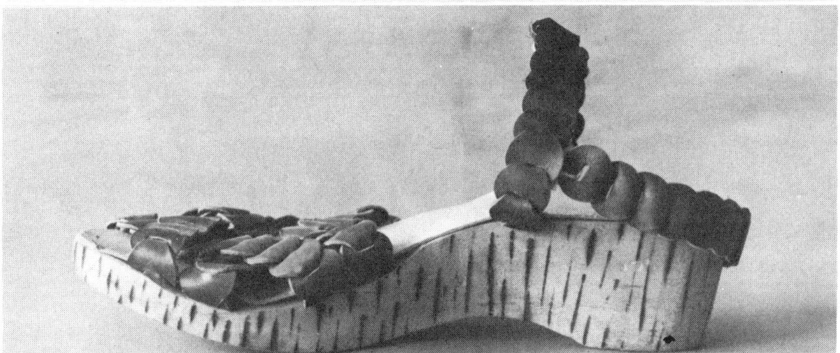

Am 20. Juni kam dann die Währungsreform. An diesem Sonntag erhält jeder deutsche Bürger der Westzonen 40 Deutsche Mark — so heißt die neue Währung — im Umtausch gegen die gleiche Menge Reichsmark, später noch einmal 20 DM. Fast jeder Bürger bekommt das neue Geld. Denn diese Kopfbeträge werden an den Stellen ausgezahlt, die auch die Lebensmittelkarten ausgeben, unter denselben Voraussetzungen wie diese. Wer also keine Arbeit hat, keinen Anspruch auf Lebensmittelmarken, bekommt auch kein Geld.
Das neue Geld ist in den USA gedruckt worden, 915 Tonnen Banknoten, wird unter scharfer Bewachung nach Frankfurt transportiert und von dort weiterverteilt. 10 Milliarden DM werden in Umlauf gesetzt, dazu kommen noch einmal etwa 3 Milliarden DM Buchgeld.
Das neue Geld soll nicht nur die Reichsmark ersetzen, die als Zahlungsmittel nur noch in seltenen Fällen akzeptiert wurde. Es soll auch die unterschiedlichen Währungen ablösen, die mittlerweile in Umlauf waren, das »Alliierten-Geld«, das die alliierten Truppen bereits 1945 bei ihrem

Einmarsch zur Verteilung gebracht hatten, und das Notgeld, ein Gutschein-Geld, das einige Städte gedruckt hatten, um die leeren Kassen ihrer Kommunen zu füllen.

Die vielen Ersatzwährungen wie Gutscheine, die Kaufleute statt fehlenden (weil gehorteten) Kleingeldes selbst gemalt hatten, Zigaretten, Tauschscheine, Punkteschecks und ähnliches sollen vom Markt verschwinden.

Angebot und Nachfrage sollen danach wieder den Preis für Waren und Leistungen bestimmen, eine Spaltung des Marktes wie zuvor in »offizielle« und Schwarzmarktpreise soll verhindert werden.

In Geschichtsbüchern ist zu lesen, der US-amerikanische Geheimdienst hätte im Herbst 1947 gemeldet, die Sowjets druckten für ihre Zone eine neue Währung. Was da angeblich ausspioniert worden sein soll, ist ein Märchen, das dazu herhalten muß, Gründe für die einseitig durchgeführte Währungsreform in den Westzonen zu liefern. Die Währungsreform trifft die Sowjets unvorbereitet. Als sie für ihre Zone ebenfalls eine Geldreform am 23. Juni 1948 durchführen, sind keine neuen Banknoten gedruckt, die alten Geldscheine werden überstempelt oder überklebt (und infolgedessen »Tapeten-Mark« genannt).

Man hört heute auch immer wieder, alle Westdeutschen hätten am Tag der Währungsreform das gleiche Geld bekommen und somit auch die gleichen Chancen für einen Neuanfang gehabt. Das stimmt nicht.

Alle Tage ist kein Sonntag . . .

Gelsenkirchener Bilderschau um die „D"-Mark

Immer hereinspaziert, meine Herrschaften! Sie sehen hier die einmalige Gelsenkirchener Bilderschau rings um die „D"-Mark. Immer hereinspaziert! Noch für die alten Preise! Kinder zahlen die Hälfte. Kleiner, mach dem Onkel vom schwarzen Markt mal Platz. Na, Oma, kommense mal ruhig rein und sehnse sich das mal an. Herein, meine Herrschaften! Was Sie hier sehen, Fräulein Ida, das war noch nie da! Achtung, Achtung, eilen Sie, meine Herrschaften, die Vorstellung beginnt!

Bild 1

Hier sehen Sie den schwarzen Markt im Gelsenkirchener Hauptbahnhof am Freitagabend. Eine Pulle Schnaps 2500 Mark, eine Ami 40 Mark. Sehen Sie den jungen Mann da drüben; der hat eben gerade für vier Pullen Fusel 56 000 Mark bezahlt. Stimmung wie im Fasching. Geldkarneval. Taumel vor dem drohenden Erwachen. Verzweifelt stöhnt ein Schwarzmarkthändler angesichts des nahenden Endes seiner Herrlichkeit: „Wollen die uns denn wirklich vor die Hunde gehen lassen?"

Bild 2

Und hier, meine Damen und Herren, werfen Sie einen Blick in die Straßenbahn am Samstagmorgen. Sehen Sie da die verzweifelte Schaffnerin? Kein Mensch mehr hat Kleingeld; denn Kleingeld ist auf einmal Währungsvorschuß geworden. „Haben Sie kein Kleingeld? Haben Sie kein Kleingeld?" „Nicht einen Pfennig, Fräulein!" Erst als die Schaffnerin, wie Sie sehen, drohend das Haltesignal läuten läßt, holt der Fahrgast zwanzig Pfennig aus der Tasche.

Bild 3

So, und hier ein toller Fall: Jemand, der behauptet, kein Brot mehr backen zu können, weil er kein Mehl mehr hätte. Und draußen steht das Volk und wartet auf Brot. Hm . . . „Also, wenn Sie nicht umgehend anfangen zu backen", tönt eine amtliche und sehr deutliche Stimme, „dann hat es sich bei Ihnen überhaupt ausgebacken." Und daraufhin beginnt der Schornstein wieder zu rauchen, und zwar so kräftig, daß zum Backen und Verkaufen sogar der Sonntag noch zu Hilfe genommen werden muß. Sehense, meine Herrschaften, wie schön, wie schön!"

Bild 4

Kleiner, nimm den Finger aus der Nase und geh mal auf die Seite, die Herrschaften wollen jetzt sehen, wie es am Sonntag auf den Gelsenkirchener und Buerschen Kartenstellen zuging. Meine Herrschaften, es war herzzerreißend! Selbst Schutzleute gerieten außer sich. So ein Gedränge war das den ganzen Tag bis beinahe in die Nacht hinein! Sehense, wie die Leute schimpfen, als wenn se gar kein Geld haben wollten. Sie schimpfen auf das Wirtschaftsamt. Ja, meine Herrschaften, wenn man jahrelang nur den Mangel organisiert hat, wie kann man dann jetzt auf einmal eine solche Fülle organisieren! Das geht doch nicht oder doch?"

Bild 5

Nun, meine Herrschaften, ein ganz trauriges Bild. Ein Beamter am Montagmorgen beim Nervenarzt. Im tiefsten Delirium. Hören Sie, was er in einemfort phantasiert: „Vierzig, achtzig, hundertzwanzig, hundertsechzig. Grand mit Vieren aus der Hand, spielt fünf, angesagt sechs, sieben, achthundertsechzig! Passe! Passe! Passe!" Der arme Mann. Er hat am Sonntag das neue Geld ausgegeben. Jetzt liegt er da in seinem „D"-Mark-Delirium.

Bild 6

Nachdem Sie sich, meine Damen und Herren, von diesem traurigen Anblick erholt haben, zeige ich Ihnen nun ein freundlicheres Bild. Sehen Sie mal her: Hier bietet ein Schwarzhändler den Schnaps schon für 18 Mark Neugeld an und die Amis für 50 Pfennig und den Bohnenkaffee für 35 Mark. Aber, meine Herrschaften, nehmen Sie sich Zeit. Die Sachen werden noch billiger. Gehen Sie sorgfältig mit Ihren vierzig Piepen um. Sie werden staunen, was alles Ihnen dafür geboten wird! Vorsicht, Vorsicht, alle Tage ist kein Sonntag wie der 20. Juni . . .

Bild 7

Meine sehr verehrten Damen und Herren! Als letztes zeige ich Ihnen jetzt ein Gelsenkirchener Zukunftsbild. Was Sie auf diesem Bild sehen, das ist der glücklich strahlende Normalverbraucher und mit seiner vierköpfigen Familie 160 Mark Neugeld besitzende Herr Müller. Sein Stammkino hat ihm durch Extraboten einen festen Dauerplatz für sämtliche Filme bis Ende 1950 angeboten. Sein Handwerker hat ihn für zwei Wochen markenfrei zum Essen eingeladen, wenn er bei ihm sofort anfangen darf. Und soeben hat ihm sein Lebensmittelhändler per Dreirad ein Tütchen Pfefferersatz ins Haus gebracht.

*

Damit ist unsere Bilderschau beendet. Hochverehrtes Publikum! Namens der Direktion danke ich Ihnen für Ihren Besuch und Ihre geschätzte Aufmerksamkeit. Hoffentlich hat Ihnen dieser aufregende Sommerkarneval gefallen. Und hoffentlich kommen Sie auch über die sommerliche Geldfastenzeit gut hinweg. Vor allen Dingen Du, Du kleiner Mann von der Straße! Paß Du ganz besonders auf Deine Pfennige auf! Und nicht nur darauf! G. K.

aus: »Westfälische Rundschau« vom 22. Juni 1948

Wenn eine Industriefirma pleite macht, muß sie Konkurs anmelden. Wenn ein Staat bankrott ist, wie das Deutsche Reich und in seiner Nachfolge die vier Besatzungszonen, veranstaltet er eine Währungsreform.

Der Historiker Rolf Steininger: »Die Währungsreform war tatsächlich die größte Enteignungsaktion für Bargeldbesitzer in der deutschen Geschichte; sie brachte ungewöhnliche Ungerechtigkeiten mit sich...«
Wer altes Geld, Reichsbanknoten hat, muß dies auf Konten bei Banken und Sparkassen einzahlen. Alle Bank- und Sparguthaben, auch schon bestehende, werden in die neue Währung »umgewandelt«. Für 100 Reichsmark soll es 10 DM geben, tatsächlich sind es aber nur DM 6,50. Zahlungsverpflichtungen (z.B. Mieten) werden im Verhältnis 1:1 umgestellt, für Schuldverhältnisse (z.B. Bankkredite) muß nur ein Zehntel des Betrages in neuer Währung zurückgezahlt werden.

Der »kleine Mann« wird wieder einmal um sein Erspartes gebracht. Die Aktien der Unternehmer, die als verurteilte Nazis zum Teil noch in Gefängnissen sitzen, behalten natürlich ihren Wert, werden im Verhältnis 1:1 umgestellt. Und auch wer, wie die Kaufleute, Sachwerte besitzt, ist fein raus und wird in unvertretbarem Maße bevorzugt.

Am Montagmorgen, am Tag nach der Währungsreform, glauben die Menschen ihren Augen nicht trauen zu dürfen. Die Schaufenster sind dekoriert mit Waren, die Tage zuvor, teils jahrelang, nicht zu bekommen waren. Die übervollen Läden machen deutlich, bis zu welchem Ausmaß die Marktspaltung in der Zeit vorher gegangen war. Und der Handel nutzt natürlich die Euphorie der Verbraucher über das Angebot solch lange entbehrter Kostbarkeiten zu massiven Preiserhöhungen. Der Schwarze Markt bricht zusammen. Die Bewirtschaftung wird nach und nach aufgehoben. In der Industrie können die Firmen ihr Betriebskapital erhöhen, können investieren, neue Maschinen kaufen, rationeller produzieren. Viele werden dabei zunächst arbeitslos, aber das kümmert nur die Betroffenen. »Es geht aufwärts!« heißt es. Und von den schlimmen Jahren nach dem Kriege sind bald nur noch die Anekdoten in der Erinnerung der Menschen übrig.

Hier endet dieses Buch. Weil wir glauben, mit der Währungsreform — der „Reinstallierung des Kapitalismus«, der sich die Bevölkerung nicht widersetzt —, nicht mit Gründung der Bundesrepublik Deutschland wird ein Kapitel deutscher Geschichte abgeschlossen. Und es beginnt auch eine neue Epoche der Küchengeschichte. Die »fünfziger Jahre« kündigen sich an und mit ihnen die Freßwelle der Deutschen. Und Tante Lina? Es hat sich noch viel ereignet in ihrem Leben. Aber das ist kein Stoff für ein Buch. Oder doch?

Register der Rezepte

Die Autoren

Sonja Spindler, 1935 im Wohnwagen geboren, Tochter einer Zirkus-Familie, war schon als Kind im Schausteller-Gewerbe dabei. Abgeschlossene Ausbildung im Hotelfach, von 59 bis 63 einziges weibliches Mitglied einer Jazz-Combo, Besitzerin gastronomischer Betriebe, seit 73 wissenschaftliche Assistentin und Marionettenbauerin.

Rainer Horbelt, 1944 in Wismar geboren, Studium Theaterwissenschaft, Germanistik, Kunstgeschichte, Bühnenreifeprüfung, Filmhochschule München, arbeitete als Schauspieler, Lektor beim Fernsehen, Dozent, Bühnenbildner und Regisseur. Er veröffentlichte Erzählungen, Sachbücher, einen Roman (»Die Zwangsjacke«, Literaturpreis NRW), drehte zahlreiche Features, Filme und TV-Serien, schrieb und inszenierte Theaterstücke.

Von beiden Autoren gemeinsam erschienen im Eichborn Verlag bisher »Tante Linas Kriegskochbuch«, »Wie wir hamsterten, hungerten und überlebten« und »Bürokrauts, wir kommen!«. Horbelt veröffentlichte (ebenfalls bei Eichborn) zuletzt den Roman »Das Projekt Eden«.